本书是国家自然科学青年基金项目"美国对华高科技企业出口管制：触发机制、创新影响与应对策略"（项目号：72303146）和上海市哲学社会科学规划一般项目"美国实体清单政策对上海半导体行业及关联产业链韧性的影响研究"（项目号：2023BJL006）的研究成果。

高水平制度型开放标志性重大成果丛书

总主编———汪荣明

副总主编———闫海洲

稳步扩大贸易
制度型开放研究

胡贝贝 ——————— 著

A Study on the Steady
Expansion of
Systemic Openness in Trade

经济管理出版社

ECONOMY & MANAGEMENT PUBLISHING HOUSE

图书在版编目（CIP）数据

稳步扩大贸易制度型开放研究 / 胡贝贝著. -- 北京：
经济管理出版社，2024. -- ISBN 978-7-5096-9987-4

Ⅰ. F752

中国国家版本馆 CIP 数据核字第 2024W193M4 号

组稿编辑：张巧梅
责任编辑：杜　菲
责任印制：张莉琼
责任校对：陈　颖

出版发行：经济管理出版社
　　　　　（北京市海淀区北蜂窝 8 号中雅大厦 A 座 11 层　100038）
网　　　址：www. E-mp. com. cn
电　　　话：（010）51915602
印　　　刷：北京飞帆印刷有限公司
经　　　销：新华书店
开　　　本：720mm×1000mm/16
印　　　张：15.5
字　　　数：287 千字
版　　　次：2025 年 6 月第 1 版　　2025 年 6 月第 1 次印刷
书　　　号：ISBN 978-7-5096-9987-4
定　　　价：88.00 元

前　言

　　全球经济由快速增长进入经济调整和缓慢增长的新阶段，以贸易保护主义为特征的逆全球化思潮涌动，国家间的利益分配问题愈加突出，国际经贸规则亟须重塑。推动贸易领域制度型开放是构建高水平社会主义市场经济体制与高水平对外开放的共同目标，也是构建新发展格局的重要内容。

　　本书第一章阐述了贸易制度型开放的概念、内涵与战略目标。首先，阐述推进制度型开放的现实背景，归纳总结了贸易领域制度型开放的概念。其次，阐述了贸易领域制度型开放的内涵，包括构建与国际高标准经贸规则相衔接的国内规则和制度体系，通过系统性制度创新引领全球贸易规则的制定，以及深化境内改革、拓展境外共建，共同创建全球经贸规则。最后，提出在贸易主要领域进行制度型开放的目标：货物贸易领域应推动规则优化升级；服务贸易领域需提升开放水平，创新服务贸易发展机制；数字贸易领域应弥补产业竞争力短板，优化数字治理水平。

　　第二章探究了贸易领域制度型开放的历史演进、理论逻辑与实践基础。首先，从改革开放前中国外贸体制的建立与发展、改革开放后至加入世界贸易组织（WTO）前外贸体制的改革、加入 WTO 后中国外贸体制与 WTO 的全面接轨及全球经贸规则重构背景下中国稳步扩大高水平制度型开放四个阶段来展开梳理。其次，结合经典国际贸易理论、新贸易理论与后发优势理论、区域经济合作理论、自由贸易园区等相关理论，探究我国在贸易领域如何稳步扩大制度型开放的理论机理。最后，结合我国制度型开放实践，从构建自贸区建设、对标高标准的国际规则和进一步融入现有开放平台等方面提出现实思路。

第三章则是对我国贸易开放的现状与国际高标准规则进行比较分析，从贸易领域国际高水平制度型开放的现状展开，分析当前以高水平贸易协定为代表的贸易领域制度型开放的发展趋势。将我国贸易领域的制度型开放与国际高水平的制度型开放进行对比，厘清代表我国贸易领域制度化开放水平的贸易协定与国际高水平贸易协定之间的差别。

第四章对比国际高标准货物贸易规则，提出制度型开放的新领域。首先，梳理中国为促进货物贸易开放所采取的一系列国内改革措施和取得的成效，包括搭建外贸单一窗口、跨境电商综合试验区、自由贸易试验区和自由贸易港，以及各类特色贸易试点等外贸高质量发展新平台到外贸服务新体系的建设带政策体系的创新。在此基础上，结合目前我国货物贸易发展的瓶颈，分别从充分利用高水平开放合作平台、聚焦特定货物进口、提升通关便利化水平、积极推动国际间高水平制度协商与合作等方面为货物贸易制度型开放保驾护航。

第五章提出服务贸易制度型开放需要扩大相关行业层面开放新内容，涵盖更多现代服务业、知识密集型服务贸易、相关法律法规新领域以及新服务载体。在内容方面，服务贸易制度型开放需要在推动便利化、推广负面清单管理模式、深化市场准入和投资审批制度改革、建设自贸试验区和自由贸易港、完善相关法律法规等方面提升服务贸易国际竞争力。在此基础上，建立全面统一的国际接轨法律体系，利用高质量国际合作平台，打造综合效应评价体制机制，对服务贸易制度型开放的效果进行定期评估和调整。

第六章提出数字贸易制度型开放的领域，围绕着数字贸易便利化、数据要素流动与统一数据市场构建、数字化转型、网络安全与数字治理体系构建四个方面展开。从内容上看，数字贸易便利化方面，中国无纸贸易、智慧海关、现代化物流正在稳步实施；从数据要素流动与统一数据市场构建来看，从数据产权、数据要素流动和交易、数据收益分配以及数据治理四个方面推动数据要素发展和加快构建全国统一的数据要素市场；从数字化转型来看，中国将继续深化人工智能、云计算、区块链、大数据等新兴信息技术赋能传统行业；从网络安全与数字治理体系来看，构建我国完善的数字经济基础法律框架。我国在理解和履行好 RCEP 数字贸易开放承诺的基础上，努力对接 DEPA、CPTPP 中更高标准的数字贸易规则，积极开展与不同发展水平经济体之间的合作共享，不断提升我国在全球数字贸易规则制定中的话语权。在开放过程中，正确把握好安全与开放的关系，加强数字基础设施建设，助力我国数字贸易在全球价值链中地位攀升。

第七章提出稳步推进制度型开放的实施路径，并进行效果评估。在探讨稳步扩大贸易领域制度型开放的实施路径方面，主要从对接高标准国际贸易规则，实施国内制度创新试点，积极拓展对外合作开放平台三方面展开分析。在稳步扩大贸易领域制度型开放的经济效果评估方面，分别从规则、管理与标准三方面构建了中国省份层面的制度型开放水平的评估指标，并进一步探讨了制度型开放水平的提高对中国地区经济发展水平、进出口贸易、居民收入及企业利润等方面的影响。在稳步扩大贸易领域制度型开放的经济效果模拟方面，设计了不同模拟情景，为实施制度型开放提供重要的理论依据。

第八章在全书分析的基础上，为更好地促进我国贸易领域制度型开放，推动货物贸易和服务贸易开放水平、数字贸易产业转型升级，总结了推动贸易制度型开放的政策建议，并提出了未来展望。

目　录

第一章

贸易制度型开放的概念、内涵与战略目标

第一节 贸易制度型开放的概念

2008 年全球金融危机全面爆发后，世界经济由快速增长进入结构调整和缓慢增长的新阶段，经济全球化进程中潜藏的问题浮出水面，以贸易保护主义为特征的经济全球化逆流涌动，国际经贸规则亟须重塑。应对逆全球化的加剧需要制度的变革。中国经济进入高质量发展阶段，需要从根本上转变发展方式，推动制度型开放既是构建高水平社会主义市场经济体制与高水平对外开放的共同目标，也是构建新发展格局的重要内容。当今我国不断深化高水平对外开放政策，承诺推进更高层次的制度型开放。这不仅是响应国际贸易规则重塑和全球经济治理体系变革的主动行动，还是我国在国际舞台上创造新的竞争优势的关键行动。高水平制度型开放对于推动中国特色的现代化进程、塑造新的发展模式和加深国内各项改革均是不可或缺的强大推力。

"制度型开放"在我国中央的多份纲领性文件中频频出现。2018 年中央经济工作会议指出，中国经济"要适应新形势、把握新特点，推动由商品和要素流动型开放向规则等制度型开放转变"。2019 年的《政府工作报告》指出："进一步拓展开放领域、优化开放布局，继续推动商品和要素流动型开放，更加注重规则

等制度型开放，以高水平开放带动改革全面深化。"2021 年通过的《中华人民共和国国民经济和社会发展第十四个五年规划和 2035 年远景目标纲要》第四十章"建设更高水平开放型经济新体制"中提出，"加快推进制度型开放"，体现了制度型开放在我国建设高水平开放型经济体制中的重要性。2022 年，党的二十大报告中提出要"推进高水平对外开放。依托我国超大规模市场优势，以国内大循环吸引全球资源要素，增强国内国际两个市场两种资源联动效应，提升贸易投资合作质量和水平。稳步扩大规则、规制、管理、标准等制度型开放。推动货物贸易优化升级，创新服务贸易发展机制，发展数字贸易，加快建设贸易强国"。该报告不仅将制度型开放作为高水平对外开放的关键抓手，也强调了贸易领域在制度型开放中的重要地位。2023 年 7 月 11 日，中央全面深化改革委员会第二次会议审议通过《关于建设更高水平开放型经济新体制促进构建新发展格局的意见》（以下简称《意见》），提出"建设更高水平开放型经济新体制是我们主动作为以开放促改革、促发展的战略举措，要围绕服务构建新发展格局，以制度型开放为重点，聚焦投资、贸易、金融、创新等对外交流合作的重点领域深化体制机制改革，完善配套政策措施，积极主动把我国对外开放提高到新水平"。这是首次将制度型开放细化至投资、贸易、金融、创新四个领域，也可见贸易领域的制度型开放对于推动高水平经济开放有着举足轻重的作用。为了在国际舞台上赢得竞争优势，我国必须通过深化制度改革来实现制度的现代化，从而推进开放、互利、协调的发展新局面（刘晓宁和宣亚丽，2023）。

综上所述，制度型开放是指在尊重各方意愿的前提下，形成国际经贸规则和制度体系，构建以更加公平、合理和合法的规则为导向的开放型世界经济体系。在高水平对外开放中，贸易领域制度型开放非常关键，是推动高水平对外开放，促进经济发展的重要组成部分。贸易领域制度型开放是指，将本国在贸易领域具有较强外溢效应的重要体制和相关机制（国家发展改革委对外经济研究所课题组，2021），与国际高标准规则进行对标和对表，进而在国内实施一系列制度创新，并在尊重各方意愿的情况下，为世界输出规则规制，形成一套通行的国际经贸规则，通过在贸易规则和规制（东艳，2019）、生产管理和产品标准（戴翔和张雨，2019）等方面进行协调和融合，实现普惠、公平的全球治理体系。

贸易领域制度型开放的特征主要体现在以下几方面：

第一，贸易领域制度型开放强调与国际高标准经贸规则的对接。制度型开放的特征之一就是改革国内体制，使其与国外高水平规制相统一，体现了改革与开放的高度统一（崔卫杰，2019）。推进制度型开放有助于推动市场经济体制改革、开放型经济体制改革以及国家治理体系改革（刘晓宁和宣亚丽，2023）。只有通过制度型开放才能打破国内与国际循环体系中存在的各种障碍和壁垒，实现国内体制改革和扩大开放的有机融合（熊芳和童伟伟，2024）。制度型开放相对于商品和要素流动型开放是更高水平和更深层次的开放，相当于规则等制度的"进出口"（何立胜，2019；许德友和王梦菲，2019；赵爱英等，2022），其核心是对标国际通行的先进规则，构建高标准制度体系（张茉楠，2019；陈梓睿，2020；袁沙，2023）。通过对标国际通行标准，推动国内规则、规制等制度的改革和创新，有助于加快形成我国与国际通行经贸规则相衔接的制度体系和监管模式，从而实现和世界经济的安全有序融合（黄新华和赵荷花，2022）。此外，贸易领域制度型开放有利于促进我国形成具有引领作用的先进制度安排（戴翔，2019），为促进本国经济增长和世界经济稳定，实施高质量、高水平的对外开放战略奠定坚实的基础（国家发展改革委对外经济研究所课题组，2021；李忠远和孙兴杰，2023）。与商品和要素流动型开放相比，贸易制度型开放的本质特征是一种由"边境上开放"逐步向"边境后开放"的拓展，从贸易壁垒、市场准入等向国内规则、规制、法律等体系的延伸，是制度层面的"引进来"与"走出去"（胡贝贝和靳玉英，2020；冯德连，2021；韩剑，2023）。

　　第二，贸易领域制度型开放强调参与国际经贸规则的制定。事实上，现行国际经济关系仍以少数发达国家的利益为优先考虑对象，具有"霸权"的内在本质。国际经济旧秩序的规则先进性、法制民主性程度还不够。制度型开放不仅需要各国具有一致的理念，也需要在制度方面形成标准化和法制化的规则体系（王宝珠等，2020）。制度型开放是通过制度学习实现国内规则与国际对标的过程，随着我国发展深度融入全球经济，我国可以能动地为全球经济治理供给一定的制度产品，弥补既有制度的不足，也有助于形成更开放的全球经济治理体系（刘彬和陈伟光，2022）。因此，在实现与国际标准对接的同时，也要争取引领全球经贸规则的高标准化发展（戴翔和张二震，2019；戴翔，2021）。在境外共建方面，裴长洪和彭磊（2021）认为制度型开放的内涵包括参与全球经济治理、积极为全球提供公共产品等。赵蓓文（2021）认为，对于全球通行贸易规则不仅需要去主动对接，还需要去积极地引领、共建和扩展。王宝珠等（2020）也指出，制度型开放除了制度的"进口"，还包括制度的"出口"，即将国内已经正式制度化的规则体系转变为国际通行的制度体系（陈梓睿，2020）。魏浩等（2022）指出，制度型开放不仅指一国引入并学习国际通行规则，更重要的是在制度学习的过程中，通过总结发展经验，形成特色鲜明的成熟制度供给，为全球经济治理体系重塑发挥作用。从被动的"规制跟随"型开放转向主动的"规则制定"型开放，通过深度参与全球经济治理逐步提高中国在全球经济治理中的话语权（冯德连，2021）。

第三，贸易领域制度型开放的概念强调共建全球经济治理新规则。在经济全球化的当下，各国的经济治理体系紧密联系在了一起，制度型开放的特点就在于重视贸易领域全方面的制度设计（梁丹和陈晨，2023）。改革开放以来，我国已成为名副其实的贸易大国。2022年，我国全年进出口规模首次突破40万亿元，连续6年保持世界第一。我国有实力与全世界其他国家一道建设全球经济治理新规则，通过推动贸易制度型开放共建全球经济治理规则，不仅是我国发展高水平对外开放的要求，也是我国作为贸易大国应为世界做出的特殊贡献。在全球气候治理方面，我国不仅积极推动《巴黎协定》《联合国气候变化框架公约》，还多次邀请美国、日本、欧盟等专家访问中国，就气候问题加强对西方国家的交流，这体现出在全球气候合作等新领域我国同西方国家共建全球经济治理新规则的诚心（赵蓓文，2023）。全球经济治理理念复杂多样，缺乏核心理念的引领。要推动全球治理理念创新，我国须弘扬以"共商、共建、共享"为核心的全球经济治理理念，倡导包容性增长，以获取全球治理中更广泛的共识。我国不仅要参与并引导国际经贸规则的制定，还要积极与世界各国共建全球经济治理新规则，塑造一个负责任、为人类命运共同体不懈努力的大国形象。

第四，贸易制度型开放的概念强调"境内开放""政策协调""规则导向"。贸易领域制度型开放是更加深入的开放、更加全面的开放、更加系统的开放、更加公平的开放、更加透明的开放（钱克明，2019），也是更深层次的"境内开放"（国家发展改革委对外经济研究所课题组，2021；郭贝贝和董小君，2022）。制度型开放有别于政策型开放与商品和要素流动型开放，体现了制度体系转变，是规则导向的开放，具有政策协调的内在特征（戴翔和张二震，2019；叶辅靖，2022）。制度型开放是通过深化体制机制改革与协调对接国际高标准规则而不断消除开放制度壁垒和完善开放制度安排的过程（聂新伟和薛钦源，2022）。关秀丽（2022）指出，制度型开放是深度、双向开放，是深层次的制度型变革与创新，是"边境"和"边境后"规制协调的重要实现途径，是深度参与国际经济治理的必然要求。新一轮的高标准国际经贸规则更加侧重服务贸易和跨境投资，并且，由以往的关税、配额、许可证等"边境"措施为主转向"边境后"措施为主，涉及竞争中立、政府补贴、产业政策、劳工保护、环境保护等各国内部政策的相互协调与对接甚至要求完全一致、对等（高翔和黄建忠，2019；宾建成和高波，2022；郝身永，2022），促进贸易投资便利、不断优化营商环境、加强知识产权保护（代中强等，2021；张建平，2021）。

第二节　贸易制度型开放的内涵

一、贸易领域制度型开放内涵

贸易领域制度型开放的内涵主要包括以下三点：一是加快构建与高标准国际经贸规则相衔接、相协调的国内规则和制度体系；二是在国内贸易领域实施一系列系统性制度创新，逐渐引领全球贸易规则、规制、管理、标准的制定，深度融入并重塑全球经贸规则；三是深化境内改革、拓展境外共建，与全世界各国创建一套符合人类命运共同体的全球经贸规则与规制、统一的管理方式和行业标准，引领全球贸易进入新时代（全毅，2022）。

第一，加快构建与高标准国际经贸规则相衔接、相协调的国内规则和制度体系。我国在2018年首次提出"制度型开放"这一概念之前，吸引外资的方式主要是采用优惠政策，但该措施导致不同区域资源配置的扭曲和寻租等行为，不利于资源的最优配置（常娱和钱学锋，2022）。正如茅伯科（2014）指出的，不应该利用政策去创造优惠，而应该用政策去促进制度改革。2018年中央正式提出"制度型开放"的概念之后，我国逐渐把重心转移到了规则与制度体系的改革上。

境内开放是制度型开放的第一步，通过提升国内经贸规则体系的质量和效率，确保国内法规与国际高标准经贸规则保持衔接和协调。这涉及通过法律、政策的调整以适应国际市场和规范，如在知识产权保护、环境标准、电子商务等方面与国际接轨。这样的举措不仅可以促使国内企业提高自身竞争力，还有助于吸引外资，进一步促进国内市场的深度开放和经济发展。

为了实现与国际高标准经贸规则的对接，我国需要确保自身的法律和政策可以容纳并支撑这些规则，可以从以下几部分进行政策发力：首先，制度与法律框架与国际框架对接，须对国内的法律和政策进行彻底审查，确定需要调整或更新以符合国际贸易规则的领域。通过修订公司法、税法、海关法等，以符合 WTO 协议或其他国际贸易协定的要求。此外，还涉及对知识产权法律、环保法规和劳工法的升级，确保它们与国际最佳实践标准相匹配。其次，调整开放市场策略。以更加积极的姿态打开国门，减少或去除贸易壁垒，促进外商直接投资，提高外资准入限制，促进产业升级和结构调整。通过特别经济区、自由贸易区的建设，促进国际商务和贸易自由化，这不仅会吸引国际投资，也将带动国内产业链上下游的发展和创新。再次，加强与国际标准的兼容性。接受并实施国际公认的行业标准和贸易惯例，尤其是在商品质量、安全、环境保护等方面。参与国际标准制定过程，确保国内标准与国际趋同，可以减少国际贸易中的技术壁垒，促进产品和服务的国际竞争力。最后，提高透明度和法制建设。增强行政程序的透明性和预测性，确保所有的贸易法规和政策制定都是公开透明的，以国际条约为准导，确保及时的信息披露和公众参与。同时，强化法律体系，保证法律的一致性、稳定性和公正性，通过司法改革提升法律解释和实施的有效性。

第二，通过在国内贸易领域实施一系列系统性制度创新，逐渐引领全球贸易规则、规制、管理、标准的制定，深度融入并重塑全球经贸规则。通过境内开放对现有制度进行创新只是制度型开放的第一步，我国不仅要在境内推动改革，还要积极参与国际经贸体系的建设与完善，通过系统性制度创新引领全球贸易规则，提升我国在国际上的话语权，融入并重塑全球经贸规则。可以通过积极参与国际贸易组织，促进多边贸易体制发展，以及在双边或区域经济合作框架内，提出和推广新的贸易规则或标准。此举旨在塑造国际贸易环境，使之适应全球化发展的新趋势，并为本国企业提供更有利的国际商业环境。

第三，通过深化境内改革、拓展境外共建，形成全球经贸规则与规制、统一的管理方式和行业标准，引领全球贸易进入新时代。通过深化境内改革与加强外部合作，确保经济全球化的利益能够更广泛地惠及各国，同时注重可持续发展和包容性增长。我国对国有企业的改革、现行的市场准入负面清单以及对外投资安全审查等政策，均反映了我国逐步推进对外开放与自由贸易的决心，这不仅有助于增强中国企业的国际竞争力，也促进了国际经贸规则更新的潮流。

境外共建同样是制度型开放的核心，裴长洪（2021）认为制度型开放的关键在于积极参与全球经济治理体系，为全球提供公共产品和政策等，赵蓓文（2021）也认为，我国不仅需要主动对接国际高标准经贸规则，更重要的是引领和共建。具体来说，可以在以下几个方面加强建设：首先，制度创新与国际规则的积极对接。我国通过在国内实施贸易便利化措施、完善知识产权保护、推动绿色可持续贸易政策等方式，创新贸易管理体系，这些措施往往也会带动国际贸易规则的发展。比如，我国加入世界贸易组织（WTO）后，就对国际贸易规则的制定有了更直接的影响。其次，提倡多边和区域合作。我国在区域经济一体化进程中扮演着越来越重要的角色。中国积极推动《区域全面经济伙伴关系协定》（RCEP）的签订，同时参与亚太经合组织（APEC）、金砖国家（BRICS）、上海合作组织（SCO）等多边架构，倡导高效合作与和谐共存，这些都有助于我国在全球贸易规则制定中发挥更大作用。最后，引领全球贸易规则的创新。以数字经济为例，中国在跨境电子商务、数字货币等新兴领域积极探索创新，先行先试的经验为全球贸易规则提供了新思路。此外，我国通过共建"一带一路"等促进了与亚洲、欧洲与非洲的贸易与投资，这些经验对于推动形成全球贸易标准也具有一定的影响。

通过境内改革与开放政策的深化，我国不仅在全球舞台上积极参与共建工作，促进了自身的经济发展，同时也推动了全球经贸规则体系的演进和完善。我国应坚持通过这种双轨并行的方式，促进全球化进程向着更加开放、包容、平衡、共赢的方向发展。

二、贸易领域制度型开放的主要特征

结合党的二十大报告中提出的"稳步扩大规则、规制、管理、标准等制度型开放"，贸易领域制度型开放主要包括以下四个内涵特征：一是在规则方面，涉及对接高标准的经贸规则，加快建立、完善与国际高标准贸易通行规则相互衔接的市场规则制度体系；二是在规制方面，涉及对接合作国家的制度、标准等，加强标准、认证认可等互认，完善制度体系，增强对外资企业的稳定预期，营造更加市场化、法治化、国际化的营商环境；三是在管理方面，涉及管理开放，强调对标国际先进的管理体系，提升市场准入的透明度和可预见；四是在标准方面，涉及参与国际标准制定，推动国内标准与国际标准相衔接，提升国内标准国际化水平（郭澄澄，2024；孙军，2024）。

1. 规则方面

规则是指由国家共同制定、公认或统一通过，并且所有成员国都必须遵守的条例或章程。具体来说，在贸易领域的规则开放主要指"双向开放"，既包括主动对接国际高标准经贸规则，将规则"引进来"，也包括主动为世界输出国内贸易规则，实现"走出去"。当今全球经贸规则体系正在迈入新时代，以数字贸易、知识产权保护、竞争中立和政府采购等为核心内容的"边境后开放"逐渐替代以关税减免为主的"边境开放"。具体而言，"边境后开放"主要包括以下几个方面：

（1）数字贸易规则。数字贸易作为 21 世纪互联网和人工智能兴起所创造的新兴领域，主要包括贸易数字化和数字化贸易两部分，贸易数字化是传统贸易模式通过数字化技术和场景进行延伸，而数字化贸易则是贸易标的与方式的数字化赋能、改造与迭代（王一栋，2024）。许多高标准的经贸协定都涉及数字贸易，主要集中在知识产权保护、数字税征收、跨境数据流动以及数据技术支撑等核心议题上（黎伟和刘海军，2023）。例如，在知识产权保护方面，美国早在 1996 年就制定了《世界知识产权组织版权条约》（WCT）和《世界知识产权组织表演和录音制品条约》（WPPT），开创了在互联网背景下以国际规则保护知识产权的先河；在跨境数据流动方面，《美墨加协定》（USMCA）提到要推动数据跨境传输的便利性，要求缔约国尝试对国内的法律做出改革，用法律对国内的数据传输作出限定，在安全协议等文件中也提出了数据跨境的具体要求。2020 年 6 月由新加坡、智利和新西兰三国签订，2021 年 11 月生效的《数字经济伙伴关系协定》（DEPA）是全球首个数字贸易独立协定，其涉及的议题几乎包括了所有关于数字贸易的重要方面，沿袭了 CPTPP 和 USMCA 较高的数据自由流动标准和法制规定。

（2）知识产权保护。随着各国科技创新竞争愈加激烈，对于知识产权保护规则统一的需求愈发强烈。在 RCEP 中的第 11 章知识产权中包含了 83 条以及两个附件，是协定各章中内容篇幅最多的，并且对多个领域（著作权、商标和工业设计）都做出了规定。而 USMCA 和 CPTPP 对于知识产权保护的规则水平更高、要求更严。其中，USMCA 规定工业设计保护期为申请之日或授权或注册之日起算延长至 15 年，CPTPP 虽未作同样的明文规定，但要求缔约方"适当考虑批准或加入"《海牙协定》；而在商业秘密保护规则部分，CPTPP 执法部分的刑事程序就包括了商业秘密，而 USMCA 更是专门设置了章节，并增加了民事保护和执法、临时措施及民事补救等措施，形成了一个高水平的商业秘密保护规则体系（张乃根，2021）。

（3）竞争中立。竞争中立规则就是设立规制保障市场的公平性，使得市场主体能公平竞争，其重点是约束和规范政府在竞争市场中的行为，国际经贸协定中的竞争政策、国有企业和垄断企业、透明度等章节的相关条款有所体现（刘晓宁和宣亚丽，2023）。在 CPTPP 中的国有企业和指定垄断章节中，将国有企业分为行使政府职能、从事非商业性活动和从事商业活动（第 17.3 条）三类，并且对二者的要求均为"以非歧视的商业考虑原则从事商业活动，禁止任何形式的对其他缔约方造成伤害的非商业援助"，相比于 WTO 中的《补贴与反补贴措施协定》（SCM），CPTPP 对于国有企业的定义远远超出了传统的弥补市场失灵的国有企业范围，并且对于国有企业的要求更加严格。

2. 规制方面

规制是指政府根据相关的规则与制度对微观主体（个人或企业）进行的相应监督和限制行为。具体来说，国际贸易领域的规制主要指通过非关税管制（边境后）等国内供应限制，增加各类投入和成本，从而降低制造业生产力。从开放层面来看，各国在贸易领域的规制不尽相同，但在参与 WTO 或 RTA 等贸易协定的制定时，规制又必须保持一定的一致性与趋同性（孙军，2024）。

在全球经济贸易规则的新一次重构中，发达国家正在利用《欧盟—加拿大全面经济和贸易协定》（CETA）、《美墨加协定》（USMCA）、《全面与进步跨太平洋伙伴关系协定》（CPTPP）等多边自由贸易协议来确立更为细致和苛刻的国际监管要求以及相关的合作条件。与这些高要求的国际经贸规制相比，规制的开放性还包含对国家治理结构的透明度、市场经营条件的优化以及公共管理体制的现代化转型。因此，一国（或地区）规制开放的水平成为了评估其对外开放程度和商业环境质量的关键指标。商业环境是指企业从进入市场、进行生产营销到退出市场的全过程中所接触到的行政管理环境、市场条件环境、法治环境和社会文化环境的集合。商业环境的市场规范性和依法运作水平反映出国家治理体系的现代化层次，而其国际化程度则展现了该国在全球治理体系中参与制定规则的实际影响力（郭澄澄，2024）。

3. 管理方面

管理是指一定组织中的管理者，通过实施计划、组织、领导、协调、控制等职能来协调他人的活动，使别人同自己一起实现既定目标的活动过程。具体在贸易领域，管理是保障制度对接、规制创新以及标准开放的重要一环，也是推进制度型开放的主要抓手。管理开放则是推进、发展这些保障制度和监管机构对于贸易开放的影响，进而提升制度型开放实施的效率。根据公共选择理论，严格的管理可能会导致市场效率低下，而降低用于管理的时间壁垒可以有效促进净出口商的进入率与存续率。在政府管理层次上，需推出更符合国际经贸准则的法规，市场运作需保证市场竞争环境的公平性。

4. 标准方面

标准是衡量一系列行为和事物的准则。在贸易领域，根据 WTO《技术性贸易壁垒协定》（TBT 协定）中的定义，标准为经公认机构批准的、规定非强制执行的、供通用或重复使用的产品或相关工艺和生产方法的规则、指南或特性的文件。其目的是保障贸易过程中获得最佳秩序，实现规模生产，保证产品质量，减少市场中的信息不对称等（郭力生等，2006）。标准开放一般以兼容性标准、安全标准、环境标准及产业标准为基础内容，因此可以认为是对这些标准体系的开放。以开放知识产权标准为例，该措施通过特定的标准制定流程，可以降低技术买卖双方的不确定性和成本，从而刺激市场竞争。同时，这样的标准也可能增加新竞争者面临的市场进入障碍。当前，中国在市场化改革的过程中已经基本建立了一个接近 RCEP 所倡导的竞争中性原则的标准体系。相比之下，CPTPP 等设立了更高标准的区域贸易协议，更多地聚焦于面向国有企业和中小企业的标准开放，其目的是限制成员国的内部市场补贴和反竞争行为。

第三节　贸易制度型开放的战略目标

一、新国际贸易规则的特征

随着全球贸易规则和规制的升级，各类经贸协定中的具体条款也在不断更新。其中，近年来一些代表最高水平的经贸协定如 CPTPP、《欧盟—日本伙伴关系协定》（EJEPA）、USMCA 包含的一些相关规则规制，引领新的国际经贸规则向着更高水平发展。相对于以往的贸易规则，新国际贸易规则的特征主要体现在以下几方面：

1. 高标准的国际经贸规则提出更高的开放承诺

这不仅体现在缔约国间关税的削减上，还体现在许多非关税壁垒领域上。在关税减免上，RCEP 要求缔约国在最终实现货物贸易零关税的产品整体上要超过 90%，最迟 10 年内将关税降至零，但保留了一定比例的农产品配额。CPTPP 则要求将 99% 的贸易品都减少至零关税，并且多数缔约国在协约生效时就将 86% 的贸易品关税降至零，同时所有成员国共享关税减让和关税优惠的政策（全毅，2022）。日本和欧盟达成的 EPA 协定中，日本主要在农产品市场实施了大幅减税，而欧盟主要是在汽车及其零部件市场对日本更加开放（张季凤等，2018）。USMCA 在农产品和汽车产品方面基本实现 100% 最终零关税（白洁和苏庆义，2020）。在非关税壁垒方面，RCEP、CPTPP、EJEPA 等经贸协定均在原产地规则与原产地程序、海关管理、卫生与植物卫生措施、技术性贸易壁垒等方面做出了调整和管制。例如，CPTPP 规定原产地区域价值成分为 45%~55%，纺织服装"从纱认定"原则要求从纱线原料采购到加工制造必须满足 CPTPP 原产地规则才能享受关税减免（林创伟等，2022）。

2. "边境开放"向"边境后开放"的拓展

根据罗伯特·劳伦斯的分类方法，区域一体化条款可分为浅度一体化条款与深度（纵向）一体化条款。其中，消除关税、海关程序与配额等边境开放和实现跨边境贸易相关的条款为浅度一体化条款；而消除国家内部关于制约跨境贸易和服务转移的法律和管制政策的相关条款，则被称为深度一体化条款。按照霍克曼和柯南的说法，深度一体化作为一种明示的政府行为，旨在通过协调与合作来降低国内管制政策所导致的国际市场分割效应。深度一体化条款不仅包括那些消除管制的措施，还包括促成成员国之间自由贸易以及生产一体化的政策（东艳等，2009）。以关税、非关税壁垒和配额为代表的边境政策大多属于商品和要素流动型开放的范畴，而针对国内贸易制度改革的边境后政策则代表着制度型开放。以 CPTPP、USMCA 等为代表的高标准经贸规则和新议题不断涌现，总体趋势是从以往降低关税和非关税壁垒的"边境开放"，向贸易和投资便利化乃至于自由化、知识产权保护、竞争中性等为特征的"境内开放"不断拓展和延伸（尹晨等，2019）。在贸易层面涵盖产业政策、知识产权、政府采购、贸易融资、贸易援助、电子商务等。例如，CPTPP 中约有 70% 的议题属于制度型开放即边境后规则议题（刘晓宁和宣亚丽，2023），其中国有企业和指定垄断章节就规定，禁止任何形式的对于其他缔约国造成不良影响的非商业援助，其领域不仅包含货物贸易，还包含服务贸易和投资领域（宋泓，2022）。USMCA 的服务贸易章节中"提供增值服务条件"条款规定，如一缔约方直接对增值电信服务进行规制，那么在没有适当考虑合法公共政策目标和技术可行性的情况下，不得对增值电信服务提供者提出与公共电信服务提供者同样的要求，且有关的资格、许可、注册、通知程序等都是透明和非歧视的，并且不得提出诸如对公众普遍提供等要求（陈靓和武雅斌，2019）。

3. "全球一体化"向"区域化"的转变

全球经济治理滞后，难以适应世界经济新变化。全球一体化多边贸易体制和区域化贸易安排是驱动经济全球化的"两个轮子"。当前，经济全球化遭遇逆风，对"两个轮子"都有不同程度的影响，增加了治理赤字。国际货币基金组织报告显示，近年来各国单边限制措施急剧增加，2022 年达 2845 项，增长 14%。个别国家将经贸问题政治化、泛安全化，加剧了全球产业供应链碎片化，多边贸易体制受到冲击。WTO 是多边主义的重要支柱，是全球经济治理的重要舞台。近年来，WTO 多边谈判步履维艰，被誉为"皇冠上的明珠"的争端解决机制功能受损，所以对其进行必要改革已成为普遍共识。而区域化贸易制度却迎来新的发展，截至 2023 年底，向 WTO 通报的区域贸易协定共 594 项，仅 2019～2022 年就达 107 项，占 18%，为多边主义和经济全球化增加了动力。自 2018 年以来，涵盖 11 个成员国，覆盖 5.05 亿人口、13.1% 的全球经济总量和 34.8% 的全球国际直接投资的 CPTPP 于 2018 年 12 月 30 日生效；涵盖 3 个成员国，覆盖 4.97 亿人口、27.3% 的全球经济总量和 28.3% 的全球国际直接投资的 USMCA 于 2020 年 7 月 1 日生效；涵盖 15 个成员国，覆盖 22.64 亿的人口、29% 的全球经济总量和 38.3% 的全球国际直接投资的 RCEP 于 2022 年 1 月 1 日生效，全球大部分重要经济体都参与其中。这些区域贸易协定在一定程度上代替了 WTO 多边贸易体制的作用，并且在一些方面更好地协调了各国的贸易诉求，形成了更高标准的国际经贸规则体系。

二、我国高标准经贸规则的目标

结合国际高标准经贸规则发展的趋势，对于我国的货物贸易、服务贸易以及数字贸易三个重点领域提出新的战略目标：推动货物贸易规则优化升级；提升服务贸易开放水平，创新服务贸易发展机制，明确发展方向；弥补数字贸易产业竞争力短板，优化数字治理水平，促进数字贸易自由流动。

1. 货物贸易领域优化升级

RCEP 和 CPTPP 分别是我国已经加入和正式提出加入的区域贸易协定，CPTPP 作为亚太地区最高标准的区域贸易协定，其对于货物贸易自由化的标准更加严格，对我国货物贸易规则的发展有着重大影响。RCEP 是根据 WTO 的货物贸易框架修订而来，而 CPTPP 是结合贸易现状制定的高标准贸易规则，我国与这些高标准贸易规则的差距正是我国进一步优化升级货物贸易规则的方向，更好地推动我国向贸易强国的目标发展。以下针对 CPTPP 和 RCEP 协议涉及的重要货物贸易规则进行分析。

（1）国民待遇和市场准入。CPTPP 并不局限于一般货物贸易，还设置了专门的条款，对于信息技术产品、商业密码产品等贸易进行了规定，紧跟技术的发展与进步。CPTPP 在第 2.12 条款再制造货物中规定了环保再循环相关货物的贸易规定。CPTPP 对于农产品贸易有着更为严格的规定，在 C 节农业中规定不得对农产品出口进行补贴，取消农产品国营贸易企业出口授权方面的扭曲贸易的限制等。

（2）关税措施。CPTPP 致力于将任何领域货物贸易的关税水平降为零，而 RCEP 则规定通过逐步实施关税自由化给予优惠的市场准入。CPTPP 成员国实行渐进式关税减免，具体完全取消关税的时间因成员国和产品类别而异，不同产品的过渡期从立即取消到 20 年不等。在 CPTPP 协议生效的第一年，已有 88.3% 的工业成品品类实现了零关税，涉及的贸易额占比为 90.6%，最终将有 99.9% 的商品品类和贸易额享受零关税待遇。

（3）原产地规则与程序。CPTPP 与 RCEP 主要差异体现在区域价值计算方法、过境与转运以及原产地规则下的豁免金额三方面。

1）RCEP 区域价值的计算（在协议的第 3 章第 5 条）提供了倒扣法和累加法两种方法。尽管这两种计算方法的初始点不同，但都旨在确定自由贸易区内部所产生的价值在产品总价格中所占的比例，企业在选择计算方式时会基于哪种方法能提供更有力的证据和利益。相比之下，CPTPP 为不同产品设定了不同的区域价值标准，包括四种核算方法，还特别为汽车行业制定了体现本地创造价值即净成本计算法的区域价值公式，这更好地体现了原产地优惠政策的可信性和参与各方之间的平等性。

2）过境与转运。RCEP 在货物过境与转运方面的要求比 CPTPP 更为严格，这表示依靠原产地规则获得优惠的成本更高。RCEP 添加了规定，要求提供经过其他缔约方或非缔约方的货物必须提交相应的海关文件或其他合适的文件。这意味着出口商和进口商必须为了享受便利措施,向进口国海关提供运输文件(如提单或航空装货单)、商业票据、金融证明或未经再加工的证明等,以确保货物在运输过程中未经改动。而在 CPTPP 中则没有类似的文件提交要求。

3)原产地规则下的豁免金额。当涉及原产地规则下的豁免金额时,CPTPP 设定了 1000 美元的限额,而 RCEP 则只有 200 美元,这显示出后者在开放性方面相对保守,未能达到 CPTPP 的水平。

(4)贸易救济。RCEP 和 CPTPP 协议在贸易救济方面主要遵循 WTO 的框架,因此在大部分内容上并没有显著差距。然而,在过渡性保障措施的实施标准与反倾销反补贴条款上,CPTPP 的标准相对严格、详细,并要求其成员国遵守更高的执行标准。

1)过渡性保护措施上,CPTPP 相对 RCEP 设定了更为严苛的规定。CPTPP 限定了过渡期为 2 年,如果延长,不可超过 1 年,并要求措施在执行超过 1 年的情况下必须逐步放宽,总期限不超过 3 年。而 RCEP 允许的总期限则长达 4 年,对最不发达国家成员能延长至 5 年。此外,CPTPP 要求一旦对某产品实施过过渡性保障措施后,便不得再次对该产品采取同样措施,而 RCEP 则在之前的保障措施期满后的同等期限内禁止再次实施,为成员提供了更多的政策选择。RCEP 的第 7 章第 6 条还特别规定,在贸易量极小的情况下,即某成员的商品进口量占进口国从所有成员国进口该商品总量的 3% 以内,将不实施临时或过渡期的保障措施。对最不发达国家成员的商品则完全禁止执行这些措施。

2)反倾销和反补贴方面,CPTPP 和 RCEP 的规定大同小异,但 CPTPP 在整体效率上略胜一筹,通常会比 RCEP 快 2~3 天,并在争端解决方面设立了更为强制性的条款。相比之下,RCEP 采取了较为温和的方式,不允许就本节内容或与反倾销和反补贴调查相关的做法诉诸争端解决机制。这意味着 RCEP 更倾向于非正式解决争议,而 CPTPP 在规定上则更具约束力。

2. 服务贸易开放提升

随着国际竞争日趋激烈,服务市场开放与投资自由化作为价值链的高端环节,成为各经济体尤其是发达经济体的关注重点。全球贸易规则的重点正加快从货物贸易向服务贸易转变。在 2007 年前签订的区域双边自由贸易协定中,涉及服务贸易内容的仅 56 个,占同期区域贸易协定数量的 33.9%。但截至 2022 年 9 月,已有 355 个区域贸易协定生效,其中,服务贸易总协定 195 个,占比提高至 55%(中国人民银行南京分行经常项目管理处课题组,2023)。通过对比 CPTPP

和 RCEP 在服务贸易规则方面的条款，可以明显看出这两个协议在诸多重要方面有所不同，包括谈判方式、国民待遇、国内法规、例外条款以及反转机制等。此外，CPTPP 因继承了 TPP 的法律文本，其规则条款表达严谨，而 RCEP 的相关文本在立法措辞上相对不够精细，实施时更有可能产生解释上的模糊之处（全毅，2021）。具体对比如下：

（1）协定文本和内容框架。CPTPP 在服务贸易立法方面采取了分立架构，对不同类型的服务贸易设立了独立的章节进行规制。这种结构特别强调了服务贸易的特定领域，如金融服务和电信服务，并且为这些领域制定了专门的条款。与 CPTPP 不同，RCEP 关于服务贸易的规范仍然沿用了 GATS 的立法体例。RCEP 的主要服务贸易规则体现在第 8 章"服务贸易"中，并且包括了金融服务（附件 A）、电信服务（附件 B）和专业服务（附件 C）等特定服务领域的附件。总体而言，CPTPP 的服务贸易规则更为详尽和具体，反映了其对服务贸易自由化和规则制定的高度重视。CPTPP 的文本体现了 TPP 法律文本的严谨特征，而 RCEP 的立法条款则相对粗糙，执行起来可能引起歧义。RCEP 在服务贸易方面的规则制定上显示出其更加注重与货物贸易相关的谈判活动，而不是像 CPTPP 那样专注于服务贸易本身。

（2）开放领域和市场准入。CPTPP 采用了负面清单方式，这是一种更为开放的承诺方式。在这种模式下，除了以"不符合措施"形式明确排除的服务外，其他服务部门均被自动视为自由化的服务部门。与 CPTPP 不同，RCEP 在服务贸易方面采取了正面清单和负面清单相结合的方式。RCEP 的成员国以自身在 WTO/GATS 和其他现有自由贸易协定中的承诺为基础，不预先排除任何部门和服务贸易模式的开放。CPTPP 的负面清单市场准入模式相较于 RCEP 的混合模式，展现出更高的开放水平。CPTPP 的高标准承诺水平，加上其对非成员国的排斥性，直接促进了服务贸易在成员国之间的流动，并可能产生贸易转移效应。而 RCEP 的开放水平整体上低于 CPTPP，但在某些成员国中，如日本、韩国、澳大利亚和新加坡，采用负面清单后，其市场准入开放水平显著提高。

（3）国内规制规定。CPTPP 在第 10 章第 8 条"国内规则"中提出了具体要求，以确保成员国的国内法律、法规和行政程序不会不必要地限制服务贸易。CPTPP 强调了对专业人员能力的评估程序，要求成员国应保证设立评估另一缔约方专业人员能力的程序，确保这些评估基于客观和透明的标准，且不应超过保证服务质量所必需的限度。相比之下，RCEP 在第 8 章第 15 条"国内规制"中的规定与 CPTPP 相似，但并没有 CPTPP 具体和详细。RCEP 要求成员国制定相关资质要求、技术标准和许可程序的法律规范，应基于合理、客观和公正的方式，同时为服务提供者的申请进行审查设立司法、仲裁、行政庭或程序。然而，RCEP 并没有像 CPTPP 那样新增评估专业人员能力的程序要求。CPTPP 在服务贸易的国内规制方面提出了更为具体和严格的要求，强调了透明度、监管一致性和对专业人员能力评估程序的规定。而 RCEP 虽然也有关于国内规制的要求，但在细节和执行力度上不如 CPTPP 深入和全面。这表明 CPTPP 在推动服务贸易自由化方面采取了更为积极和详细的国内法律和监管框架改革，而 RCEP 则在这方面展现出一定的灵活性，允许成员国在符合协定基本要求的前提下，保留更多的国内政策空间。

3. 数字贸易领域优化治理

随着数字贸易的全球兴盛，现代化的价值链、供应链、产品和服务链亟须重构，对当前的国际贸易规则体系带来了深远的影响。尽管在 WTO 的架构下尚未建立起全球通行的数字贸易规则，世界各主要经济体通过签订区域性贸易协定和在 WTO 多边框架内的努力，正致力于构建和完善这一规则体系。以欧美等发达经济体为例，它们利用自身在数字经济方面的领先地位，已经分别形成了以"美式标准"和"欧式标准"为代表的规则体系。此外，随着 CPTPP、DEPA 和 RCEP 的签订，亚洲地区开始崭露头角，逐渐构建起反映本区域特色、更为包容的国际数字贸易规则体系。通过综合对比 CPTPP、DEPA 和 RCEP 等数字贸易规则中具体条款内容可以发现，CPTPP、DEPA 和 RCEP 在数字贸易领域关注的焦点仍主要集中于数据跨境自由流动、跨境服务贸易、数字贸易便利化等内容（黄先海和周禄松，2024）。

（1）数据跨境自由流动规则。在数据跨境流动和安全性方面，CPTPP 与 DEPA 相较于 RCEP 有着更为严苛的要求。尽管这三个协定均允许基于商业行为的数据可以跨境自由流动，并承认各缔约国可以有独自的监管规制，但是 CPTPP 和 DEPA 均有"强制允许数据跨境流动的义务"，即每一个可识别自然人的任何信息都是可以跨境流动的，而 RCEP 没有对个人信息的传输作出规定，并且保留了安全例外条款，突出了缔约国安全利益导向原则。对于我国而言，CPTPP 与 DEPA 对数据跨境流动强制执行的义务和对个人信息的数据传输与我国"基于数据主权安全的数据跨境流动和数据本地化存储"主张大相径庭，这可能会导致我国公民和国家数据泄露。为进一步规范数据出境活动，《数据出境安全评估方法》中明确了数据出境前的一系列安全审批流程。在实际操作中，由于我国数据分类分级指标不明确，安全审批存在操作难度，对接 CPTPP 和 DEPA 等高标准数据流动规则仍面临一定挑战。

（2）跨境服务贸易规则。全球数字服务贸易的快速增长带动了服务贸易数字化的深入发展。据世界银行数据，数字服务贸易已占全球服务贸易总量的一半以上，2021 年达到 3.81 万亿美元，实现了过去 10 年中的最高增速。在跨境服务贸易领域，CPTPP、DEPA 和 RCEP 展现出不同的规范与承诺。CPTPP 在服务贸易规则上表现最为开放，通过负面清单方式，极大限度地允许外国服务提供商进入市场，并在众多章节中提供了关于服务业市场准入及国民待遇的严格规定。相比之下，RCEP 对该领域提出了更为灵活的规则，在正面清单和负面清单的结合使用上，赋予了一些成员国在服务贸易开放程度上的渐进转换期，以配合成员国不同的服务业发展水平。在数字产品贸易的非歧视待遇原则方面，CPTPP 和 DEPA 均明确要求实施数字产品的非歧视待遇。这意味着成员国须给予国内和国外数字产品及服务提供商同等水平的开放市场机会。与之相对，RCEP 在这一原则上的表述尚不明确，显示出成员国之间在数字贸易立法上存在差异。我国在这方面拥有更为谨慎的立场，未明确承诺对数字产品进行非歧视性待遇，这在一定程度上与美日标准的规则存在出入。

（3）数字贸易便利化相关规则。数字贸易便利化在全球经济中扮演着愈加重要的角色，然而在管理层面存在多样化的挑战。全球数字基础设施的贸易限制比例正在逐步增加，主要经济体正努力在降低贸易壁垒和保障利益与安全间寻找平衡点。在这一背景下，CPTPP、DEPA 和 RCEP 这三个重要的贸易协定均采取了措施以促进数字贸易的自由化。

1）电子传输免关税是三个协议共同的功能条款，其目的在于消除对数字产品和电子商务的税务障碍。CPTPP 和 DEPA 在这方面赋予了永久性免征关税的义务，而 RCEP 则规定了暂时性的免关税措施。我国支持当前的免征关税实践，但并不支持长期的免税措施，因发展中国家担忧可能对税收收入造成影响。

2）在数字贸易标准化方面，各协定均鼓励提高电子交易的效率和增加无纸化的贸易管理程序，期望降低对电子交易的监管负担。DEPA 呼吁进一步建立单一窗口以便提交跨境贸易文件，还要求专业合作以促进数字支付系统和数字身份的互操作性；相比之下，CPTPP 和 RCEP 均有明确的电子签名和认证规则，但没有专门强调这些领域的合作和标准建设。尽管我国在部分数字贸易领域如电子交易和无纸化方面具有竞争优势，但面临电子签名和电子认证机构互认障碍等问题。这些挑战指出了我国在迈向数字贸易便利化及国际标准接轨道路上需要关注和解决的关键领域。

第四节　贸易领域制度型开放的实现路径

针对我国分别在货物贸易、服务贸易和数字贸易三个重点领域与国际高标准经贸规则（如 CPTPP、USMCA）存在的差距，结合上述提出的战略目标，我国应从以下几方面着力：

第一，推动国内开放制度创新，围绕当前贸易领域制度型开放存在的各种突出问题，完善规则探索和体制机制，加快发展贸易新业态、完善自贸区建设。首先，我国在推动国内开放制度创新方面，需要不断完善与国际接轨的规则体系和体制机制。这涉及对现有法律法规的梳理和更新，确保它们能够适应国际贸易的新趋势和新要求。例如，我国可以参照国际高标准经贸规则，对知识产权保护、环境保护、劳工权益等领域的法律进行修订和完善，以提高国内法规的国际化水平。其次，贸易新业态的发展是推动国内开放的重要内容。中国可以通过发展跨境电商、数字贸易、服务贸易等新业态，拓展贸易的深度和广度。例如，上海自由贸易试验区在贸易新业态方面进行了积极探索，推出了一系列创新措施，如跨境电子商务综合试验区的建设，为电商企业提供了便利的通关、物流和税收服务。最后，自由贸易试验区作为我国对外开放的重要平台，其建设对于推动国内开放制度创新具有重要意义。上海自由贸易试验区自 2013 年设立以来，已在金融开放、服务业开放、贸易便利化等方面取得了显著成效，如在金融开放方面先行先试，推出了自由贸易账户（FTA）体系，允许跨境资金的自由流动和灵活兑换，为金融服务业的开放提供了有力支持。此外，上海自由贸易试验区还积极探索药品上市许可持有人制度，为医药行业的创新发展提供了便利条件。海南自由贸易试验区作为中国最大的自由贸易试验区，其建设不仅关注传统的货物贸易，更着力于发展现代服务业、旅游业等，推动经济结构的转型升级。例如，在旅游、购物、健康医疗等领域推出了一系列开放措施，如放宽免税购物政策、支持国际医疗机构的设立等，吸引了大量国内外游客和投资者，有效促进了海南经济的多元化发展。

第二，积极参与推动贸易协定的构建，推动国际间高水平制度协商与合作，充分利用高质量共建国际合作平台，打造国家和地区间高标准经贸规则对接的示范性制度安排等。首先，我国应积极参与国际贸易协定的谈判和构建，与世界各国共同推动贸易自由化和便利化。通过与主要贸易伙伴建立更紧密的经济合作关系，我国可以在全球贸易体系中发挥更大的作用。例如，我国在推动《区域全面经济伙伴关系协定》（RCEP）的签署过程中发挥了关键作用，该协定是世界上最大的自由贸易协定，涵盖了全球约 1/3 的经济产出。其次，中国应充分利用现有的国际合作平台，如共建"一带一路"倡议、亚洲基础设施投资银行（AIIB）等，推动与沿线国家和地区的贸易和投资合作。通过这些平台，我国可以与合作伙伴共同探索新的贸易和投资机会，促进区域经济一体化。例如，通过共建"一带一路"倡议，在基础设施建设、能源、交通等多个领域开展了广泛合作，有效促进了区域互联互通和经济合作。最后，我国应致力于构建与国际高标准经贸规则相衔接的示范性制度安排。这包括在自由贸易试验区内实施更高水平的开放政策，探索与国际接轨的贸易和投资规则。例如，我国在上海自由贸易试验区临港新片区实施了一系列开放措施，包括对外资准入的负面清单管理、跨境服务贸易的开放等，为国际高标准经贸规则的对接提供了实践案例。

第三，打造贸易领域制度型开放的安全保障机制、综合效应评价体制机制，建立面向我国贸易领域制度型开放的事前、事中及事后评估机制。首先，我国需要构建一个综合效应评价体制机制，以全面评估贸易政策的经济、社会和环境影响。例如，上海自由贸易试验区在金融开放方面的先行先试，需要通过这样的机制来评估其对国内金融市场稳定性的影响，以及对实体经济的促进作用。同时，海南自由贸易试验区的旅游、购物和健康医疗等领域的开放措施，也需要通过综合评价来确保其可持续发展，以确保不会对当地社会和环境造成负面影响。其次，我国应建立一个涵盖事前、事中及事后评估的机制，以监控和调整贸易开放政策。事前评估可以帮助识别和预防潜在风险，事中评估可以确保政策执行与预期目标相符，而事后评估则可以总结经验教训，为未来的政策制定提供参考。随着数字贸易的兴起，我国加强了对网络安全和数据安全的立法工作，如《中华人民共和国网络安全法》和《中华人民共和国数据安全法》。这些法律的制定和实施体现了事前评估的重要性，旨在预防和控制数据跨境流动可能带来的风险。在推进贸易开放的同时，我国还需要强化监管体系和风险管理能力，包括建立和完善贸易相关的法律法规，提高监管透明度，以及加强与国际标准的对接。同时，通过技术手段提升监管效率，如利用大数据、人工智能等现代信息技术进行贸易监管。最后，为了应对外部经济环境变化带来的冲击，我国需要构建有效的管理机制。这包括建立宏观经济调控体系，完善外汇管理和国际资本流动监管，以及建立贸易争端解决和应对机制。以中美贸易摩擦为例，中国通过调整出口结构、开拓新兴市场等措施，有效应对了外部冲击。同时，中国加强了与 WTO 等国际组织的沟通和协调，积极参与国际贸易争端解决，展示了在外部风险管理方面的能力。

第五节　本章小结

本章基于制度型开放的背景，归纳总结了贸易领域制度型开放的概念，将本国在贸易领域具有较强外溢效应的重要体制和相关机制，与国际高标准规则进行对标对接，进而在国内实施一系列制度创新，为世界输出规则规制，形成一套通行的国际经贸规则，通过在贸易规则和规制、投资规则和规制、生产管理和产品标准等方面进行协调和融合，实现普惠、公平的全球治理体系。

在此基础上，进一步阐述了贸易领域制度型开放的内涵，包括构建与国际高标准经贸规则相衔接的国内规则和制度体系，通过系统性制度创新引领全球贸易规则的制定，以及深化境内改革、拓展境外共建，共同创建符合人类命运共同体的全球经贸规则。

在战略目标上，本章对货物贸易、服务贸易和数字贸易三个重点领域进行了深入分析。在货物贸易领域，中国应推动规则优化升级，以 CPTPP、USMCA 等的高标准为标杆，提升国内规则与国际标准的一致性。在服务贸易领域，我国需提升开放水平，创新服务贸易发展机制，同时注意 CPTPP 和 RCEP 在服务贸易规则方面的差异，推动国内规制与国际规则的协调。在数字贸易领域，我国要弥补产业竞争力短板，优化数字治理水平，促进数据跨境自由流动，同时关注 CPTPP、DEPA 和 RCEP 在数据流动规则上的高标准要求。

在实现路径上，本章提出了三个重点方向。首先，推动国内制度型开放和创新，包括完善与国际接轨的规则体系、发展贸易新业态、完善自由贸易试验区建设等，如上海自由贸易试验区在金融开放和服务业开放方面的先行先试，以及海南自由贸易试验区在旅游业和现代服务业的创新探索。其次，积极参与国际贸易协定的构建，利用共建"一带一路"等国际合作平台，推动与国际高标准经贸规则的对接。最后，打造贸易领域制度型开放的安全保障机制，建立综合效应评价体制机制，进行事前、事中及事后评估，确保贸易开放政策的稳健实施。

第二章

贸易领域制度型开放的历史演进、
理论逻辑与实践基础

中华人民共和国成立以来，我国的对外开放随着经济社会的发展不断升级，经历了局部开放—全面开放—制度型开放三个阶段。与对外开放战略相配套的我国外贸体制也在不断地变革，从改革开放前的高度集权到改革开放后的放权让利、外贸企业自负盈亏，再到加入 WTO 后与 WTO 多边贸易规则的全面接轨。尤其是党的十八大以来，我国对外贸易亟待从增量阶段转向提质阶段，而制度优势和改革逐渐成为最大红利和最大潜力所在。因此，促进对外开放由商品和要素流动型开放向规则等制度型开放转变，推动规则、规制、管理、标准等的重塑，主动参与构建国际经贸规则体系，建立和完善中国特色开放制度体系，成为中国式现代化和高质量发展的内在要求。

基于此，本章首先对我国在贸易领域制度型开放的历史演进分阶段进行梳理，然后在此基础上结合现有的国际贸易相关理论剖析其背后的理论逻辑，最后从实践方面详细阐述我国在贸易领域制度型开放所取得的成绩和做出的有益探索。

第一节　贸易领域制度型开放的历史演进

这一部分主要从改革开放前中国外贸体制的建立与发展、改革开放后至加入 WTO 前外贸体制的改革、加入 WTO 后中国外贸体质与 WTO 多边贸易规则的全面接轨及全球经贸规则重构背景下中国稳步扩大高水平制度型开放四个阶段来展开梳理并阐述我国在贸易领域制度型开放的历史演进。

一、改革开放前中国外贸体制的建立与发展

从中华人民共和国成立到改革开放前的近 30 年，中国的外贸体制的建立与形成经历了两个阶段：

1. 外贸体制的建立

新中国成立后国家通过废除帝国主义在华的各种特权，没收国民党政府和官僚资本的外贸企业，建立了国营的外贸企业，并逐步改造私营外贸企业。按照统制外贸的政策，对外贸易采取了进出口商品分类管理办法，建立起对外贸易活动国家集中统一管理制度，对外贸易经营权逐步集中到国营外贸公司。对外贸易由分散向集中、由私营向国家统制的方向转变。

2. 计划经济下高度集权的外贸体制

计划经济下，对外贸易领域建立起由中央政府部门即对外贸易部集中统一管理、各专业外贸公司统一经营、实行指令性计划、政府统负盈亏的高度集权的对外贸易体制。

高度集权的外贸体制导致外贸公司成为行政机构的附属物，造成企业无法自由进入外贸领域开展进出口经营活动，割裂了国内与国际、供给与需求之间的市场联系，对外贸易效率偏低，无法起到拉动社会生产力发展的作用。

二、自改革开放至加入 WTO 前的外贸体制改革进程

1978 年中国开始踏上改革开放之路，经济体制逐步从高度集中统一的计划经济转向有计划的商品经济。1993 年 11 月党的十四届三中全会正式确立了建立社会主义市场经济体制的改革目标。作为经济体制改革的重要组成部分，外贸体制改革经历了以下几个阶段（黄建忠，2003）：

1. 外贸体制改革的探索阶段——放权让利阶段（1979~1987 年）

按照改革开放的基本国策，为了打破专业外贸公司独家垄断经营的局面，首先下放对外贸易经营权和出口商品经营权。同时，针对长期以来工贸隔离、产销脱节造成的一系列问题，开展了多种形式的工贸结合试点。改变外贸计划全部由外贸专业总公司承担的局面。改革传统的外贸财务管理体制，使企业在财务上与其主管部门脱钩。自 1987 年起试行出口奖励金办法，对企业扩大出口、提高经

济效益起到了积极的作用。

虽然这一时期的改革对前期高度集中统一的外贸体制做了不少有益的探索，但是外贸体制原有的一些弊端还未从根本上得到解决，因此还需深化改革。

2. 外贸体制改革的深化阶段（1988~1990 年）

1988 年 2 月，国务院发布了《关于加快和深化对外贸易体制改革若干问题的规定》，对加快和深化外贸体制改革作出了部署，推动了外贸体制的进一步改革。其基本内容和主要措施包括全面推行外贸承包经营责任制、实行自负盈亏改革试点、深化改革进出口经营体制。

这一阶段以外贸承包经营责任制为主要特征的改革，初步改变了长期以来完全由中央财政统负盈亏，地方只对扩大出口有积极性而对盈亏不承担责任的状况，责权利逐步趋向统一；明确了中央和地方的外汇分配关系，调动了各方扩大出口的积极性；初步改变了长期形成的外贸企业"大锅饭"财务体制和平均主义分配体制，强化了外贸企业的财务约束机制，激发了企业加强内部管理、提高经济效益的内在动力。

然而，外贸承包经营责任制只是一种过渡性制度安排，仍然存在一些不尽完善甚至缺陷之处。比如，许多外贸企业还没有建立完全的自负盈亏机制；各地方、各外贸企业在不同程度上出现了外贸经营秩序混乱等问题；"国内竞价收购，对外低价竞销"；由于在外汇留成比例等政策上的区域差异，特区企业也对内地企业构成了不平等竞争。这些问题都要求中国外贸体制进一步改革。

3. 外贸体制改革的完善阶段（1991~1993 年）

1990 年 12 月 9 日，国务院发布《关于进一步改革和完善对外贸易体制若干问题的决定》，进一步深化外贸体制改革，以加快改革开放的进程。这次改革的中心是建立外贸企业自负盈亏的机制，使外贸企业逐步走上统一政策、平等竞争、自主经营、自负盈亏、工贸结合、推行代理制、联合统一对外的轨道。其具体内容包括全面取消国家对外贸企业的亏损补贴，正式建立外贸自负盈亏机制；改革外汇留成办法，加强出口收汇管理；进一步改革进出口管理体制。

4. 加入 WTO 前中国外贸体制改革的新进展（1994~2001 年）

为适应"复关"和加入 WTO 要求，我国外贸体制改革进入了新的阶段。1993 年 11 月党的十四届三中全会确立了"建立社会主义市场经济体制"的整体改革方向，明确在外贸领域的改革为"坚持统一政策、放开经营、平等竞争、自负盈亏、工贸结合、推行代理制"，旨在逐步建立起符合社会主义市场经济运行要求与国际经济通行规则的新型外贸体制，主要从以下几个方面展开：

（1）深化外贸管理体制改革。转变政府职能，精简机构，进一步改革对外贸易行政管理职能，做到主要运用经济、法律手段，同时辅之以必要的行政手段，进行对外贸易宏观管理。①在强化经济调控手段方面，包括改革汇率制度，实行汇率并轨；进一步降低进口关税水平，取消部分进口减免税；改革所得税制，进一步完善出口退税制度；实行有利于出口的信贷政策。②在加强立法手段方面，包括健全完善外贸立法，如《中华人民共和国对外贸易法》《中华人民共和国反倾销条例》《中华人民共和国反补贴条例》《中华人民共和国保障措施条例》《中华人民共和国货物进出口管理条例》等配套法规，使中国对外贸易活动在法制化轨道上按照国际贸易通行规则顺利开展。③在改革外贸管理行政手段方面主要是放宽企业经营外贸业务审批标准；改革进出口商品管理体制，逐步放开商品经营范围。

（2）深化外贸企业经营体制改革。就外贸企业经营体制而言，要从单纯追求创汇数额转向重视经济效益，从单纯从事商品经营转向资产经营，从单一经营转向一业为主、多种经营，从传统的收购制度转向服务型的代理制，从分散经营转向规模经营。

（3）深化外贸协调服务体制改革。充分发挥进出口商会在对外贸易经营活动中的协调、咨询、指导的服务功能。

至此，经过多年的改革，中国的外贸体制发生了根本性的变化，高度集中的外贸垄断经营体制被打破，国家对外贸的宏观调控体系开始确立。不过，我国在完善外贸宏观管理体制的过程中尚未建立起与国际经贸规则对接的法制化、市场化制度体系。

三、加入 WTO 后中国全面接轨多边贸易体制

中国外贸体制改革的根本目标是建设一个既符合社会主义市场经济体制要求又符合国际通行规则的贸易体制。自 2001 年正式加入 WTO 后至今，中国不断完善社会主义市场经济体制，深化外贸体制改革，全面加强同 WTO 多边贸易规则的对接，持续推进贸易自由化、便利化，维护 WTO 的基本原则和宗旨，完善涉外法律法规，降低关税水平，削减非关税壁垒，切实履行货物和服务开放承诺，改进知识产权保护承诺。总体来说，加入 WTO 倒逼国内的体制机制改革，对外贸易体制和政策的稳定性、透明度、可预见性显著提高，标志着中国的改革开放进入了新的历史阶段（黄建忠，2021）。

1. 加快了外贸体制法制化进程

加入 WTO 后，我国开展了大规模的法律法规清理修订工作。中央政府清理法律法规和部门规章 2300 件，地方政府清理地方性政策法规 19 万多件，覆盖贸易、投资、知识产权保护等各个方面。2014 年，国家制定进一步加强贸易体制政策合规工作的政策文件，要求各级政府在拟定贸易政策措施过程中对照 WTO 多边协定及中国"入世"承诺进行合规性评估。2016 年，国家建立规范性文件合法性审查机制，进一步清理规范性文件，增强公共政策制定的透明度和公众参与度。

2. 全面放开了外贸经营权

"入世"后，根据 2004 年修订后的《中华人民共和国对外贸易法》，自 2004 年 7 月起，中国政府对企业的外贸经营权由审批制改为备案登记制，所有企业均可以依法从事对外贸易活动。外贸经营权的备案登记制度，激发了各类企业开展外贸的积极性，促进了国有企业、外商投资企业和民营企业多元化外贸经营格局的形成。

3. 进一步降低关税，削减非关税措施

在降低进口关税方面，截至 2010 年，中国货物贸易降税承诺全部履行完毕，关税总水平已由 2001 年的 15.3% 降至 9.8%。在削减非关税壁垒方面，截至 2005 年 1 月，中国已按加入时的承诺全部取消了进口配额、进口许可证和特定招标等非关税措施。

4. 履行服务贸易领域开放承诺

中国认真履行"入世"承诺，为境外服务提供了包括金融、电信、建筑、分销、旅游、教育等在内的市场准入机会。在 WTO 分类的 12 大类服务部门的 160 个分部门中，中国承诺开放 9 大类的 100 个分部门，接近发达成员平均承诺开放 108 个分部门的水平。截至 2007 年，中国服务贸易领域开放承诺已全部履行完毕。同时，中国逐步降低服务贸易领域外资准入门槛，按期取消服务贸易领域对外资的地域和数量限制，不断扩大允许外资从事服务领域的业务范围。

5. 全面加强了知识产权的保护

"入世"后，中国建立健全知识产权法律法规，积极吸收借鉴国际先进立法经验，构建起符合 WTO 规则和中国国情的知识产权法律体系。例如，修订了《中华人民共和国商标法》，增加了惩罚性赔偿制度，修订了《中华人民共和国反不正当竞争法》，进一步完善了商业秘密的保护，同时明确了市场混淆行为，引入标识的概念，拓宽对标识的保护范围。同时，加快推进《中华人民共和国专利法》《中华人民共和国著作权法》等法律的修订。

6. 建立完善了对外贸易救济制度

WTO 允许成员采取反倾销、反补贴以及保障措施等贸易救济手段，以维护公平贸易和产业安全。伴随着外贸体制改革的进程，我国的贸易救济制度经历了从无到有、从起步到较为成熟、自成体系的逐步发展过程。

中国历经 15 余年艰苦谈判达成的"入世"目标，不仅巩固了此前我国经济体制改革与对外开放的一系列成果，还全面改善了我国发展对外贸易经济的外部环境和条件，更深刻地推进了外贸宏观管理体制与微观企业基础的改造。当然，随着外贸自由度的提高，外部经济波动也会更容易传导到国内；由于"入世"时中国没有取得完全市场经济地位，致使中国容易受到更多倾销制裁，导致更多贸易利益损失；中国对外贸易失衡（顺差）导致的贸易摩擦不断。为了实现开放环境下的国民经济稳定发展，必须寻求更高水平的对外开放，构建高水平开放型的经济制度体系。

四、全球经贸规则重构下稳步扩大制度型开放阶段

随着国际经济贸易的发展，经济全球化面临新的变局，对传统 WTO 多边经贸规则带来挑战。美国等发达国家谋求变革国际经贸规则、改革 WTO 的呼声日益强烈，新的议题、高标准的经贸规则都将成为 WTO 改革关注的内容。因此，我国既要积极参与国际经贸规则的改革，又要主动对标通行的高标准经贸规则，深化外贸体制改革。

1. 国际经贸规则从边界措施转向边境内措施

2008 年，全球金融危机爆发后，随着国内外经济形势的演变，支撑传统对外开放模式的条件发生了显著变化，中国开放型经济发展不可避免地面临一系列新的挑战，其中最为关键的当数国内经贸体制机制与高标准国际经贸规则之间的"制度冲突"。

第一代国际经贸规则主要强调市场型开放，体现出边界措施自由化与便利化的突出特征，如削减关税及非关税壁垒、简化海关程序、提高贸易政策透明度、对商业存在形式的服务贸易给予投资市场准入并实施国民待遇。2008 年全球金融危机爆发后，美国等发达国家积极倡导以"边境内"措施及规制融合为特征的新一代国际经贸规则，试图以公平贸易为由强化自身竞争力，并推动发展中国家实施有利于发达国家扩张全球价值链的国内规制改革。为此，美国主导 TPP和 TTIP 谈判，进而将北美自由贸易区升级为标准更高的 USMCA。在发达国家的

推动下，"边境内"措施规制融合已成为当前区域与双边国际经贸协定与谈判的核心议题，也将成为新一代国际经贸规则的核心内容。

与市场准入的边境措施自由化相比，"边境内"措施规制融合更加强调标准的统一、竞争规则及市场监管的一致。具体而言，标准一致化包括工业技术标准与动植物卫生检疫标准、知识产权保护标准、环境及劳工标准。竞争一致化包括投资管理体制、竞争政策、政府采购、国有企业等。监管一致化包括法治、反腐败以及各国监管协同。发达国家之所以强调"边境内"的措施规制融合，一方面，因为在"全球生产、全球销售"的新型国际分工生产模式下，东道国在知识产权保护、竞争政策、环境及劳工标准等方面的制度安排逐渐成为产品成本差别的主要来源，经济全球化的深入推进需要各国在标准、规则及监管等方面保持高度一致性。另一方面，发达国家在标准制定、公平竞争、市场监管等方面拥有一整套更加完善的制度体系。

为了推动全面对外开放新格局构建，中国正积极对标国际高标准经贸规则。对标高标准国际经贸规则，并非简单遵从自由化程度最高的标准，而是要结合中国实际条件，检视高度自由化的高标准经贸规则的多边适用性，瞄准国际经贸规则变迁的趋势，以国家利益最大化为标准，主动改革，采用已经或者即将通行的高标准国际经贸规则（桑百川等，2021）。近年来，中国积极参与和推动了一系列区域和跨区域经济合作协定，包括《数字经济伙伴关系协定》（DEPA）、《中国—欧盟全面投资协定》（CAI）和《区域全面经济伙伴关系协定》（RCEP）。

2. 加快国内经济体制改革，稳步推进制度型开放

制度质量是对外贸易优势的重要来源。我国应推动对外贸易高质量发展的比较优势由传统的资源禀赋和要素成本优势向国家制度质量优势转变，打造新时代的新制度红利。

2013 年，党的十八届三中全会通过的《中共中央关于全面深化改革若干重大问题的决定》中第七个问题是"构建开放型经济新体制"，其基本路径和目标是推动对内对外开放相互促进、引进来和走出去更好结合，促进国际国内要素有序自由流动、资源高校配置、市场深度融合，加快培育参与和引领国际经济合作竞争新优势，以开放促改革。具体内容包括：一是放宽投资准入。统一内外资法律法规，保持外资政策稳定、透明、可预期。推进金融、教育、文化、医疗等服务业领域有序开放，放开育幼养老、建筑设计、会计审计、商贸物流、电子商务等服务业领域外资准入限制，进一步放开一般制造业。加快海关特殊监管区域整

合优化。二是加快自由贸易区建设。坚持世界贸易体制规则，坚持双边、多边、区域次区域开放合作，扩大与各国各地区的利益汇合点，以周边为基础，加快实施自由贸易区战略。改革市场准入、海关监管、检验检疫等管理体制，加快环境保护、投资保护、政府采购、电子商务等新议题谈判，形成面向全球的高标准自由贸易区网络。扩大对香港特别行政区、澳门特别行政区和台湾地区开放合作。三是扩大内陆沿边开放。抓住全球产业重新布局机遇，推动内陆贸易、投资、技术创新协调发展。创新加工贸易模式，形成有利于推动内陆产业集群发展的体制机制。支持内陆城市增开国际客货运航线，发展多式联运，形成横贯东中西、联结南北方对外经济走廊。推动内陆同沿海沿边通关协作，实现口岸管理相关部门信息互换、监管互认、执法互助。2014 年，制定进一步加强贸易政策合规工作的政策文件，要求各级政府在拟定贸易政策的过程中对照 WTO 协定及中国加入承诺进行合规性评估。2015 年出台的《中共中央 国务院关于构建开放型经济新体制的若干意见》，涉及创新外商投资管理体制、构建外贸可持续发展新机制、建设若干自由贸易试验园区等制度型开放相关内容。2016 年，建立规范性文件合法性审查机制，进一步清理规范性文件，增强公共政策制定透明度和公众参与度。这一系列重大开放举措，标志着我国制度型开放进入新的发展阶段。

2018 年 12 月，中央经济工作会议提出，"要适应新形势、把握新特点，推动由商品和要素流动型开放向规则等制度型开放转变"。2020 年 11 月召开的浦东开发开放 30 周年庆祝大会上，习近平总书记再次强调"深入推进高水平制度型开放，增创国际合作和竞争新优势"。《中华人民共和国国民经济和社会发展第十四个五年规划和 2035 年远景目标纲要》指出，"稳步拓展规则、规制、管理、标准等制度型开放"，"构建与国际通行规则相衔接的制度体系和监管模式"，为制度型开放确定了基本内容和方向。关于推动这些重要领域开放的节奏，党的二十大报告明确给出"稳步扩大"的工作基调，这意味着制度型开放的推进不能操之过急，而应当按照客观规律，循序渐进。

第二节　稳步扩大贸易领域制度型开放的理论逻辑

本节基于现有的国际贸易相关理论——比较优势理论、要素禀赋理论、新贸易理论、区域经济一体化理论、自由贸易园区理论等详细阐述我国稳步扩大贸易领域制度型开放的逻辑机理。

一、依托劳动力优势与国际市场融入国际大循环——基于比较优势和要素禀赋理论

改革开放之初至 2006 年前后，我国以大口径对外贸易带动经济高速发展。比较优势和要素禀赋理论较为有效地解释了我国该阶段的发展情况（江小涓等，2023）。

1. 绝对优势、比较优势和要素禀赋理论

亚当·斯密（1776）提出的绝对优势理论认为，每个国家按照自身的绝对优势参与国际分工，最终可以通过自由贸易获得收益。但该理论无法解释一国同外国相比在所有产品生产上都存在绝对劣势时，国家间贸易为何仍然存在，该国是否还可以从国际贸易中获益。针对这一理论缺陷，大卫·李嘉图（1962）提出了比较优势理论，指出即使一国在所有产品的生产上相比他国都不具有绝对优势，仍可按"两优取重，两劣取轻"的原则与他国进行分工，生产并出口本国具有比较优势（优势较大或劣势较小）的产品，进口具有比较劣势（优势较小或劣势较大）的产品。其后，着重于分析比较优势形成根源的要素禀赋理论进一步发展并成为主流理论。该理论认为各国要素的相对丰裕程度导致的要素相对价格差异，使不同国家生产同一种产品的机会成本存在差异，进而成为比较优势的来源。这些理论体系长期影响着我国学者研究中国参与国际贸易相关问题的思路（江小涓，1993；林毅夫和李永军，2003；蔡昉等，2009；樊纲，2023）。

2. 扩大开放，引入外资，发挥比较优势，推动贸易发展

改革开放初始，我国要素禀赋极度失衡，几种主要生产要素占全球的比重畸高或畸低，其中劳动力极为富裕，1980 年我国劳动力占世界劳动力总量的比重高达 22.4%；而资金和技术极为短缺，资本形成总额占全球资本形成总额的比重仅为 1.8%，研发投入仅为 0.5%。耕地、淡水和石油资源分别占 7%、6% 和 1.5%（见图 2-1）（江小涓和孟丽君，2021）。如此失衡的要素禀赋，无法将较多劳动力吸纳到现代经济部门，潜在巨量内需无法实现，高比例的劳动力在农业部门隐性失业，收入极低。比较优势理论表明，一国的最富裕要素由于无法被其他相对短缺的生产要素有效吸纳到生产过程中，数量过剩而相对价格低。我国劳动力正符合这一规律。

同时，全球化加速推进，带来国际市场规模急剧扩张。在此背景下，中国实

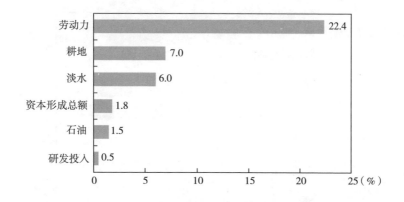

图 2-1　1980 年我国主要生产要素占全球比重

资料来源：UNCTAD 数据库。

行改革开放政策，外贸体制改革不断深化，尤其是加入 WTO 后，在外贸体制上全面加强同 WTO 多边贸易规则的对接，大幅降低关税及各类非关税壁垒，提升市场准入水平。通过各种外商投资引入优惠政策吸引外资，承接来自发达国家的劳动密集型产业的转移，极其有效地发挥了劳动力的比较优势和绝对优势，得以抓住全球化机遇，以出口持续扩张推动经济持续增长。在此阶段中，数以亿计的隐蔽型失业劳动力得以搭载在出口商品上，找到世界市场上的就业机会。1980~2006 年，中国全球货物贸易总额排名由第 26 位跃升至第 3 位，中国的市场型开放取得了巨大成功。由此，中国全面深度融入国际生产分工体系，开放型经济也随之出现井喷式增长。

二、进一步开放，引进技术和依托产业、市场规模优势带动贸易结构转型——基于新贸易理论与后发优势理论

1. 要素禀赋的改变使得传统比较优势持续减退

经过 20 多年的发展，我国要素禀赋持续改变（见图 2-2），中国基于比较优势、依托大量出口带动增长的发展模式动能快速减退。尤其是随着经济快速增长和人均收入大幅提升，中国劳动力成本快速上升，而同期美国、韩国和日本实际工资增长停滞不前。我国与美国工资水平的差距不断缩小，从 1990 年的 53 倍缩小到 2021 年的 4.5 倍。同时，我国工资水平与一些发展中国家的差距不断加大，2021 年，印度和越南的人均工资水平仅为我国的 17.23% 和 23.36%，两国在劳动密集型产品生产上已经具有了一定的相对优势（江小涓等，2023）。

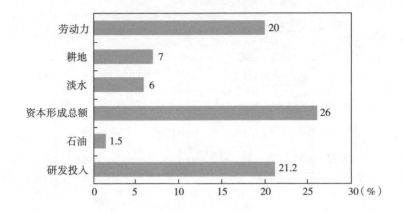

图 2-2　2018 年我国主要生产要素占全球比重

资料来源：UNCTAD 数据库。

2. 国内市场与产业扩张和后发优势动能增强

比较优势动能减退的同时，国内消费市场和产业规模扩大、体系日趋完备且竞争力日益提升，由此中国进入后发优势发挥关键作用的发展阶段。

后发优势的概念最早由经济史学家亚历山大·格申克龙提出，认为后发国家可利用"后进性"以实现经济追赶。其后的学者如阿布拉莫维茨进一步提出了"追赶假说"，认为后进国家具有快于发达国家的发展潜力。1993 年，伯利兹等学者发展了"蛙跳模型"，指出先进国家可能面临技术锁定，而后发国家则可通过应用突破性技术以实现经济赶超。有学者指出，发展中国家可以利用后发优势，建立起快速增长的产业。中国工业发展的后发优势极为突出，可以支撑中国工业发展成为世界发展史上的奇迹（江小涓，1993）。

这个阶段产业竞争力提升的主要来源是：依托规模快速扩张的国内产业和市场（规模报酬递增理论），有效抓住了先进技术和国际资本大规模跨国流动的机遇（国家竞争优势理论），吸引国外先进适用技术及各种有用要素（技术差距论与产品生命周期理论），促进国内产业快速发展和提高技术水平。同时，国内产业水平提升有利于吸收国外先进技术，国内消费水平持续提升有利于发展较高档次的产品和服务。上述两方面因素均有利于吸引跨国公司前来投资。因此，该阶段中国发展的表现是：国内产业大规模引进国外先进技术，大规模吸引技术先进的国外投资，大规模生产较高水平的制造业产品，并快速增加中高端商品出口。该阶段一直延续到 2016 年。

与之对应的是我国出口商品结构变化明显。我国劳动力成本上升和发达国家制造业自动化程度的提升，使中国出口商品尤其是劳动密集型产品的出口竞争力相对下降。我国出口的制造业产品中，劳动密集型和资源密集型制造业产品占比不断下降，而中、高技能和技术密集型产品占比则不断上升（见图2-3）。

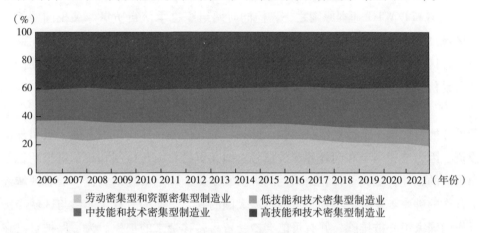

图2-3　2006~2021年根据要素禀赋划分的各类制造业出口占比

资料来源：UNCTAD数据库。

三、参与区域经济合作协定，对标国际高标准经贸规则——区域经济合作理论

1. 区域经济合作的内涵、动因及形式

区域经济合作是指不同的经济体为了各自的经济利益或共同的经济利益，通过达成协议的方式，实现彼此之间的商品自由流通和生产要素的优化组合、配置（张永安，2010）。区域经济合作的对象是商品和生产要素。物资交换、商品贸易属于低层次的合作，而技术、人才、资本、信息等生产要素的全面合作，则是区域经济的高层次合作。获取经济利益是进行区域经济合作的目的。区域经济合作可以有效地扩大市场容量、提高各有关经济体的竞争实力，从而获得单个经济体可能难以获得的经济利益。在区域经济合作整体而言，还可以提高其在国际经济环境中的话语权（张永安，2010）。区域经济合作的组织通常被称为区域经济一体化组织。20世纪50年代开始的区域经济合作多是在同一区域内进行，如欧洲共同市场，但90年代后，区域经济合作开始从同一区域发展到跨区域的经济体之间的合作。

区域经济合作兴起的原因是多方面的，一是多边贸易体系在推动贸易自由化方面的阻力不断加大。多边贸易谈判受阻，且 WTO 自身改革进程缓慢。而一些在多边贸易谈判中无法达成的协议却可以较为容易地在双边或诸边贸易谈判中达成，由此促进了区域合作的发展。二是规避 WTO 关于非歧视性的要求。"非歧视"是 GATT/WTO 基本原则之一，但同时两组织也承认自贸区、关税同盟等一些区域经济一体化组织形式实施的优惠措施可以成为非歧视原则的例外。由此可以通过区域经济一体化实行一些无法在多边贸易体制中实施的措施，并以此向其他贸易伙伴施加压力，要求更大程度地开放市场。三是推动成员国内部机制改革的动力。在区域经济一体化的背景下，一国需要进行外贸体制改革即满足一定的条件才能够加入一个区域经济组织。此外，加入区域一体化组织有助于吸引外部投资，因为这相当于在向外界释放信号，即其贸易自由化体制和改革是长期稳定而可靠的，并将受到一体化组织的约束。四是保护一定市场的利益。随着区域经济合作的进一步发展，特别是重要贸易大国的参与，使得所有未能参与区域经济合作的国家担心被排除，并有可能会遭受贸易转移带来的损失。为了保护自己在某些市场的利益，它们要么加入现有的区域经济一体化组织，要么成立新的区域经济一体化组织。五是提高在国际经济规则制定中的话语权。在当代世界，国际经济规则对一国的约束力比历史上任何时候都强，因此，关注规则的制定过程并努力使规则的制定反映本国的意志对一国来说非常重要。除了少数世界大国，大多数国家在国际经济规则中的发言权有限，因此，联合起来利用集团的放大效应，以集团的力量来表达国家的意志，显然比单个国家的声音更容易受到国际社会的关注。六是非经济因素。区域经济合作的一个重要好处是它有助于改善成员国的内部和外部安全。

开展区域经济合作需要在一定的模式下进行。依据一定的标志可以将合作模式进行分类。例如，按照一体化程度由浅到深，可以分为优惠贸易安排（Prefer-ential Trade Arrangements）、自由贸易区（Free Trade Area）、关税同盟（Customs Union）、共同市场（Common Market）、经济同盟（Economic Union）和完全经济一体化（Complete Economic Integration）。按合作范围分类，可区分为部分经济合作和全面合作。按照参加国的经济发展水平划分，可以分为水平经济合作和垂直经济合作。

2. 区域经济合作的理论基础

开展区域经济合作的根本目的是获得单个国家（地区）所无法获得的经济

利益，有时还可能包括政治利益。在区域经济合作理论中，关税同盟理论是区域经济合作理论的奠基石，它是由美国的经济学家维纳（J. Viner）在 1950 年的《关税同盟》一书中提出的，后来由德比尔斯、莫里斯·拜等对关税同盟理论进行了完善和发展。关税同盟的效应主要从静态和动态两个角度进行分析：

（1）关税同盟的静态效应。

1）贸易创造效应（Trade Creation Effect）。由于关税同盟内实行自由贸易，产品从成本较高的国内生产转往成本较低的成员国生产，使成员国的进口增加，从而"创造"出新的贸易，就产生了贸易创造效应。贸易创造效应本身是增加福利的，它实现了在比较优势原则上更深的分工。贸易创造型关税同盟既增加了成员国的福利，也可以增加非成员国的福利。

2）贸易转移效应（Trade Diversion Effect）。当一国的进口从一个非同盟的低成本国家转移到另一个关税同盟的高成本国家，使得贸易对象发生了转移，从而就发生了贸易转移。单就贸易转移本身来说，是减少福利的，因为它使生产背离了比较优势的原则，国际资源配置效率恶化。然而贸易转移型关税同盟既导致了贸易创造又造成了贸易转移，因此这两种相反的力量既能够增加也能够减少各成员国的福利。而对非成员国而言，贸易转移型关税同盟将使其福利下降。

一国是否要加入关税同盟取决于贸易创造效应与贸易转移效应的大小。如果贸易创造效应大于贸易转移效应，则加入是有利的，反之是不利的。一般来说，更有可能导致福利增加的条件包括成员国之间原有的贸易壁垒较高，关税同盟成员国与世界上其他国家的贸易壁垒较低，建立关税同盟的国家数量较多、规模较大，同盟国间经济竞争的程度高于互补的程度，关税同盟成员国之间的地理位置较靠近，关税同盟潜在成员国之间的贸易和经济交往较多等。

3）关税同盟的其他静态效应。各成员国的海关人员、边界巡逻人员等减少引起的行政费用的节约；贸易转移型关税同盟通过减少对同盟国之外的世界上其他国家的进口需求和出口供给，有可能使同盟国共同的贸易条件得到改善；任何一个关税同盟在国际贸易谈判中以一个整体行动，较之任何一个独立行动的国家来说，都可能具有更强大的讨价还价的能力。

（2）关税同盟的动态效应。各国在进行区域经济一体化之后，它们的经济结构与经济运行状况可能会有很大的改观，导致这种情况的因素就是区域经济一体化的动态效应，具体包括：①竞争加剧带来更高的效率和技术改进；②由于市场扩大而带来的规模经济；③利用市场扩大的优势来刺激投资和应对越来越激烈的竞争；④就一个关税同盟内部来说，其本身也是一个共同市场，在其范围内的劳动力和资本的自由流动，可以使经济资源得到更好的利用。

3. 区域经济合作实践与最新进展

区域经济一体化组织第一次发展浪潮出现于 20 世纪中叶，主要是由一些地理位置和经济发展水平相接近的国家或地区建立区域贸易集团，欧洲经济共同体、拉美共同市场都诞生于此时期。70 年代区域经济一体化迎来了第二次浪潮。欧共体达成关税同盟。在亚太地区第一个区域性经济集团——南亚经济联盟成立。90 年代中期以来国际经济一体化进入加深与扩大阶段。欧共体改称欧洲联盟并成立了欧元区。美加墨北美自由贸易区正式成立。拉丁美洲地区最大的一体化组织南方共同市场成立。在亚洲，东盟十国建成。以东盟为中心的 10+3（中日韩）和 10+1（东盟分别与中日韩）的合作也在进行中。

21 世纪以来，多哈回合谈判已经陷入僵局，美国、英国、巴西、印度等国家开始逐渐放弃多哈回合谈判。与多边贸易谈判机制不同，区域性贸易协定通过成员国之间的相互协商谈判，能以更加优惠的贸易和投资条件，将成员国的经济利益紧密地连接在一起，并增强成员国之间在政治、外交和文化等方面的联系。因此，这种范围小、交易成本低的区域性协定在多哈回合停滞不前的大背景下开始进入蓬勃发展阶段，区域贸易协定不断增多。

2018 年《全面与进步跨太平洋伙伴关系协定》（CPTPP）正式生效。《美国—墨西哥—加拿大协定》（USMCA）于 2018 年签署、2020 年 7 月正式生效。2019 年 2 月《欧日经济合作伙伴关系协定》生效，2020 年 1 月美日贸易协定生效。上述这些区域贸易协定都包含了环境保护、数字贸易等新议题，还增加了"原产地原则"适用的高标准。在非洲，2018 年由非洲 44 国签署的非洲大陆自由贸易区（AfCFTA）协议，为深化非洲联盟成员国之间的贸易一体化提供了有效的机制安排。

4. 我国积极参与区域经济合作协定，对标国际高标准经贸规则

随着多边贸易谈判陷入僵局，欧美国家在全球贸易投资地位的下降，为了维护其自身在世界的经济利益，不再积极倡导全球自由贸易，而倾向于采取贸易保护主义措施，世界贸易摩擦加剧，全球掀起了逆全球化的浪潮。在此背景下，发达国家通过区域贸易协定的签订积极推动重构贸易投资新规则，企图从战略上主导国际贸易投资的发展方向，重新占领全球经贸规则的制高点和主导权。例如，美国主导的 TPP 不仅在货物贸易、服务贸易以及商务人士流动领域大幅度削减

壁垒，实现了"三零"（零关税、零壁垒、零补贴）方式的全面和更高水平的市场准入；同时，在区域化的制度安排上，涉及服务贸易、农产品贸易、原产地规则、国有企业、政府采购、知识产权、贸易救济和劳工标准、环境保护、竞争政策、技术贸易壁垒、争端解决等多个方面，自由化标准高、覆盖领域广且标准严格。虽然后来美国退出 TPP，"瘦身后"的 CPTPP 将一些有争议的议题进行搁置，但依然是目前全球最高开放水平与最高规则标准的贸易与投资协定，代表了未来多边贸易体制发展的方向与趋势。走向高标准、全面性的区域贸易协定将对区域间的经济贸易投资格局，甚至政治与安全秩序重构产生重大影响，置身于区域协定之外的国家将很难避免被边缘化的危险。

以美国为主导的 TPP、TTIP 对中国的国际经济合作造成巨大的压力。政府采购、劳工权益、国有企业、知识产权等新规则和标准在短时间内很难达到，使中国在加入 TPP 等区域协定上面临着巨大的挑战。美国通过构建起这种超越 WTO 规范的全面性贸自由化网络，将打造一个以高度自由化为堡垒的市场准入屏障，以使美国、欧盟和日本三大经济体之间通过跨国间的经贸协定重新掌握全球地缘的政治经济优势。

面对美国 TPP、TTIP 带来的外部压力，中国在 2013 年开始实施共建"一带一路"，构建全方位对外开放的新格局和国际合作新架构，通过实施更为主动的开放性政策，以应对美国 TPP 和 TTIP 所带来的挑战。同时，中国积极推动由东盟十国发起的区域全面经济伙伴关系（Regional Comprehensive Economic Partnership，RCEP）协定。2020 年 11 月 15 日，东盟十国以及中国、日本、韩国、澳大利亚、新西兰 15 个国家正式签署 RCEP，标志着全球规模最大的自由贸易协定正式达成。另外，我国已于 2021 年 9 月 16 日向《全面与进步跨太平洋伙伴关系协定》（CPTPP）保存方新西兰提交了正式申请加入 CPTPP 的书面申请。这些举措无一不体现我国通过区域经济合作对标高标准国际经贸规则，进而推进深层次改革和高水平开放以实现高质量发展的决心。

四、从保税区到自由贸易试验区渐进式推进贸易制度变革——自由贸易园区理论

1. 自由贸易园区相关研究

自由贸易园区（Free Trade Zone，FTZ）是指某一国或地区在己方境内划出一个特定区域，单方自主给予特殊优惠税收和监管政策，类似世界海关组织所定义的自由区（Free Zone）："指缔约方境内的一部分，进入这一部分的任何货物，就进口税费而言，被视为在关境之外。"

自由贸易园区具有以下特点：①对境外货物往来实施便利化措施，如不要求提供许可证件等；②货物进入区内不予征税，在进入国内其他地区时课税；③货物可以在区内自由存储、分类、买卖、加工、制造；④区内企业享受经营税收减免、金融活动自由等优惠。根据世界银行《特殊经济功能区发展报告》中关于特殊经济功能区的分类，自由贸易园区同出口加工区、企业区、自由港、单一工厂出口加工区、特殊功能区并列（见表2-1）。

表2-1　世界银行对特殊经济功能区的分类

特殊经济功能区的名称	特点
自由贸易园区 Free Trade Zone	是一国境范围内的免税区，主要提供仓储储存、物流分配和转口贸易服务
出口加工区 Export Processing Zone	以促进出口为目的，以国际市场为导向的工业园区
企业区 Enterprise Zone	主要设立在贫困的城市或农村，通过税收减免以及财政津贴等优惠政策复兴经济
自由港 Free Port	设立于港口城市，范围较大且功能综合的自由贸易区域，可以提供全面的服务以及优惠的外商政策激励
单一工厂出口加工区 Single Factory Export Processing Zone	设立在工厂内的出口加工区域，享受政策优惠不需位于某个特殊经济功能区中
特殊功能区 Special Zone	以上各类区域的复合体，通过优惠政策、贸易、物流等方式刺激本国经济增长

资料来源：王刚等（2021）。

设立自由贸易园区的核心目标在于消除海关监管和关税等贸易壁垒，实行"一线放开、二线管住、区内自由"管理制度，自由贸易园区的"境内关外"性质导致其管理制度的特殊性，通常采用监管与运营分离模式。政府作为主导者，其监督管理核心为自由化。管理机构在运营过程中创新其运营管理方式，其核心在于便利化。

设立自由贸易园区的主要目标在于促进本地区经济和对外贸易的发展，增加财政收入、外汇创收、增加就业和改善社会福利。不同国家和地区的自由贸易园区，根据自身地缘优势、资源禀赋、基础设施和贸易水平进行定位，并根据经济形势的变化做出相应的调整。

设立自由贸易园区作为政府发展地方经济的一项重大举措，其对经济发展的重要性不言而喻，因此，国内外学者对自由贸易园区的经济绩效进行了大量的研究。绝大部分的研究都验证了自由贸易园区对当地经济增长和贸易的促进作用。

2. 自由贸易试验区制度创新推进我国贸易领域制度型开放

自由贸易试验区制度创新对于实现商品和要素流动型开放向制度型开放转变，形成全方位的对外开放新格局具有重要战略意义。通过自由贸易试验区对接国际经贸规则，完善国内制度建设以及体制机制创新，深入推进高水平制度型开放，是党中央、国务院赋予自由贸易试验区、自由贸易港的重大使命。自由贸易试验区自设立之日起，以制度创新为核心，聚焦制度型开放的内涵与特质，在探索制度型开放新模式、构建制度型开放新体制和打造制度型开放新高地方面发挥着积极的作用，是制度型开放的创新试验田（郭若楠，2022），有条件的自由贸易区自由贸易港更是制度型开放压力测试区。在中国申请加入 CPTPP、DEPA 两大协定以及 RCEP 正式生效的大背景下，海南自由贸易港率先与之对接并做好压力测试具有重要意义。

中国自由贸易试验区是兼容离岸自由贸易园区与国家间自由贸易协定的制度创新试验区，试验重点是构建与全球经济一体化相适应的开放型经济新体制，目的是形成更多可复制可推广的制度创新成果。10 年来，自由贸易试验区制度创新在政府职能转变、贸易投资便利化、金融创新等多方面取得了先行先试的经验，具有覆盖领域不断扩大、集成化程度不断提高、地域特色明显、制度创新成果从中央到地方多层级复制推广、法律保障持续提升等特点（王方宏和李振，2024）。

上海自由贸易试验区的建立对上海经济增长、投资、进出口增长具有显著的带动效应（谭娜等，2015），随着制度创新的进一步深化和扩大，扩区后的自由贸易试验区建设对上海市经济的促进效应更加显著（殷华和高维和，2017）；对于周边地区的区域分工合作具有长期的正联动效应（滕永乐和沈坤荣，2014）。上海自由贸易试验区扩容至广东、天津、福建等地后，进一步推动更高水平的对外开放，为我国区域经济增长释放开放制度新红利。

简言之，中国自由贸易试验区是我国深化改革开放的试验田，围绕制度创新，提前自我加压并在全国推广，为我国全面对接、融入新一代的国际规则和体系做好各项准备。

第三节　稳步扩大贸易领域制度型开放的实践基础

一、对接高标准国际经贸规则是中国推进贸易领域高水平制度型开放的重要路径

1. 当前国际经贸规则进展

国际规则是调整、规范世界各国对外经济活动的重要制度安排，在驱动全球贸易经济活动和体现国家核心竞争力中发挥重要作用。随着全球经贸规则体系的加快重塑，各类经贸协定中的高标准国际经贸规则在不断发生演进升级。当前美国、日本、欧盟等发达国家推动的高标准国际经贸规则中，影响力大、具有很强代表性的主要有跨太平洋伙伴关系协定（TPP）、欧盟与加拿大签订的全面经济贸易协定（CETA）、全面与进步跨太平洋伙伴关系协定（CPTPP）、美墨加协定（USMCA）、欧盟—日本经济伙伴关系协定（EPA）等。这些协定中的相关规则条款，代表了当前国际经贸规则的最高水平，引领着新的国际经贸规则体系构建。高标准规则体系在贸易制度型开放方面具有以下特点：一是对开放承诺水平的要求更高，这些开放承诺不仅体现在关税领域，还体现在非关税壁垒领域。二是贸易制度型开放的趋势是由"边境开放"向"境内开放"转移。以关税和各类非关税壁垒为代表的边境规则更多属于要素流动型开放的范畴，而边境内规则更多代表着制度型开放规则，涉及对协定成员国国内法规和政策的规制，涵盖产业政策、投资政策、环境政策、竞争政策、知识产权等议题（见表2-2）。

表 2-2　高标准自由贸易协定的议题归属与分类

促进产品和要素流动议题	货物贸易：货物贸易和纺织服装、原产地规则与原产地程序、海关管理与贸易便利化、卫生与植物卫生措施、技术性贸易壁垒、贸易救济
	服务贸易：跨境服务贸易、金融、电信、商务人员临时入境
促进制度型开放议题	政府采购、知识产权、数字贸易（电子商务）、国有企业和指定垄断、竞争政策、劳工、环境、中小企业、透明度和反腐败、监管一致性

资料来源：林创伟等（2022）。

同时为了破解美西方对中国的"规锁"，推动全面对外开放新格局构建，中国正积极对标国际高标准经贸规则。中国积极参与和推动了一系列区域和跨区域经济合作协定（见表2-3），尤其是在2020年底与东盟、韩国、日本、澳大利亚、新西兰一共15个国家签署了当前世界上人口最多、经贸规模最大、最具发展潜力的区域全面经济伙伴关系协定（RCEP），该协定已于2022年1月1日正式生效。与此同时，2021年11月1日，中方正式提出加入《数字经济伙伴关系协定》（DEPA）申请。2022年8月18日，根据DEPA联合委员会的决定，中国加入DEPA工作组正式成立，全面启动中国加入DEPA谈判。截至目前，中方与成员方举行了多轮各层级磋商，推动谈判取得积极进展。2021年9月16日，中国商务部部长王文涛向《全面与进步跨太平洋伙伴关系协定》（CPTPP）保存方新西兰贸易与出口增长部奥康纳部长提交了中国正式申请加入CPTPP的书面信函。

表2-3　我国参与区域经济合作的实践

已签协议的自贸区		正在谈判的自贸区	正在研究的自贸区
·中国—塞尔维亚	·中国—厄瓜多尔	中国—海合会	中国—哥伦比亚
·中国—尼加拉瓜	·《区域全面经济伙伴关系协定》	中日韩	中国—斐济
·中国—柬埔寨	·中国—毛里求斯	中国—斯里兰卡	中国—尼泊尔
·中国—马尔代夫	·中国—格鲁吉亚	中国—以色列	中国—巴新
·中国—澳大利亚	·中国—韩国	中国—挪威	中国—加拿大
·中国—瑞士	·中国—冰岛	中国—摩尔多瓦	中国—孟加拉国
·中国—哥斯达黎加	·中国—秘鲁	中国—巴拿马	中国—蒙古国
·中国—新西兰（含升级）	·中国—新加坡（含升级）	中国—韩国自贸协定第二阶段谈判	中国—瑞士自贸协定升级联合研究
·中国—智利（含升级）	·中国—巴基斯坦（含第二阶段）	中国—巴勒斯坦	
·中国—东盟（含"10+1"升级）	·中国内地与港澳更紧密经贸关系安排	中国—秘鲁自贸协定升级谈判	

资料来源：中国自由贸易区服务网。①

---

① http：//fta. mofcom. gov. cn/.

高标准自由贸易协定中美式模板以 CPTPP 和 USMCA 为代表，欧式模板以欧加 CETA、欧日 EPA 为代表，亚太模板则聚焦于 RCEP 分析（林创伟等，2022）（见表 2-4）。

表 2-4　三大模板代表性自由贸易协定文本情况

所属模板	协定名称	缔约方数量（个）	文本章数（章）
美式模板	CPTPP	11	30
	USMCA	3	34
欧式模板	欧日 EPA	2	23
亚太模板	RCEP	15	20

资料来源：WTO 网站。

2. 中国货物贸易领域现行规则与高标准规则的差距

整体来看，我国在货物贸易、服务贸易、数字贸易等制度型开放方面与高标准规则还存在一定差距。

（1）货物贸易领域。签署自由贸易协定取得显著成绩，但零关税进口产品的比重偏低。截至 2022 年 3 月，中国与 26 个经济体签署 19 个自由贸易协定，与 FTA 成员方贸易额占对外贸易总额的比重达到 35%。在货物贸易领域，2022 年我国企业出口目的地平均关税降至 7.5%，美国、欧盟、日本分别为 3.3%、5.1%、3.9%；我国贸易加权平均关税率为 3.2%，美国、欧盟、日本分别为 2.2%、2.1%、2.4%，我国与发达国家水平已非常接近。RCEP 成员国相互承诺的最终零关税产品占比平均超过 90%，CPTPP 平均达到 99%，EJEPA 中欧盟和日本分别为 99% 和 94%，USMCA 对农产品和汽车产品基本实现 100% 最终零关税。由此可见，我国进口产品优惠关税与 CPTPP 的要求差异较小，但实施零关税的产品比重明显偏低。

非关税壁垒情况差异显著，技术标准有待统一。截至 2021 年末，我国发起且正在生效的有 118 项卫生和植物检疫壁垒、118 项技术性贸易壁垒、42 项数量限制措施、10 项关税配额，明显低于美国、欧盟、日本的水平（见表 2-5）。另外，我国在补贴方面一直是遭受反补贴措施最多的国家，在 2022 年甚至超过全球正在生效的反补贴措施的一半以上，这足以说明我国在降补贴的道路上还有很长的路要走。综上所述，在"三零"规则中的零关税、零壁垒方面，我国同高标准的差距并不大，但在零补贴方面仍有待加强。

表2-5 截至2021年12月中、美、欧、日非关税壁垒情况 单位：项

类别	具体措施	中国	美国	欧盟	日本
技术标准类壁垒	卫生和植物检疫壁垒（SPS）	118	668	154	29
	技术性贸易壁垒（TBT）	118	550	153	91
贸易防御类壁垒	反倾销（AD）	110	408	126	8
	反补贴（CV）	6	140	21	0
	保障措施（SG）	1	2	0	0
农业壁垒	关税配额（TRQ）	10	52	87	18
	出口补贴（XS）	0	13	20	0
	特别保障措施（SSG）	0	496	71	173
其他壁垒	数量限制措施（QR）	42	59	18	85
	国营贸易企业壁垒（STE）	38	4	3	4

资料来源：WTO网站。

（2）服务贸易领域。高标准规则中服务贸易市场准入程度不断提高，我国面临巨大的竞争压力。CPTPP、USMCA中的服务贸易承诺表与WTO服务贸易总协定（GATS）相比，在市场准入限制和国民待遇限制上的承诺水平进一步提高。除非是涉及信息安全和国家利益等特殊服务部门，一般要求取消限制，而中国在服务业12个大类、50个中类、160个小类中整体竞争力不强，面临巨大的竞争压力。

服务贸易从业资格标准和互认存在较大差距，导致巨大的改革压力。工程、建筑、法律等行业执业资格标准与国际标准存在较大差异。同时，中国在人才执业资格互认方面还处于探索阶段，而CPTPP要求必须扩大执业资格互认范围，从而使我国现行制度面临巨大的改革压力。

服务贸易现有正面清单管理方式和监管水平面临挑战。CPTPP服务贸易条款全部采用负面清单谈判方式。而RCEP采取的是正面清单和负面清单相结合的谈判方式。撤销了日本、韩国等7个成员①采用负面清单方式承诺，我国等其余8个成员仍采用正面清单承诺，并将于协定生效后6年内转化为负面清单。因此，探索更为精简的服务贸易负面清单势在必行。同时，CPTPP规定不得要求另一缔约方的服务提供者在缔约方领土内建立或维持代表处、分支机构或其他任

---

① 包括日本、韩国、澳大利亚、新加坡、文莱、马来西亚、印度尼西亚。

何形式的法人，或成为其领土内的居民，作为在缔约方提供服务的先决条件。此条款明显增加了对境外服务提供商的监管难度。

（3）中国数字贸易领域。中国所签署的 RTAs 中涉及的数字贸易规则尚处于起步阶段，规则一直沿用"电子商务"定义，未使用"数字贸易"定义。在中国已签订的 19 个 RTAs 中，仅中韩 FTA、中澳 FTA、中国—新加坡 FTA 升级版、中国—智利 FTA 及 RCEP 中包含了"电子商务"章节，但所讨论议题较为有限。

在我国已签署经贸协定电子商务章节中，主要涵盖无纸化贸易、电子认证和电子签名等贸易便利化措施以及线上消费者权益、个人信息保护等电子商务环境议题，尚未涉及数据流动、数字治理等深层议题。从国内法律体系看，我国现行规则与高标准数字贸易规则的主要分歧体现在数据跨境流动、本地化存储要求、源代码及算法要求等方面。以 USMCA、CPTPP 和 DEPA 相关条款为代表的美式规则旨在实现数据跨境自由流动，且均规定不得强制要求企业进行数据本地存储和提供软件源代码。而我国强调国家对数字贸易活动的合法规制权，因此《中华人民共和国网络安全法》《中华人民共和国数据安全法》等相关法律对数据跨境传输的规定较为严格，要求企业对数据进行本地存储，并规定重要产品的源代码应由国家相关部门进行安全审查（刘晓宁，2023）。

3. 中国对标高标准国际经贸规则在贸易领域制度型开放实践方向

（1）货物贸易领域。在"三零"规则方面，我国应遵循阶段化、防风险原则，稳步推动"三零"规则特别是零补贴规则的对接，逐步探索建立补贴"正面清单"管理制度，推动财政补贴政策由补贴价格、补贴企业等受 WTO《补贴与反补贴协议》约束的禁止补贴与可诉补贴向补贴公共服务、共性研发、基础设施等不可诉补贴转变。在推动贸易便利化领域，可考虑吸收部分 CPTPP、USMCA 中的高标准规则，并基于国内自由贸易试验区现有实践经验，对海关管理流程进一步进行改革。就 SPS 而言，国内企业需要在生产环节采用更加"绿色"的生产技术，并可在自由贸易试验区率先采用 SPS 证书国际模板以及电子证书，在无法采用国际通用模板的领域实现互认；就 TBT 而言，敦促企业尽可能按照国际化标准组织生产。鼓励企业在没有国际标准的新兴产业积极参与并推进标准的制定。敦促评估机构间对技术标准以及合格评定结果进行互认，以减少 TBT 对我国贸易的扭曲和阻碍。

（2）服务贸易。首先，逐步加大非敏感服务领域的市场开放力度，落实

RCEP 中的服务贸易承诺，并在自贸区等政策高地，选择 CAI 中的某些服务部门进行开放试点，评估开放压力。其次，加快服务贸易从业资格的互认。再次，探索更精简的负面清单管理模式，并完善服务贸易统计监测体系。最后，实行"宽进严出"，以应对"本地存在"等条款带来的监管挑战。我国在加强对跨境服务贸易的监管能力建设和建立跨部门协同监管机制的基础上，可以选择在自由贸易试验区开展"禁止要求当地存在"试点，建立放开行业目录清单，为我国应对"本地存在"要求先行先试。

（3）数字贸易。未来，我国应稳步推进数据跨境流动规则与数据分级分类制度的衔接，探索实行负面清单管理制度，将涉及国家安全的敏感数据放入负面清单，对其他的一般性商业数据允许跨境自由流动。对于源代码规则，可在保障国家安全的前提下，引入双方认可的第三方监测机构开展安全审查。同时，在相关法律法规中加强对软件源代码的知识产权保护（刘晓宁，2023）。

一是落实国内电子交易监管框架，尽快将 RCEP 中"建立国内电子交易监管框架"落实到位，真正转变为相应的制度优势。二是加强线上消费者保护和个人信息保护，以 USMCA 和美日数字贸易协定为代表的数字贸易规则都有完整和详细的规定，对于建立法律框架和个人信息保护受到侵害时的措施等问题都做出了要求。欧日 EPA 对个人数据保护规则保障和投诉处理机制方面要求相当高。这些先进的规则均是自由贸易试验区等政策高地亟待对接之处。三是借鉴非应邀电子商务信息条款，肃清垃圾信息对公众的干扰和侵害，提高网络信息治理能力。四是提高政府数据透明度和及时性。增加非结构数据在政府数据中的比例，提高政府数据的透明度。五是逐步开放网络、网络访问和使用。在遵守合理网络管理的前提下，由消费者选择接入和使用在互联网上可获取的服务和应用并可从中获益，这意味着不对消费者的网络访问和使用做出过多限制。六是审慎管理跨境数据流动。跨境数据流动可以进行谨慎探索并逐步放开，但是一定要提升跨境数据流动的监管技术和风险防范。七是试点源代码条款。不使用行政命令要求企业提交软件源代码并以此作为在国内分销、销售或使用该软件及包含该软件的产品的条件（林创伟等，2022）。

总之，中国应积极参与高标准经贸协定与谈判，推进贸易与投资自主创新制度改革，推动自由贸易试验区/自由贸易港制度集成创新建设，积极参与全球经贸治理，以制度型开放为核心，推进互利共赢的高水平开放型经济体系建设（盛斌和黎峰，2022；沈国兵，2022）。此外，国际高标准经贸规则并非一成不变，而是随着世界发展形势不断推陈出新。因此，自由贸易试验区和自由贸易港在对标国际高标准问题上，必须不断跟踪世界投资贸易最前沿和最前端的规则变化，以尽快适应世界投资贸易规则的新发展和变化。

二、自贸试验区建设是中国探索贸易制度型开放的试验田

1. 我国从保税区到自由贸易试验区的渐进式制度变迁

林毅夫和李永军（2003）认为，我国经济改革通常采取的是渐进式道路：一是试验与推广相结合的渐进式路径，我国大多数的改革通常从小范围的试点开始，在取得成功经验的基础上加以总结再向更大的范围推广，由点到面，进而推广到全国模式。二是非激进改革的渐进式路径，保障制度变迁过程的稳定性、有效性和可持续性。同样，这种渐进式道路也适用于自由贸易区扩大贸易开放进程：我国从 1990 年开始试点的保税区模式到 2000 年的出口加工区模式，到 2006 年的综合保税区模式，再到 2013 年的自由贸易试验区模式，走的正是这样一条扩大贸易开放的渐进式路径。

1990 年为了配合国家对外招商引资而开始试点推广保税区模式。2000 年为了配合国家扩大出口战略而开始试点推广出口加工区模式。2003 年为了解决出口退税问题的保税物流园区模式及推动边境地区扩大开放的跨境工业区模式。2005 年促进区港一体化的保税港区模式。2006 年整合优化各类自由贸易区功能作用的综合保税区模式。2013 年为构建开放型经济新体制及加快政府职能转变，在上海四个海关特殊监管区开始探索新型自由贸易试验区模式。

2. 我国自由贸易试验区、自由贸易港实践的新进展

自 2013 年成立上海自由贸易试验区以来，经过 6 次扩容，中国已经逐步发展形成"1+3+7+1+6+3"的自由贸易试验区新格局，加上新成立的海南自由贸易港，我国先后设立了 22 个自由贸易试验区和海南自由贸易港，开启了制度型开放实践的新阶段。

2013 年建立中国（上海）自由贸易试验区；2015 年开始扩区、扩容，突破自由贸易区（FTZ）的试验界限，把试验区从离岸保税区扩大到在岸试验区，从上海 1 个自由贸易试验区扩大到辐射东部沿海 4 个自由贸易试验区（增加了中国（广东）自由贸易试验区、中国（天津）自由贸易试验区、中国（福建）自由贸易试验区）。2016 年 8 月底，国家宣布再新设 7 个自由贸易试验区，以"1+N"

的方式逐步从沿海地区向中西部地区复制推广①。2018 年 10 月 16 日，国务院批复同意设立中国（海南）自由贸易试验区。2019 年 8 月 2 日，国务院批复同意设立中国（山东）自由贸易试验区、中国（江苏）自由贸易试验区、中国（广西）自由贸易试验区、中国（河北）自由贸易试验区、中国（云南）自由贸易试验区、中国（黑龙江）自由贸易试验区。2020 年 6 月 1 日，中共中央、国务院印发了《海南自由贸易港建设总体方案》。2020 年 9 月 21 日，国务院批复同意设立中国（北京）自由贸易试验区、中国（湖南）自由贸易试验区、中国（安徽）自由贸易试验区，扩展中国（浙江）自由贸易试验区。2023 年 10 月 21 日，国务院印发《中国（新疆）自由贸易试验区总体方案》，设立中国（新疆）自由贸易试验区。

3. 发挥"先行先试"功能，主动对接国际高标准经贸规则

中国依托自由贸易试验区的辐射效应，围绕投资开放、贸易便利化、事中事后监管等国际经贸谈判的重点议题进行试点，取得了丰富的实践成果。自由贸易试验区通过承担局部压力测试的职责，完善了国内制度体系，主动对接高标准的国际经贸新规则，并对一系列可复制、可推广的制度经验进行推广，稳步推动了制度型开放的发展进程（刘斌和刘一鸣，2023）。作为制度型开放高地，自由贸易试验区应遵循"投资贸易便利、监管高效便捷、法制环境规范"要求，"先行先试"贸易投资新规则，引领和推动中国全方位对外开放。

以"单一窗口"为核心的贸易便利化管理制度，助推跨境贸易效率提升。2014 年 6 月上海自由贸易试验区率先推出"单一窗口"平台，将海关、边检、海事的信息打通，通关流程由"串联"改为"并联"，实现一点接入、一窗办完。经过迭代升级，目前的"单一窗口"已经实现与海关、检验检疫、海事、边检、商务、税务、外汇等 20 多个监管部门的信息对接与共享，覆盖了水运、空运、公路、铁路等各类口岸，为生产、贸易、仓储、物流、金融等类型企业提供便捷的通关服务（裴长洪和倪江飞，2024）。"单一窗口"极大地帮助企业降低了通关成本，提升了通关效率。"单一窗口"在上海自由贸易试验区试点成功后逐步推广到上海全口岸，并在全国范围内复制推广，成为我国推进贸易便利化、优化营商环境的重要举措。2017 年中国海关总署要求在全国范围内推广

---

① 包括中国（辽宁）自由贸易试验区、中国（浙江）自由贸易试验区、中国（河南）自由贸易试验区、中国（湖北）自由贸易试验区、中国（重庆）自由贸易试验区、中国（四川）自由贸易试验区、中国（陕西）自由贸易试验区。

"单一窗口"，并要求各地海关货物通关时间减少 1/3，各区平均通关效率提升40%。另外，"单一窗口"为海关、海事、边检等口岸监管部门间进行信息互换、监管互认、执法互助提供了平台支撑，从而成为监管部门深化"放管服"的重要抓手。除了"单一窗口"外，各自由贸易试验区（港）还推出了一系列旨在促进贸易便利化的政策举措。上海自由贸易试验区先行先试的"货物状态分类监管"措施允许非保税货物和保税货物在特殊监管区域内存储，并一起参与集拼、分拨，这极大地降低了企业的仓储成本，提升了运转效能，而且增强了长三角地区企业同时利用国内外两个市场、两种资源的能力。天津自由贸易试验区实施的一系列创新措施，如"两步申报""船边自提"和"抵港直装"，显著提升了货物通关便利化水平。海南自由贸易港将服务贸易管理事项纳入国际贸易"单一窗口"的措施，入选了全国深化服务贸易创新发展试点最佳案例并向全国进行推广。

以跨境服务贸易负面清单为核心的服务贸易管理模式，提升服务业对外开放度。2020 年 6 月，中共中央、国务院印发的《海南自由贸易港建设总体方案》明确提出实施跨境服务贸易负面清单制度，推进服务贸易自由便利。2021 年 7 月，商务部颁布《海南自由贸易港跨境服务贸易特别管理措施（负面清单）（2021 年版）》。该负面清单除了针对境外服务贸易提供者列出 11 类 70 项特别管理措施和例外排除领域外，在海南自由贸易港内给予境内外服务提供者在跨境服务贸易方面的平等准入。这个负面清单的开放水平不仅明显高于我国入世承诺，而且超过了绝大多数我国已签署的自贸协定在服务贸易领域的开放水平。例如，该负面清单中有 110 多个分部门的开放水平超出了中国在 RCEP 协定里的承诺水平。出台海南自由贸易港跨境服务贸易负面清单是对我国服务贸易管理模式的重大突破，是在跨境服务贸易领域的一项制度型开放安排。为了保障负面清单的顺利实施，2021 年 8 月海南省政府印发《海南自由贸易港跨境服务贸易负面清单管理办法（试行）》，要求各行业主管部门逐步完善本行业跨境服务贸易管理措施，依法履行对跨境服务贸易的监管职责。在数据安全有序流动方面，上海自由贸易试验区临港片区率先在智能网联汽车和车联网领域建立数据跨境流动"正面清单+分级分类"管理制度，在数据跨境流动方面迈出了重要的一步。

4. 全面对接国际高标准经贸规则推进中国（上海）自由贸易试验区高水平制度型开放

为支持中国（上海）自由贸易试验区对接国际高标准经贸规则，推进高水平制度型开放，2023 年 11 月 26 日，国务院印发《全面对接国际高标准经贸规则推进中国（上海）自由贸易试验区高水平制度型开放总体方案》的通知。明确指出，为构建新发展格局，推动高质量发展，更好统筹国内、国际两个大局，统筹发展和安全，全面对接国际高标准经贸规则，稳步扩大规则、规制、管理、标准等制度型开放，在上海自由贸易试验区规划范围内，率先构建与高标准经贸规则相衔接的制度体系和监管模式，为全面深化改革和扩大开放探索新路径、积累新经验。该方案主要从以下三个方面推动贸易领域制度型开放：

（1）提升货物贸易自由化便利化水平。主要从特定货物进口、商用密码产品管理、通关便利化、海关监管执法几个方面展开。

1）特定货物进口方面。对符合条件的自境外暂时准许进入上海自由贸易试验区海关特殊监管区域内进行修理的货物实施保税，复运出境的免征关税，不复运出境、转为内销的须照章征收关税。

2）通关便利化方面。①优化国际中转集拼平台运作模式。②对在上海自由贸易试验区进口的货物，允许境外出口商或生产商通过其在区内的代理人向属地海关申请预裁定。③对在境外实施符合要求检疫处理后的特定品类进口货物，简化境内检疫措施。④支持境外利益相关方依法平等参与上海自由贸易试验区相关标准制修订。⑤在确保数据安全前提下，支持上海国际贸易"单一窗口"建设数据跨境交换系统；采用国际公认标准及可获得的开放标准，加强系统兼容性和交互操作性；通过国际合作，分享数据交换系统开发和管理领域的信息、经验和最佳实践，共同开发数据交换系统试点项目。⑥鼓励物流企业优化创新"最后一公里"配送解决方案等。

（2）加快服务贸易扩大开放。

1）金融服务方面。①鼓励金融机构和支付服务提供者率先推出电子支付系统国际先进标准，开展数字身份跨境认证与电子识别。②在国家数据跨境传输安全管理制度框架下，允许金融机构向境外传输日常经营所需的数据。③深化金融科技国际合作，便利金融机构开展跨境资产管理，为境外设立的基金产品提供境内投资管理、估值核算等服务。有序推进数字人民币试点，探索数字人民币在贸易领域的应用场景。④优化跨国公司跨境资金集中运营管理政策，支持跨国公司设立资金管理中心，完善资金池安排。⑤提升自由贸易账户系统功能，优化账户规则，实现资金在上海自由贸易试验区与境外间依法有序自由流动。⑥研究符合条件的资产管理公司（不含金融资产管理公司、基金管理公司、地方资产管理公司）开展资产支持证券跨境转让业务，探索融资租赁资产跨境转让并试点以人民币结算。

2）电信服务方面。①基础电信企业在不影响质量和可靠性前提下，提供合理和非歧视待遇，依法依规及时提供移动电话号码（非物联网号码）携号转网服务，并不断提高服务质量。②在遵守法律法规和行业管理要求前提下，基础电信企业进一步完善移动通信转售业务服务体系，合理确定费率，且不设置歧视性条件。

（3）率先实施高标准数字贸易规则。

1）数据跨境流动。①企业和个人因业务需要确需向境外提供数据，且符合国家数据跨境传输安全管理要求的，可以向境外提供。②按照数据分类分级保护制度，支持上海自由贸易试验区率先制定重要数据目录。指导数据处理者开展数据出境风险自评估，探索建立合法安全便利的数据跨境流动机制，提升数据跨境流动便利性。③在遵守网络管理制度前提下，消费者可使用不对网络造成损害的终端设备接入互联网和使用网上可获得的服务与应用。④实施数据安全管理认证制度，引导企业通过认证提升数据安全管理能力和水平，形成符合个人信息保护要求的标准或最佳实践。

2）数字技术应用。①支持上海自由贸易试验区参考联合国国际贸易法委员会电子可转让记录示范法，推动电子提单、电子仓单等电子票据应用。②加强全面数字化的电子发票管理，增强电子发票跨境交互性，鼓励分享最佳实践，开展国际合作。支持电子发票相关基础设施建设，支持对企业开展电子发票国际标准应用能力培训。③支持上海自由贸易试验区研究完善与国际接轨的数字身份认证制度，开展数字身份互认试点，并就政策法规、技术工具、保障标准、最佳实践等开展国际合作。④借鉴国际经验，研究建立人工智能技术的伦理道德和治理框架。支持设立人工智能伦理专家咨询机构。制定人工智能伦理规范指南，发布企业人工智能伦理安全治理制度示范案例。⑤支持可信、安全和负责任地使用人工智能技术。

3）数据开放共享和治理方面。①建立健全数据共享机制，支持企业依法依规共享数据，促进大数据创新应用。支持建设国际开源促进机构，参与全球开源生态建设。支持探索开展数据交易服务，建设以交易链为核心的数据交易和流通关键基础设施，创建数据要素流通创新平台，制定数据、软件资产登记凭证标准和规则。②扩大政府数据开放范围，明确获取和使用公开数据方式，发布开放数据集目录。探索开展公共数据开发利用，鼓励开发以数据集为基础的产品和服务。③举办数字中小企业对话会，促进中小企业合作与数字化发展。支持中小企业利用相关平台、数字工具等参与政府采购。④推动境内外机构开展合作，搭建中小企业参与数字经济信息交流平台。支持开展数字包容性国际合作，分享数字经济可持续发展成果和最佳实践。⑤加强对非应邀商业电子信息的监管，强化监管技术应用和国际合作。⑥健全数字经济公平竞争常态化监管制度，发布数字市场竞争政策和最佳实践，促进竞争政策信息和经验国际交流，开展政策制定和执法能力建设培训。

总体来说，中国在部分条款领域与国际高水平经贸规则还有差距，但可以在自由贸易试验区和海南自由贸易港进行先行先试，待成熟后推广至全国，逐步实现全国范围的贸易领域高水平对外开放。

三、共建"一带一路"、进博会和多边贸易体制是推动贸易领域制度型开放的重要开放平台

共建"一带一路"倡议、进博会和多边、双边和诸边贸易体制安排为促进经济合作、扩大市场准入、推动贸易自由化提供了平台和机制。共建"一带一路"倡议为促进亚欧非大陆间的经济合作和共同繁荣提供了平台，通过加强基础设施建设、贸易投资便利化和人文交流等领域的合作，推动了区域一体化和开放型经济体制的构建。进博会作为中国主办的重要国际贸易活动，为各国企业提供了参与中国市场的机会，促进了贸易自由化和投资便利化。此外，多边贸易体制为各国提供了开放、公平和透明的贸易环境，推动了制度型开放的实现。

1. 共建"一带一路"

共建"一带一路"是中国提出的推动亚欧非大陆间经济合作的重要倡议。它旨在通过加强基础设施建设、贸易投资便利化和人文交流等领域的合作，促进区域一体化和共同繁荣。"一带一路"倡议为各国提供了开放的合作平台，通过建设互联互通的交通网络和经济走廊，促进贸易流通和产业链供应链的互联互通（刘凌和孔文茜，2023）。推动"一带一路"建设，旨在"推动构建公正、合理、透明的国际经贸投资规则体系""参与全球治理和公共产品供给，携手构建广泛的利益共同体"。作为对全球经济治理规则和体系的补充和完善，中国的共建"一带一路"倡议，以"人类命运共同体"先进理念引领，以"共商、共建、共享"基本原则为遵循，有助于推动中国朝着具有"境内开放""政策协调""规

则导向"等内在特性的制度型开放方向转变。"一带一路"建设不仅有助于推动制度型开放，反过来，中国高质量的制度型开放对"一带一路"建设也能够提供保障作用，从而助力"一带一路"建设，即"一带一路"建设离不开高质量制度型开放的保驾护航。从规则等制度角度理解其对"一带一路"建设的作用，实际上就是"开放倒逼改革"的作用机制，即在共建"一带一路"的扩大开放过程中，中国需要通过深化改革实现与全球通行国际经贸规则相衔接，尤其是对标高标准的国际经贸规则，而必须对自身体制机制进行调整和完善，以更好地满足"一带一路"建设之需（戴翔和张二震，2019）。

总之，充分利用"一带一路"建设这一国际合作平台，总结、创新、推广全球治理的中国方案，打造国家和地区间高标准经贸规则对接的示范性制度安排，逐步形成符合经济全球化发展要求的更高标准国际经贸规则。

2. 进博会

自2018年第一届中国国际进口博览会在上海举行，迄今为止已经连续举办了6届。作为世界上第一个以进口为主题的大型国家级展会，进博会是中国主办的重要国际贸易活动，旨在为各国企业提供参与中国市场的机会，推动贸易自由化。进博会是一个开放、共享和互利的平台，吸引了来自世界各地的企业和展商参展，在世界经济复苏仍不均衡的大背景下，促进了贸易往来和投资合作，对中国、对世界都具有重要意义。通过进博会，中国向世界展示了进一步扩大开放的决心和努力，为各国企业提供了更广阔的市场准入和合作机会，推动了制度型开放的进程。

（1）作为全球贸易搭建的高度开放的资源流动平台，进博会有利于全球资源要素的自由流动。通过培育一批进口贸易促进创新示范区、建设国家服务贸易创新发展示范区、创建"丝路电商"合作先行区，进博会助推打造联动长三角、服务全国、辐射亚太的进出口商品集散地。此外，通过发挥进博会对数字贸易元素的集聚功能，构建全球数字贸易平台，提高数字贸易平台服务能级，促进支持跨境电商、跨境物流发展和海外仓建设（杨连星，2023）。

（2）作为高水平开放的平台，进博会有助于推动开放型经济新体制建设。进博会是我国开放与合作的重要平台，也成为宣示重大开放举措、展示开放决心的重要窗口。从激发进口潜力到持续缩减外资准入负面清单、优化营商环境，进博会在新一轮高水平对外开放进程中全方位扩大溢出效应。连年成功举办的进博会不仅是全球首发、中国首展的大舞台，也是参展企业进一步融入中国市场的合作桥梁，更是观察行业发展新趋势和新动能的窗口。

（3）进博会发挥四大平台作用，推动扩大高水平开放的中国实践。一是发挥国际采购平台作用，扩大高品质供给，进博会"6天+365天"交易服务平台拓展至60家。二是发挥投资促进平台作用，吸引高能级主体。通过优化营商环境，使参展商变投资商，推动政企沟通、重点企业"服务包"制度实施。三是发挥人文交流平台作用，拓展合作新空间。支持中华文化项目走出去，推动国际文化艺术产业集聚。四是发挥开放合作平台作用，引领开放新格局。临港新片区、虹桥国际中央商务区不断形成引领高质量发展新动能。

（4）进博会与自贸试验区制度型开放战略联动，以高水平对外开放推动高质量发展。进博会与自贸试验区作为高能级的开放平台，两者相辅相成。自由贸易试验区作为国家高水平制度型开放的试验田和示范区，与进博会形成了"进博出题、论坛议题、自贸解题"的格局。

3. 多边贸易体制安排

多边贸易体制安排如WTO起到了推动贸易领域制度型开放的重要作用。WTO是促进全球贸易自由化和规则制定的重要机构，通过制定和执行贸易规则、解决贸易争端和进行贸易谈判等方式，为各国提供了开放、公平和透明的贸易环境（李墨丝，2020）。国际经贸规则的变迁和重塑体现了国际上层建筑对国际经济基础变化的适应和反作用，也是国家间权力转移、利益分配格局发生转变的结果（东艳，2021）。

受单边主义和贸易保护主义的影响（Cheong和Tongzon，2018），以WTO为核心的多边贸易规则正面临被边缘化的风险，区域、诸边和双边经贸谈判持续升温，发达国家主导的国际经贸规则呈现高标准、高排他性、碎片化的发展趋势（刘斌和刘一鸣，2023）。自多哈回合谈判以来，多边谈判核心成员格局发生根本性变化，各方利益诉求存在冲突，WTO机制改革举步维艰（唐宜红和符大海，2017）。在WTO的机制框架下，由部分成员自发启动的聚焦于特定议题的开放式诸边谈判模式日渐成为主流。以《电子商务联合声明倡议》《服务贸易国内规制联合声明倡议》《投资便利化联合声明倡议》为代表的诸边倡议通过精简议题和聚焦"关键群体"的合意有效推进了国际经贸规则的制定，但依然存在法律约束性不足、强制执行力较低、发展中国家边缘化等问题（谈晓文，2022）。中国在WTO框架下可以通过积极参与贸易谈判，定期向WTO提交贸易政策审议报告，推动制度改革和WTO机构和规则的现代化和改进，全力支持发展中国家融入多边贸易体制，促进全球贸易的自由化和公平竞争，为全球贸易体系的发展和改进做出了积极贡献。

第四节　本章小结

　　本章主要从我国在贸易领域制度型开放的历史演进、理论逻辑与实践基础三个部分展开。

　　第一部分，分别从改革开放前中国外贸体制的建立与发展、改革开放后至"入世"前外贸体制的改革、"入世"后中国外贸体质与 WTO 的全面接轨及全球经贸规则重构背景下中国稳步扩大高水平制度型开放四个阶段来展开梳理并阐述我国在贸易领域制度型开放的历史演进。

　　第二部分，阐述稳步扩大我国在货物贸易领域制度型开放的逻辑机理，主要从以下几个方面展开：①基于比较优势和要素禀赋理论分析我国改革开放后如何依托国内劳动力资源丰裕这一优势扩大对外贸易全面融入国际大循环；②基于新贸易理论与后发优势理论，阐述我国如何通过引进技术和依托产业、市场规模优势带动贸易结构转型；③基于区域经济合作理论阐述我国参与区域经济合作协定，对标高标准经贸规则的背景、动因及目的；④基于自由贸易园区理论介绍我国从保税区到自由贸易试验区渐进式推进贸易制度变革的历程。

　　第三部分，阐述稳步扩大贸易领域制度型开放的实践基础。当前推进贸易领域制度型开放主要从国内主动、国外倒逼两方面进行：一是构建自由贸易试验区建设，推动国内开放制度创新；二是对标高标准的国际规则，推动国内贸易领域规制改革，进而实现标准国际化、监管一致性；三是进一步融入现有开放平台，推动国际间高水平制度协商与合作，积极参与多边贸易体制与全球经济治理体系改革与建设，构建高水平制度型开放的安全保障机制。

第三章

贸易领域制度型开放的
国际比较与未来开放思路

第一节　贸易领域国际高水平制度型开放的现状

　　自由贸易协定作为推动国际贸易自由化和促进经济一体化的重要工具，随着全球化进程的不断推进，各类双边和区域自由贸易协定在全球范围呈现爆发式增长的态势，以自由贸易协定（FTA）为代表的区域经济合作成为重塑全球经贸规则的重要方向和机制。从自由贸易协定的数量上看，根据 WTO RTA Database 公布的数据，如图 3-1 所示，1990 年以前全球生效登记的贸易协定仅 22 个。20 世纪 90 年代左右在新一轮区域合作的浪潮下自由贸易协定出现的第一次大规模增长，此阶段标志性的 RTA 有欧洲自由贸易联盟（EFTA）、北美自由贸易区（NAFTA）和 APEC（亚太经济合作组织），而后自由贸易协定开始了新的发展阶段。2021 年生效新增贸易协定共 44 个，是近年来新增贸易协定最多的年份，迎来了自由贸易协定增长的又一个高峰期。截至 2024 年，生效的区域贸易协定高达 369 个，新增自由贸易协定数量为 20 世纪 90 年代的近 16 倍。自由贸易协定在数量、规模及达成速度上都得到了前所未有的发展。

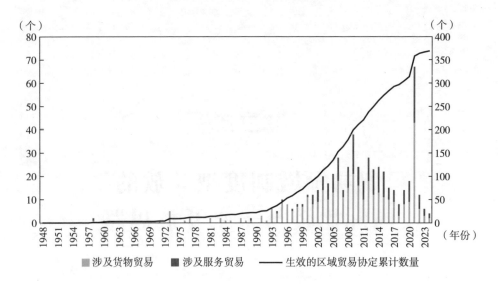

图 3-1　1948~2024 年生效的贸易协定情况

资料来源：WTO RTA 数据库。

从自由贸易协定发展的整体态势来看，贸易协定的区域化特征更加明显。各国之间积极推动签署自由贸易协定，以促进区域内的贸易和投资自由化，特别是 2018 年以来，以《全面与进步跨太平洋伙伴关系协定》（CPTPP）①，《美墨加协定》（USMCA）②、《欧盟—日本经济伙伴关系协定》（EPA）③ 和《数据经济伙伴关系协定》（DEPA）④ 等为代表的高水平区域自由贸易协定更是引领着逆全球化背景下国际贸易新规则的重塑方向（周禛等，2021），成为未来国际贸易领域的主导形势和高标准经贸规则的主流体系，反映了国际贸易领域国际高水平制度型开放的现状和趋势。

从自由贸易协定的地理区域分布来看，区域贸易协定的地理区域分布呈现出不平衡、分布不均的发展现状。根据 GTA 数据库统计，如表 3-1 所示，自由贸

---

① 全面与进步跨太平洋伙伴关系协定（Comprehensive and Progressive Agreement for Trans-Pacific Partnership，CPTPP），是亚太国家组成的自由贸易协定，是 TPP 的继承和延续。

② 美墨加协定（United States-Mexico-Canada Agreement，USMCA），是北美自由贸易协定（NAFTA）的升级版。

③ 欧盟—日本经济伙伴关系协定（Economic Partnership Agreement，EPA），是由欧盟与日本签署的一系列经济合作协议。

④ 数字经济伙伴关系协定（Digital Economy Partnership Agreement，DEPA），是由新加坡、智利、新西兰三国签署，旨在加强三国间数字贸易合作并建立相关规范的数字贸易协定。

易协定生效最多的地区是欧洲，共生效了 154 个贸易协定。其次是经贸往来密切推动区域贸易网络发展的东亚地区，共签署生效的自由贸易协定 101 个，仅次于区域经济一体化水平最高的欧洲地区；排在后面的地区是南美洲和北美洲，当前签署生效的自由贸易协定约为 70 个和 50 个；加勒比地区生效的自由贸易最少，仅为 11 个，可能是由于其地理位置、经济体量小和产业结构单一导致的。总的来说，发达国家和区域经济一体化水平较高的地方所签署的自由贸易协定就越多。

表 3-1 自由贸易协定分布区域　　　　　　　　　　单位：个

分布区域	数量
欧洲	154
东亚地区	101
南美洲	70
北美洲	50
非洲	47
俄罗斯、乌克兰、哈萨克斯坦等独立国家联合体	45
中美洲	43
中东地区	35
大洋洲	30
南亚地区	24
加勒比地区	11

资料来源：WTO RTA 数据库。

从 CPTPP、USMCA、EPA 和 DEPA 的基本情况来看，CPTPP 作为最高开放水平的贸易协定，具有里程碑意义。它由澳大利亚、文莱、加拿大、智利、日本、马来西亚、墨西哥、新西兰、秘鲁、新加坡和越南 11 个国家组成，是 TPP（跨太平洋伙伴关系协定）的重新谈判版本。致力于降低关税、促进数字经济发展、加强知识产权保护等，进一步推动了亚太地区的经济一体化和贸易自由化进程。以公平贸易、保护数字贸易和知识产权、对国有企业和汇率操纵等不公平做法严加限制为核心支柱的 USMCA 则代表了北美地区贸易关系的新阶段。它是北美自由贸易协定（NAFTA）的更新版本，更突出了公平性与高标准，以适应 21 世纪的贸易环境和挑战。USMCA 加强了知识产权保护和环境标准，并对汽车行业的规定进行了调整。这一协定的达成不仅促进了美国、墨西哥和加拿大之间的贸易，还为整个北美地区的经济合作带来了新动力。EPA 则是欧盟与日本之间签署的贸易协定，同样也是旨在促进双方之间的贸易和投资自由贸易协定的一个重要的里程碑。该协定降低了双方商品的关税，促进了服务和公共采购领域的开放，加强了知识产权保护，为企业提供了更广阔的市场和更稳定的贸易环境。DEPA 是数字时代的新型贸易协定的代表，由新加坡、新西兰和智利签署，旨在应对数字经济的挑战和机遇，促进数字经济的发展和创新。DEPA 覆盖了电子商务、数据流动、数字版权等领域，着重于数字经济领域的合作，不仅为参与国提供了更好的数字经济合作框架，加强了数据保护和隐私保护，也为数字时代的贸易提供了新的规则和机制，在全球数字贸易中发挥领导作用。

从整体上看，CPTPP 的缔约方最多，影响范围最广；USMCA 更具区域特色，专门为承认墨西哥对碳氢化合物的所有权单开一章，且 USMCA 的章数最多，涉及的领域和内容最大，议题更加深化；EPA 和 DEPA 专注于某个领域，EPA 更多关注欧盟和日本之间的投资，涉及深化主题较少，DEPA 更多集中于数字贸易领域。四项贸易协定各具特色，各自成为美式、欧式和第三种力量的自由贸易模板（见表 3-2）。

表 3-2　CPTPP、USMCA、EPA、DEPA 文本情况

协定名称	缔约方数量（个）	文本章数（章）
CPTPP	11	30
USMCA	3	34
EPA	2	20
DEPA	3	16

资料来源：根据 CPTPP、USMCA、EPA、DEPA 协定文本整理。

从条款覆盖的领域和内容来看，高水平区域自由贸易协定涵盖领域更为广泛。早期自由贸易协定仅限于货物贸易，如表 3-3 所示。这可能是受当时的国际环境的影响，早期各国关税的税率较高，对货物贸易造成极大的阻碍，因此早期 FTA 的谈判内容主要以削减关税和消除非关税壁垒为主。随着世界经济的不断发展，各国在经济和贸易上的合作与依赖也不断加深。此时自由贸易协定覆盖的内容和领域除了货物商品贸易，还涉及服务贸易、知识产权保护、劳工权益等多个

领域，且涉及服务贸易的自由贸易协定不断增加，体现了服务贸易在国际贸易中日益重要的地位和作用。

表 3-3 　1948~2024 年生效的贸易协定覆盖范围 　　　　　单位：个

生效年份	涉及货物贸易	涉及服务贸易
1948	0	0
1949	0	0
1950	0	0
1951	0	0
1952	0	0
1953	0	0
1954	0	0
1955	0	0
1956	0	0
1957	0	0
1958	1	1
1959	0	0
1960	1	0
1961	1	0
1962	0	0
1963	0	0
1964	0	0
1965	0	0
1966	0	0
1967	0	0
1968	0	0
1969	0	0
1970	0	0
1971	1	0
1972	0	0
1973	5	0

生效年份	涉及货物贸易	涉及服务贸易
1974	0	0
1975	0	0
1976	1	0
1977	2	0
1978	0	0
1979	0	0
1980	0	0
1981	2	0
1982	0	0
1983	2	0
1984	1	0
1985	1	0
1986	0	0
1987	2	0
1988	1	0
1989	1	1
1990	0	0
1991	3	0
1992	1	0
1993	6	0
1994	4	1
1995	9	1
1996	8	0
1997	5	1
1998	7	1
1999	7	1
2000	11	1
2001	8	4
2002	9	5
2003	14	6

续表

生效年份	涉及货物贸易	涉及服务贸易
2004	10	7
2005	13	8
2006	18	10
2007	11	3
2008	15	9
2009	21	17
2010	16	8
2011	10	8
2012	18	10
2013	12	11
2014	13	11
2015	11	11
2016	10	5
2017	9	5
2018	3	5
2019	8	6
2020	9	9
2021	43	24
2022	6	6
2023	3	3
2024	2	2

资料来源：WTO RTA 数据库。

为了进一步研究当前高水平自由贸易协定在条款覆盖领域和内容上的现状和特点，本书整理了 CPTPP、USMCA、EPA、DEPA 文本的条款内容，如表 3-4 所示，对比文本条款内容可以发现，CPTPP 作为已有的最高标准的贸易协定，签署国在 USMCA、EPA 和 DEPA 等自由贸易协定中最多，在条款内容和框架上也基本延续了 TPP 的高标准且条款内容较为全面，框架上涵盖了所有的传统议题、深度一体化议题、制度性议题以及大部分的横向新议题（林创伟，2022）。

表 3-4　CPTPP、USMCA、EPA、DEPA 文本框架比较

美式模板		欧式模板	第四种力量
CPTPP	USMCA	EPA	DEPA
序言	序言	序言	序言
第1章　初始条款和一般定义	第一章　初始条款和一般定义	第1章　总则	第1章初始条款和一般定义
第2章　货物的国民待遇和市场准入 第B节　货物的国民待遇和市场准入 第C节　农业	第二章　货物的国民待遇和市场准入 第三章　农业	第2章　货物贸易 第19章　农业领域的合作	第3章数字产品待遇和相关问题（数字产品非歧视待遇等）
第3章　原产地规则和原产地程序	第四章　原产地原则 第五章　原产地程序	第3章　原产地规则和原产地程序	—
第4章　纺织品和服装	第六章　纺织品和服装	—	—
第5章　海关管理和贸易便利化	第七章　海关管理与贸易便利化	第4章　海关事务和贸易便利化	—
第6章　贸易救济	第十章　贸易救济	第5章　贸易救济 第12章　补贴	—
第7章　卫生和植物卫生措施	第九章　卫生与植物检疫措施	第6章　卫生与植物检疫措施	—
第8章　技术性贸易壁垒	第十一章　技术性贸易壁垒	第7章　技术性贸易壁垒	—
第9章　投资	第十四章　投资	第8章　服务贸易、投资自由化和电子商务	
第10章　跨境服务贸易	第十五章　跨境服务贸易	—	第4章　数据问题
第11章　金融服务	第十七章　金融服务	—	
第12章　商务人员临时入境	第十六章　临时入境	—	
第13章　电信	第十八章　电信	—	
第14章　电子商务	第十九章　数字贸易	—	
第15章　政府采购	第十三章　政府采购	第10章　政府采购	第8章　新兴趋势和技术（货物和服务采购程序的数字化）
第16章　竞争政策	第二十一章　竞争政策	第11章　竞争政策	第8章　新兴趋势和技术（数字市场竞争政策）
第17章　国有企业和指定垄断	第二十二章　国有企业	第13章　国有企业、被授予特殊权利或特权的企业以及指定的垄断企业	—

续表

美式模板	欧式模板		第四种力量
第18章　知识产权	第二十章　知识产权	第14章　知识产权	—
第19章　劳工	第二十三章　劳工	第16章　贸易与可持续发展	—
第20章　环境	第二十四章　环境	—	—
第21章　合作和能力建设	—	—	—
第22章　竞争力和商务便利化	第二十六章　竞争力	—	第2章　商业和贸易便利化（数字贸易便利化、无纸贸易等）
第23章　发展	—	—	—
第24章　中小企业	第二十五章　中小企业	第20章　中小型企业	第10章　中小企业合作
第25章　监管一致性	第二十八章　良好监管做法	第18章　良好监管做法和监管合作	—
第26章　透明度和反腐败	第二十七章　反腐败 第二十九章　公布与管理	第17章　透明度	第13章　透明度
第27章　管理和机构条款	第三十章　管理和机构规定	第22章　机构条款	第12章　联合委员会和联络点
第28章　争端解决	第三十一章　争端的解决	第21章　机制的解决	第14章　争端解决
第29章　例外和总则	第三十二章　例外与一般规定	—	第15章　例外
第30章　最终条款	第三十四章　最后条款	第23章　最后条款	第16章　最后条款
—	第八章　承认墨西哥对碳氢化合物的所有权	—	—
—	第十二章　行业部门附件	—	—
—	第三十三章　宏观经济政策和汇率事项	—	—
—	—	第9章　资本流动、支付和转移以及临时保障措施	—
—	—	第15章　公司治理	—
—	—	—	第4章　数据问题（个人信息保护、跨境数据问题）

续表

美式模板	欧式模板	第四种力量
—	—	第5章 更广泛的信任环境（网络安全问题）
—	—	第6章 商业和消费者信任（在线消费者保护）
—	—	第7章 数字身份
—	—	第8章 新兴趋势和技术（金融科技、人工智能）
—	—	第9章 创新和数字经济（公有领域和数据创新）
—	—	第11章 数字包容性（数字包容性对于保证所有人和所有企业参与数字经济、做出贡献并从中获益的重要性）

资料来源：根据 CPTPP、USMCA、EPA、DEPA 协定文本整理。

对比 TPP，CPTPP 暂停了归属传统议题深化的海关监管与贸易便利、投资和服务贸易章节，归属深度一体化议题的政府采购和知识产权以及归属横向新议题中的透明度与反腐败中争议和分歧比较集中的条款内容，具体如表 3-5 所示。

表 3-5 CPTPP 对比 TPP 暂停条款情况

具体章节	条款内容	暂停条款影响
海关监管与贸易便利化	暂停条款内容包含根据不计征关税规定，每一缔约方应定期审议缔约方法律所设定的固定数额，见5.7条	提高贸易便利化
投资	暂停条款内容包含对主管机关的范围、书面协定定义等在内的有关投资协定定义、投资仲裁和特定国家的例外在内的条款，见第9.1条、9.18条、9.21条、9.25条、9-L条	谈判难度降低、约束范围大，但规则模糊
服务贸易	暂停条款内容包含对邮政垄断行为的相关规定，见第10-B.5条、第10-B.6条	不利于贸易公平，降低了对邮政垄断行为的约束
金融服务	暂停条款内容为将 TPP 投资章节的"最低待遇标准"的条款适用于本章，见第11.2条	不利于金融服务开放，但国民待遇限制变少，降低谈判难度
电信服务	暂停条款内容为"电信服务"企业和电信监管机构之间复议相关条款，见第13.21条	维护电信监管机构权威，保障争端解决效率，降低谈判难度
政府采购	暂停条款内容为增强"政府采购"透明度、反腐、推进谈判进程等相关内容，见第15.8条、第15.24条	不利于政府采购透明度但降低谈判难度

续表

具体章节	条款内容	暂停条款影响
知识产权	暂停条款内容涉及知识产权有关的国民待遇、保护对象、保护期限和保护措施等相关内容，见第 18.8 条、第 18.37 条、第 18.52 条、第 18.79 条、第 18.46 条、第 18.48 条、第 18.63 条、第 18.68 条、第 18.69 条、第 18.82 条及其附件（18-E，对 J 节的附件）	降低谈判难度、维护缔约国和技术生产国以及技术使用国在知识产权保护和传播使用上的平衡
环境	暂停条款内容为野生动物非法获取和非法贸易适用的法律范围相关内容，见第 20.17 条	降低野生动物保护力度，但降低谈判难度
透明度与反腐败	暂停条款内容涉及新药品和医疗器械列入报销清单程序规范的相关内容，见第 26-A.2 条	降低药品保险透明度，但降低谈判难度

资料来源：根据 CPTPP、TPP 协定文本整理。

在海关监管与贸易便利化方面，为了提高贸易便利化，暂停了每一缔约方应定期审议缔约方法律所设定的固定数额的条款内容，简化了程序。在投资方面，为降低谈判难度，缩小约束范围，暂停了有关主管机关范围定义等条款，但也在一定程度上提高了规则的模糊性。在服务贸易方面，暂停了关于邮政垄断行为的相关规定，但此规定的暂停降低了对邮政垄断行为的约束，可能将不利于贸易公平。在金融服务方面，暂停了将 TPP 投资章节的"最低待遇标准"的条款适用于本章的规定，该规定虽然减少了国民待遇的限制，在一定程度上降低了 CPTPP 的谈判难度，但是会对金融服务的开放带来一定的不利影响。在电信服务方面，暂停了为"电信服务"企业和电信监管机构之间复议相关条款内容，该条款维护了电信监管机构的权威，确保了争端解决的效率，从而降低了缔约国在电信服务章节谈判的难度。在政府采购方面，暂停了增强"政府采购"透明度、反腐、推进谈判进程等相关内容，该条款的暂停虽然在一定程度上推动了 CPTPP 的签署，降低了谈判难度，但也降低了政府采购的透明度。在知识产权反面，暂停了涉及知识产权有关的国民待遇、保护对象、保护期限和保护措施等相关内容的条款，该条款不仅降低了谈判难度，还维护了缔约国和技术生产国以及技术使用国在知识产品保护和传播使用上的平衡。在环境方面，暂停了野生动物非法获取和非法贸易适用的法律范围定义的相关内容，该条款虽然在一定程度上降低了谈判难度，但是也降低了缔约国对野生动物的保护力度，可能会对生态环境造成一定的影响，助长不法分子偷猎、非法获取交易野生动物的不良风气。在透明度和反腐败上，暂停了涉及新药品和医疗器械列入报销清单程序规范的相关内容条款，虽然该条款的暂停也在一定程度上推动了协定的缔约，降低了谈判难度，但是降低了药品保险的透明度，为新药品和医疗器械的报销留下漏洞，会出现骗保等腐败行为。

总的来说，暂停的条款基本上都是对 CPTPP 达成共识和签署造成一定阻碍的条款，暂停条款是为了更好地执行和为促进区域一体化服务。而 USMCA 条款框架与 CPTPP 绝大部分基本一致，相较于其前身《北美自由贸易协定》（NAFTA），USMCA 在汽车和纺织品的原产地要求、非市场经济国家的歧视性约束、数字贸易中源代码和算法的保护、知识产品期限、遏制反竞争、国有企业透明度等内容上做了升级和加强，具体如表 3-6 所示。

表 3-6　USMCA 相较于 NAFTA 议题深化情况

深化议题方向	具体内容
原产地原则	提高了对汽车和纺织品的原产地要求；汽车原产地净成本价值含量占比从 63.5% 提高到 75%；对汽车生产所用的钢铁、铝和玻璃中成员国原产份额做出 70% 的规定；对纺织品种非原产材料重量不得超过商品总重量的由 7% 提高到 10%；新增针织或钩织面料原产地要求
宏观经济政策和汇率事项	首次出现有关汇率条款和"日落条款"的相关规定；要求成员国维持市场汇率，避免竞争性贬值，对缔约国提出更高的要求
数字贸易	要求成员国应当保护算法和源代码，成员国不得要求计算设施在其境内使用或位于其境内作为开展业务的条件
知识产权	延长了知识产权保护期限，版权保护期限从作者死后 50 年延长到 70 年，生物制药的数据保护期从 8 年延长到 10 年，并加强了对专利、版权、商标和商业机密的保护
竞争	要求成员国政策规则透明化，明确各成员国对遏制反竞争行为的应尽义务；保护消费者，保护地方法院程序公平
国有企业	提高了国有企业和垄断企业运营规范的标准，要求国有企业和垄断企业信息透明化
劳工和环境	提高劳工标准，要求成员国遵守多边环境协定和其他协定以改善环境
歧视性约束	对成员国与非市场经济国家的自由贸易协定谈判提出有关通知和内容审查的规定；与他国的贸易自由贸易协定谈判，需在开始谈判前至少 3 个月通知其他成员国；在发布与非市场经济国家双边协议文本之前的 30 天内，USMCA 的其他成员国有权对其进行审查等
争端解决	规定 USMCA 限定投资者—国家争端解决机制（ISDS）的使用。但 ISDS 并不适用于由非市场经济的第三国国民控制或所有的企业

资料来源：根据 USMCA、NAFTA 协定文本整理。

在原产地原则方面，USMCA 提高了对汽车和纺织品的原产地原则，有利于保障和促进对外贸易，保护国内汽车和纺织品产业安全。在宏观经济政策和汇率事项方面，则要求成员国维持市场汇率，避免竞争性贬值，对缔约国提出更高的要求。在数字贸易领域方面，提高了对算法和源代码的保护程度。在知识产权方面，延长了知识产权保护期限，加强了对专利、版权、商标和商业机密的保护。在竞争方面，则提高了各缔约国政策的透明度，确保竞争行为公平公正。在国有企业方面，推动国有企业和垄断企业信息透明化，提高了国有企业和垄断企业的运营标准的水平。在劳工和环境方面，体现了提高劳工标准，推动可持续发展和环境保护的深度共识。在争端解决方面，规定了特定的争端解决机构。

USMCA 比 CPTPP 则新增了内容更加广泛和深化的数字贸易章节、更具区域特色的承认墨西哥对碳氢化合物的所有权章节，以及崭新的边境后规则议题宏观经济政策和汇率事项章节，汇率条款和日落条款（Sunset Clause）首次在 USMCA 中出现。此外，还对农业和原产地议题进行了扩充；对发展、合作与能力建设和反腐败等议题进行了删减。EPA 虽然较为简略，没有涵盖纺织品和服装、竞争力和商务便利化、发展等议题，无论是在议题的广度上还是在深度上都不及 CPTPP 丰富。但相较于 CPTPP 和 USMCA，在贸易救济领域，EPA 对"补贴""资本流动、支付和转移以及临时保障措施"和"公司治理"做了相应的细化和深化。DEPA 则因为主要内容聚焦于数字贸易，虽然框架上也包含透明度、待遇和政府采购等内容，但是更着重与数字方向，在数字贸易领域做了信息保护、网络安全等新的议题。

从开放水平来看，以 CPTPP、USMCA、EPA 和 DEPA 为代表的国际高标准自由贸易协定开放水平更高。关税壁垒来看，CPTPP 达到 99%，要求基本上实现零关税、零补贴、零壁垒的"三零"标准。USMCA 也在 NAFTA 的基础上扩大了零关税的范围。EPA 中日本和欧盟贸易自由化水平接近 100%，其中日本的贸易自由化水平约 94%（农产品约 82%，工业制成品 100%），欧盟的贸易自由化水平达 99%。从非关税壁垒来看，CPTPP、EPA 在海关通关程序、技术性贸易壁垒、动植物检疫措施等方面对便利化提出了更高的要求，如 CPTPP 规定缔约方可支持更大程度的监管协调并消除本区域内不必要的技术性贸易壁垒。

从条款议题的类型来看，高水平贸易协定在 WTO 贸易规则体系的基础上呈现边境规则向边境后规则拓展的趋势。与代表着商品和要素流动性开放的边境规则不同的是，边境后规则更多代表了制度型开放。从 CPTPP、USMCA 等协定可以看出，协定内容对缔约方之间的协调不仅体现在贸易和投资的政策层面，还更多地向缔约方国内政策的配合和协调延伸（汪飞涛，2021）。在 CPTPP 的议题中要求缔约方国内政策更多地关注竞争政策、知识产权保护、劳工政策、国有企业、中小企业政策等方面。边境自由开放与边境后公平开放紧密结合，提高了营商环境市场化、国际化和法制化的高度。高水平的自由贸易协定在内容上还更突出公平理念，传统的国际经贸规则一直将"自由贸易"视为首要目标，然而，以高水平开放自由贸易协定为代表的新一轮国际经贸规则的重构更加强调了国家利益，将"公平贸易"理念置于主导地位。在这一新的规则下，投资公平政策的典型规则包括准入前国民待遇和负面清单管理。例如，CPTPP、EPA 和 USMCA 等协定都采用了负面清单模式。而竞争公平政策的代表性原则是"竞争中立"，这在 CPTPP、EPA 和 USMCA 等协定中都得到了体现。此外，高水平的贸易协定还注重可持续发展议程的融入，CPTPP、EPA 和 USMCA 都涉及关注环境保护、社会责任和劳工权益等议题，更加注重实现经济增长和可持续发展的平衡。高水平的贸易协定还进一步完善了贸易争端解决机制，以保障各方的权益，提高协定执行效力。例如，CPTPP 完善了金融服务、投资等方面的贸易争端解决机制，新西兰凭借 CPTPP 自由贸易协定的争端解决机制赢得了与加拿大的乳制品准入贸易争端，DEPA 更是深化了数字贸易领域的争端解决机制。

从自由贸易协定深度一体化来看，各协定深度一体化存在差异。首先，不同类型缔约国签订的自由贸易协定深度存在差异，根据 Horn 等（2010）提出的"WTO+"和"WTO-"测度方法研究发现，缔约国由发达国家和发展中国家组成的 FTA 比缔约国都是发展中国家或发达国家的 FTA 包含更多的"WTO+"条款，特别是缔约国同为发展中国家的 FTA 所含"WTO+"条款的覆盖率普遍偏低，"WTO-"条款的覆盖率更高，说明缔约国含发达国家的 FTA 深度一体化更高，发达国家在推动 FTA 向深度发展的意愿更强烈（见表 3-7）（Orefice & Rocha，2014）。其次，以规则覆盖率和执行率来测度深度化水平的话，可以发现"WTO+"条款的执行率和覆盖率高于"WTO-"，说明边界规则和边界内规则的深度化发展存在差异（Kohl et al.，2016）。最后，从签订自由贸易协定的具体国家和组织来看，中国与亚太地区签订的自由贸易协定深度一体化低于日本、韩国和新加坡等国（盛斌和果婷，2014），但略高于东盟（张晓静，2015），中国签订的自由贸易协定所覆盖"WTO+"和"WTO-"的覆盖率和执行率仍有较大提升空间（彭羽，2017）。

表 3-7　"WTO+" 和 "WTO-" 条款分类

"WTO+" 条款	"WTO-" 条款
工业产品减让	反腐败
农业产品减让	竞争政策
海关管理	环境
出口税	知识产权（IPR）
卫生与植物卫生措施（SPS）	投资政策
技术壁垒	劳动市场管制
国营贸易企业	视听产业
反倾销	资本流动
反补贴	消费者保护
国家救助	数据保护
公共采购	农业现代化
与贸易有关投资措施（TRIMS）	人权保护
与贸易有关的知识产权（TRIPS）	创新政策
服务贸易（GATS）	文化保护
	经济政策对话
	教育和培训
	能源
	财政支持
	医疗卫生
	人权
	非法移民
	产业合作
	信息化
	采矿业
	反洗钱
	核安全
	政治对话
	公共行政
	区域合作
	研究与科研
	中小企业

续表

"WTO+" 条款	"WTO-" 条款
	社会事务
	统计数据对接
	税收
	恐怖主义
	签证与政治庇护
	近似立法
	反毒品

在深度一体化的测度上,由于 Horn 等(2010)的方法会将议题同质化,忽略了议题背后经济和社会影响的差异,因此 Hofmann 等(2017)在 Horn 等(2010)的基础上进一步构建了"水平深度"(Horizontal Depth)数据库。首先,按照核心条款与非核心条款、边境上与边境内条款以及特惠与非歧视性条款对 Hom 等(2010)的指标体系进行进一步划分。考虑到单纯的一代"WTO+""WTO-"分类法所涉及的 52 项议题其范围远远超越了贸易的范畴,特别是反毒品、反洗钱、恐怖主义等议题仅在部分特定国家出现(高疆和盛斌,2018)。其次,Hofmann 等(2017)按照条款议题在协定中出现的频率,是否具有扩大市场准入和确保贸易平稳运行的能力,从 52 项议题中筛选出了 18 个核心条款,如表 3-8 所示,以更加明确地衡量贸易协定内容的深化程度。对全球贸易协定的研究结果显示,18 个核心条款的平均覆盖率是 66.98%,其中工业产品减让、农业产品减让、海关程序的条款覆盖率在 90% 以上,18 个核心条款的平均法律执行力是 59.46%,工业产品减让、农业产品减让的法律执行力最高,在 98% 以上。

表 3-8 Hofrnann 法计算的核心条款覆盖率和法律执行率统计　　单位:%

核心条款	覆盖率	执行率
工业产品减让	100.00	98.60
农业产品减让	99.60	98.20
海关程序	90.40	81.80
出口税	78.60	76.40
反倾销	75.70	67.90

核心条款	覆盖率	执行率
竞争政策	74.60	66.10
技术性贸易壁垒	70.40	54.30
卫生和植物免疫	66.80	52.50
公共补助	65.70	57.90
GATS	65.00	50.70
反补贴	63.90	58.20
TRIPs	57.10	55.40
政府采购	56.40	42.90
投资	55.00	38.90
资本的自由流动	53.90	50.40
国有企业	52.50	49.30
IPR	47.50	39.60
TRIMs	32.50	31.10
平均	66.98	59.46

除了条款的覆盖率，Hofmann 等（2017）还发展了法律约束力测度指标，丰富了贸易协定深度的测度维度。这一指标的测度首先通过判断一协定中的特定章节或条款是否直接或间接包含了相关议题，若包含计为 1 分，否则计为 0 分；其次判断条款中是否使用的是清晰明确且遵循《维也纳条约法公约》的法律术语，同时是否明确界定了各成员方需履行的义务，如有，则视为条款具有法律约束力，计为 2 分；最后通过判断条款规定该议题是否适用于争端解决机制，是则计为 3 分。根据 Hofmann 等（2017）的计算，协定中各项议题的法律约束力深度得分取值分别为 0~3 分。

随着数字经济和国际环境的不断发展，数字贸易作为高水平贸易协定新的深化方向，成为自由贸易协定的重要组成部分，为新经济形态的发展提供了规则制定和纳入的平台。DEPA 作为数字贸易领域高水平贸易协定的代表，与 CPTPP 相比，首先，由于缔约国成员新加坡、新西兰和智利同样也是 CPTPP 的缔约国，因此 DEPA 以 CPTPP 数字贸易有关条款的深度和广度为基础进行构建，在 CPT-PP 协定除源代码转让和互联网互联成本分摊除外几乎所有原始条款的基础上进行了扩展和分类。例如，CPTPP 协定电子商务章节中的主要承诺，包括数字产品的非歧视性待遇、允许数据跨境自由流动、禁止本地数据托管要求等都在 DE-PA 协定的"数字产品待遇及相关问题"和"数据问题"章节中被提及。其次，在电子传输关税永久化的暂停令上，DEPA 与 CPTPP 类似延续了 WTO 的有关规则。不过 DEPA 在 CPTPP 的基础上完善了消费者保护和数据隐私条款，从而提高了数字经济相关法律法规的透明度（赵旸頔和彭德雷，2020）。此外，DEPA 协定还考虑了人工智能和金融技术等新兴技术的发展，在新兴技术领域进行各种软合作安排，从而将调整范围从数字贸易扩大到数字经济的各个方面（缴翼飞，2021）。最后，DEPA 通过纳入多种例外条款，包括与《怀唐伊条约》、审慎措施、货币和汇率政策、税收以及保障国际收支平衡有关的例外条款等，增强了 CPTPP 协议在例外条款的力度，同时进一步加强了缔约方在数字经济领域的广泛合作。与 USMCA 相比，DEPA 协定则未涵盖 UCMCA 协定中承诺的源代码转让与交互式计算机服务相关的条例（李猛，2023；王金波，2022）。但总体而言，DEPA 协定创造了一个数字经济的监管框架，其广度上比仅限数字贸易领域的 USMCA 约束性规则更广泛，在深度上比 CPTPP 更优化。

在各国不断达成合作与共赢的共识的大背景下，自由贸易协定未来还将在区域内和跨区域间甚至在世界范围内不断深化、丰富其内容，扩大其所涵盖的方面和领域，成为世界经济发展新趋势，最终为世界经济增长做出贡献。

第二节　我国贸易领域制度型开放与国际高水平贸易制度型开放的对比

2021 年中央经济工作会议中指出，要"主动对标高标准国际经贸规则"，RCEP 作为在国际贸易规则重构话语权争夺时期，我国贸易领域制度型开放中主动对标高标准国际经贸规则的重要举措，具有较强的灵活性和成长性。但与 CPTPP、USMCA、EPA 和 DEPA 对比，我国贸易领域的制度型开放与国际高水平贸易制度型开放之间仍存在一些差异，深入条款层面，厘清代表我国贸易领域高水平制度化开放的区域贸易协定和国际高水平贸易协定之间的异同，能为我国 RCEP 条款深化和进一步提高贸易领域制度化开放的水平提供有价值的参考。

一、开放程度存在差异

RCEP 开放程度低于 CPTPP、USMCA、EPA 和 DEPA 等国际高水平贸易协定。RCEP 对不同缔约方采取的降税模式，主要包括协定生效立即降为零、过渡期降为零、部分降税以及例外产品四种情况，过渡期的时间主要为 10 年、15 年和 20 年等。根据 RCEP 具体条款，协定生效后中国对日本、韩国、东盟、澳大利亚、新西兰缔约国实现立即降税为零的比例分别为 25%、38.6%、67.9%、65.8%、66.1%，而最终零关税比例分别为 86%、86%、90.5%、90%、90%，因此 RCEP 最终实现零关税覆盖率为 90% 左右。而 CPTPP 零关税覆盖率达到99%，且要求基本上实现零关税、零补贴、零壁垒的"三零"标准。USMCA 也在 NAFTA 的基础上扩大了零关税的范围，EPA 中日本和欧盟贸易自由化水平接近100%，其中日本的贸易自由化水平约 94%（农产品约 82%，工业制成品100%），欧盟的贸易自由化水平达 99%，CPTPP 等贸易协定关税削减程度高于RECP。此外，与独立签署的双边贸易协定相比，CPTPP 对关税的相关规定更为全面，它不仅要求成员国之间形成统一标准的关税取消规则，还将某一成员国对关税减让的承诺自动延伸至其他所有成员（全毅，2021）。

二、条款框架上存在差异

RCEP 缺乏 CPTPP、USMCA、EPA 和 DEPA 等国际高水平贸易协定的深度和广度。RCEP 的谈判领域和议题仍以传统议题为主，与条款议题最为全面的 CPTPP 相比，在深度一体化议题、制度性议题以及横向新议题存在短板，在规则范围上受限。具体而言，CPTPP 将包括知识产权保护、环境标准、劳工标准、国企改革等更多高水平自由化规则纳入贸易框架中，而如表 3-9 所示。RCEP 在纺织品和服装、国有企业、劳工、环境、竞争和商务便利化、监管一致性、发展以及透明度和反腐败等条款议题上存在空白。在争端解决条款中，CPTPP 采用建立磋商、专家组仲裁形式，完善了监督机制，提高了争端解决的效率，而 RCEP 在争端解决条款方面也不包含劳动或环境章节，连投资者与东道国争端解决机制的效力也受时间约束。在国有企业条款议题中，CPTPP 创新性地对国有企业规定了相应的规则，首次将国有企业和垄断作为单独章节，构建了独立、高标准的规则体系，对国有企业界定、非歧视对待和商业考量、非商业援助、透明度、管辖权等规则进行了详细的阐述，旨在给予跨国公司参与公平市场竞争的机会，确保了竞争中立原则（封安全，2021）。但劳工、环境和国有企业等问题又是RCEP对标国际高水平贸易协定的难点所在。在国有企业议题方面，国有经济是社会主义市场经济体制下国民经济的主导力量，是巩固社会主义制度、弥补市场缺陷的经济基础（余淼杰和蒋海威，2021）。因此，国有企业作为国有经济的主要实现形式，维护盈利和公共政策需要之间的平衡是职能之一，这也在一定程度上造成了国有企业的缺陷，并且演化为政府对市场资源的直接配置，以及对国有企业生产经营显性的或隐性的干预。在知识产权议题方面，中国知识产权起步较晚，虽然随着经济的发展和技术的进步，已经建立较为健全的知识产权保护制度，但是具有针对性的产业知识产权保护力度不足，在保护主义较为严重的地方上对知识侵权行为的执法力度和关注度与国际高水平贸易协定相比存在差距。在劳工议题方面，国际上部分国家认为中国劳工标准宽松，工会力量不足，存在劳动力倾销和低劳工报酬的现象，在劳动力因素上有一定优势。因此这些国家在贸易协定中制定了高标准劳工规则，在一定程度上达到限制中国劳动密集型产业的发展。在环境议题方面，包含RCEP在内中国已经签署的贸易协定中对环境保护的涵盖范围较小，对贸易伙伴之间的环境保护合作的重视程度不足，对环境污染的约束力度不强。相比之下，CPTPP不仅从范围、义务、约束三个维度全方面制定了高标准的环境保护规则，还在环境保护国际合作上设置了单独的相关条款，同时还将环境条款纳入争端解决机制，提高了协定的效力。

表3-9 CPTPP、USMCA、EPA、DEPA和RCEP文本框架比较

条款相关议题	美式模板		欧式模板	第四种力量	中国—亚太模板
	CPTPP	USMCA	EPA	DEPA	RCEP
与CPTPP相比，存在重合和相似的条款内容议题					
货物的国民待遇和市场准入	√	√	√	√	√
原产地规则和原产地程序	√	√	√	×	√
纺织品和服装	√	√	×	×	×
海关管理和贸易便利化	√	√	√	×	√
贸易救济	√	√	√	×	√
卫生和植物卫生措施	√	√	√	×	√
技术性贸易壁垒	√	√	√	×	√
投资	√	√	√	×	√
跨境服务贸易	√	√	×	√	√

续表

条款相关议题	美式模板		欧式模板	第四种力量	中国—亚太模板
	CPTPP	USMCA	EPA	DEPA	RCEP
与 CPTPP 相比，存在重合和相似的条款内容议题					
金融服务	√	√	×	×	√
商务人员临时入境	√	√	×	×	√
电信	√	√	×	×	√
电子商务	√	√	×	×	√
政府采购	√	√	√	采购程序的数字化	√
竞争政策	√	√	√	数字市场竞争政策	√
国有企业和指定垄断	√	√	√	×	×
知识产权	√	√	√	×	√
劳工	√	√	√	×	×
环境	√	√	√	×	×
合作和能力建设	√	×	√	×	√
竞争力和商务便利化	√	√	√	√	×
中小企业	√	√	√	√	√
监管一致性	√	√	√	×	×
透明度和反腐败	√	√	√	×	×
管理和机构条款	√	√	√	√	√
争端解决	√	√	√	√	√
例外和总则	√	√	√	√	√
最终条款	√	√	√	√	√
与 CPTPP 议题内容相比，缺少或创新条款议题内容					
发展	√	×	×	×	×
承认墨西哥对碳氢化合物的所有权	×	√	×	×	×
行业部门附件	×	√	×	×	×
宏观经济政策和汇率事项	×	√	×	×	×
资本流动、支付和转移以及临时保障措施	×	×	√	×	×
公司治理	×	×	√	×	×
数据问题（个人信息保护、跨境数据问题）等数字贸易相关议题	×	×	×	√	×

资料来源：根据 CPTPP、USMCA、EPA、DEPA 和 RCEP 协定文本整理。

三、原产地规则和市场准入存在差异

CPTPP、USMCA、EPA 和 DEPA 等国际高水平贸易协定对市场准入的开放程度和便利化更加重视。在原产地规则上，CPTPP 在原产地的区域价值计算方法更加多样化，且针对不同的商品类目制定了合适的区域价值计算方式，更具有针对性和公平性，相比之下，RCEP 的计算方式更为保守。且在原产地豁免额方面，CPTPP 的原产地豁免门槛更低，更有利于贸易便利化。在市场准入方面，RCEP 使用了正面引导和负面清单并行的结合模式，按照 RCEP 有关规定，其各成员国均采用负面清单方式对制造业、农业、林业、渔业、采矿业 5 个非服务业领域投资作出较高水平开放承诺。而 CPTPP 全部采用负面清单模式，要求各成员国除了限制或禁止开放的领域，应当以一般自由化措施予以全方面开放，如金融服务和投资。相较于 RCEP，CPTPP 的市场准入模式开放的领域更多、程度更高，其对跨国投资和贸易便利化的推动作用也更强。

四、数字贸易规则深度不足

相较于 CPTPP、USMCA、EPA 和 DEPA 等国际高水平贸易协定，我国贸易协定在数字贸易规则、数据流动和隐私保护等方面仍有提升空间。虽然我国贸易领域的制度型开放已经开始涵盖数字经济领域，推动电子商务、跨境电商等发展，但在数字贸易规则的细分议题，如数据流动和隐私保护等方面仍待改善。RCEP 在数字贸易规则的谈判核心在于强调数字主权治理和削减关税壁垒的基础目标，而 CPTPP 和 USMCA 谈判的核心在于推动数据自由流动、反对本地化、消除数字贸易壁垒和数字贸易自由化，EPA 对数字贸易规则制定的目标也拓展到了现实消费者保护和网络安全层面，DEPA 更是在科学、合理、完备、可行的基础上为数字贸易领域提供了创新的前瞻性标准，促进新兴领域数字贸易的发展。具体如表 3-10 所示，CPTPP 和 USMCA 在数字贸易条款上相对 EPA 和 RCEP 完整，但 CPTPP、USMCA、EPA 和 RCEP 在电子发票、电子支付、物流、网络安全保障、数字身份、金融科技合作、人工智能、数据创新、数字包容、竞争政策合作、政府采购和中小企业方面都存在数字贸易细分领域条款内容的欠缺，相较于 CPTPP、USMCA 和 EPA，RCEP 在数字贸易领域规则上存在空白较多，仍有一定的发展空间。总体而言，国际高水平贸易协定在数字贸易领域更着眼于更深层次的数字经济合作，加强数据保护、网络安全、知识产权等规则制定，以适应数字

化经济的快速发展。而 RCEP 在数字贸易规则开放广度和深度上，缺乏数字产品非歧视待遇、数字支付平台、数字化供应链、数字内容服务贸易、源代码以及离岸服务外包的相关议题，除源代码条款外这些议题在 DEPA 中均有涉及。

表 3-10　CPTPP、USMCA、EPA、DEPA 和 RCEP 在数字贸易条款上的比较

具体内容条款	第四种力量	美式模板		欧式模板	中国—亚太模板
	DEPA	CPTPP	USMCA	EPA	RCEP
无纸贸易	√	√	√	√	√
国内电子交易框架	√	√	√	√	√
网络安全	√	√	√	√	√
线上消费者保护	√	√	√	√	√
电子传输免关税	√	√	√	√	√
非应邀商业电子信息	√	√	√	√	√
合作	√	√	√	√	√
电子发票	√	×	×	×	×
电子支付	√	×	×	×	×
物流	√	×	×	×	×
网络安全保障	√	×	×	×	×
数字身份	√	×	×	×	×
金融科技合作	√	×	×	×	×
人工智能	√	×	×	×	×
数据创新	√	×	×	×	×
数字包容	√	×	×	×	×
竞争政策合作	√	×	×	×	×
政府采购	√	×	×	×	×
中小企业	√	×	×	×	×
电子认证/签名	×	√	√	√	√
源代码	×	√	√	√	×
交互式计算机服务	×	×	√	√	×
互联网费用分摊	×	√	×	×	×
无须事先授权原则	×	×	×	×	×
个人信息保护	√	√	√	√	√
快运货物	√	√	√	×	√

续表

具体内容条款	第四种力量	美式模板		欧式模板	中国—亚太模板
	DEPA	CPTPP	USMCA	EPA	RCEP
跨境数据自由流动	√	√	√	×	√
禁止数据本地化	√	√	√	×	√
数字产品非歧视待遇	√	√	√	×	×
密码技术 ICT 产品	√	×	√	×	×
互联网的接入和使用	√	√	√	×	×
开放政府数据	√	×	√	×	×

资料来源：根据 CPTPP、USMCA、EPA、DEPA 和 RCEP 协定文本整理。

五、包容性存在差异

相较于 CPTPP、USMCA、EPA 和 DEPA 等国际高水平贸易协定，我国贸易领域制度型开放更具包容性。由于 RCEP 成员国收入跨度较大，涵盖了如缅甸、老挝等中低收入国家，所以我国多边贸易体制规则在追求高质量的同时也注重协定的包容性，尽可能较为全面地考虑了不同成员国的利益。RCEP 给予最不发达国家特殊与差别待遇，通过经济和技术合作条款对欠发达国家提供帮助。相较而言，CPTPP 的贸易协定规则更加严格，在劳动和环境规则、竞争政策、国有企业、知识产权监管、互联网规则和数字经济等方面设定了更高的标准。

总体来说，我国贸易领域的制度型开放与国际高水平贸易制度型开放在一些方面存在差异，但也有一些共通之处。我国在推动贸易开放的过程中可以借鉴和学习国际高水平贸易制度的经验和做法，不断提升贸易制度水平，促进更加开放、包容和可持续的国际贸易体系建设。

第三节　我国贸易领域制度型开放的总体方向

制度型开放是高水平开放的引领，而高标准自贸协定是我国贸易领域高水平制度型开放的重要抓手。在国际经贸规则重构，我国进入新发展阶段的大背景下，应以我国贸易协定为基点，以主动对标更大范围、更宽领域、更深层次的国际高标准自由贸易协定为总体方向，不断形成我国贸易领域全面开放的新格局，不断完善互利共赢、多元平衡、安全高效的开放型贸易新体制，最终实现贸易领域的高水平制度化开放。

一、对标国际高标准贸易协定，提高我国贸易协定的广度和深度

在我国贸易协定空白和深度不足的领域，以国际高标准贸易协定为基点，不断弥补领域空白，提高相关条款的开放水平。在优化贸易制度方面，针对我国贸易协定中存在的空白和深度不足，应以 CPTPP 等国际高标准贸易协定中有关海关管理和贸易便利化的内容，推动贸易无纸化，促进贸易单证传输等流程电子化，再制造产品的进口流程便利化（白舒婕，2023）。在完善跨境服务贸易的负面清单管理制度的同时，创造有利于数字贸易新业态健康发展的政策环境，全面提升贸易的数字化水平。在投资方面，应加强负面清单管理的同时，完善准入前国民待遇，并逐步减少外商投资的准入限制，逐步取消合资和国籍等强制性要求及歧视性待遇，真正实现准入即准营的目标。此外，还需加强国际化争端解决相关机制建设，确保市场和法治环境的公平竞争（王晓红等，2019）。为优化金融服务体系，可以参考 CPTPP 等国际高标准贸易协定中有关金融服务和环境相关内容，探索优化资本项目下的特色负面清单管理模式，促进企业的资金跨境流动便利化，加强金融服务在绿色低碳循环经济中的作用。在公共管理服务方面，应借鉴 CPTPP 等国际高标准贸易协定中有关商务人员临时入境和知识产权的相关规定，实现引进人才签证的办理流程便利化。同时，建设外籍人才的办事"单一窗口"，提高办事效率，加强知识产权数据共享、业务协同，促进国际交流。

二、对标国际高标准贸易协定，以三零规则为着力点提高我国贸易协定开放程度

三零规则的核心目标是实现零关税、零壁垒、零补贴，从而消除大部分贸易品的关税和非关税壁垒（王晓红等，2019），以及扭曲市场价格的各类补贴。尽管全球平均关税已大幅降低至较低水平，各区域经贸协定中的关税削减承诺的强力度也达到较高水平，但实现真正的零关税仍面临巨大挑战。目前，我国在 RCEP 框架下已实现了约 90% 的零关税覆盖率，但与 CPTPP 等高标准贸易协定相比还存在一定的差距，突破的主要难点在于实现零补贴和零壁垒。对我国而言，"三零规则"是对接高标准经贸规则的重要着力点，应依据循序渐进和风险

控制的原则，分领域、分阶段地稳步推进关税的降低工作。同时，重点对标规则较为全面的 CPTPP 贸易协定，加速贸易投资自由化和便利化改革，双管齐下推动货物贸易提质增效，促进服务贸易创新发展，并加快服务贸易的扩大开放。还应推动金融、电信等重要领域的高水平开放，促进跨境投融资的便利化，支持跨国公司设立资金管理中心，提升电信服务质量，引领服务业的制度性开放。此外，还需优化进境维修货物、商用密码产品、医疗器械等特定货物的进口管理，努力构建科学、便利、高效的管理模式。

三、对标国际高标准贸易协定，以竞争中立规则、知识产权保护、环境和劳工标准为节点，逐一突破，逐步建立起符合国际标准的贸易协定政策体系

竞争中立的目标是确保市场竞争不受垄断、补贴等不公平因素的干扰，以维护市场竞争主体的公平地位。这对我国国有企业的相关规则的配套和改革措施提出了更高的要求。因此，一方面应防止将竞争中立的内涵扩大以至影响我国国有企业的发展，另一方面应加快推进国有企业的分类改革和治理。深化以政企分开、政资分开、特许经营、政府监管为主要内容的改革，强调国有企业要真正成为自主经营、自负盈亏、自我发展、自我约束的独立法人实体和市场竞争主体。明确"产权清晰、权责明确、政企分开、管理科学"现代企业制度的国有企业改革方向，逐步将国有企业的改革方向和目标与竞争中立原则趋向一致。新一轮经贸规则进一步扩大了专利、商标等知识产权保护对象的范围，同时规定了严格的执法措施。在推进制度型开放的进程中，我国除了严格遵守《外商投资法》中关于知识产权保护的相关规定外，还需平衡好知识产权保护和技术传播之间的关系，加大对知识产权的保护力度，创造更具吸引力的投资和营商环境，以适应经济全球化的趋势，并抓住构建开放型世界经济的大方向。我国已签署的自贸协定中包含的环境条款在范围、义务和约束等方面存在差距。因此，应探索建立覆盖生物安全、气候变化等具体领域的国内环境规则条款，并加快国内环境法规与高标准经贸规则的协调对接。劳工标准方面，在完善劳工标准，优化工会程序的同时，促进区域内劳动力流动，加强国际劳工合作，实现劳动力的可持续发展。

四、对标国际高标准贸易协定，以数字贸易为贸易领域制度化开放新高地，促进数字贸易前瞻布局

当前，由数字技术引领的新技术革命和新产业革命正在加速发展，数字经济和数字贸易迅速崛起。在推动了全球产业、贸易和投资的创新发展的同时，迫切需要建立达成共识的全球数字治理规则体系。在这一背景下，推动数字贸易规则的构建成为当前国际经贸规则重塑的核心内容。美国和欧盟通过双边和区域经贸协定各自构建了特色鲜明的数字贸易规则体系。美国强调开放数字市场，主张跨境数据自由流动、取消数据本地化要求以及源代码披露。而欧盟的数字贸易规则体系则更为注重个人隐私保护，提出对跨境数据进行有效监管等措施。中国在数字贸易领域处于全球领先地位，应制定符合国家发展阶段和国情的数字贸易规则。例如，支持上海自由贸易试验区率先制定重要数据目录，探索建立合法、安全、便利的跨境数据流动机制，加速数字技术的赋能作用，推广电子票据应用，促进数据的开放共享，并积极参与人工智能等数字贸易新兴行业的规则制定，以构建数字贸易发展的新优势。同时，还需要建立和完善数据交易、数据权属登记、数据资产评估、数据开发利用等相关制度和监管机制，全面推进数字贸易领域规则的先行优势（赵爱玲，2024）。

五、对标国际高标准贸易协定，推动我国贸易协定由"边境规则"向"边境后"规则加速转变

在国际经贸规则重构的大背景下，应紧跟国际经贸规则"边境后"重构潮流，以国际高标准、高水平为标杆，推动我国贸易协定不断向知识产权、政府采购、绿色可持续发展等新"边境后"规则延伸，优化传统议题的同时深化一体化议题，将关注更多聚焦于制度性议题。同时，积极参与国际贸易谈判，争取在现有和新兴贸易协定中推动"边境后"规则的纳入和推广。加强欧盟、美国等经济体的深入对话和合作，共同推动"边境后"规则的国际标准化和规范化。推动边境自由开放与"边境后"公平开放紧密结合，塑造高度市场化、法治化、国际化的营商环境。此外，还应推动相关的"边境后"管理制度改革，深化国有企业改革，加强劳动者权益保护，支持绿色低碳领域国际合作的开展，鼓励环境产品和服务的进出口，营造公平、透明、可预期的发展环境。制定与"边境后"规则相关的具体政策和法律法规，设立和完善专门机构，负责"边境后"政策的制定、实施和监督，确保政策落实到位，提高法律层面的可执行度。应建立有效的监督与评估机制，对"边境后"规则执行情况进行定期评估和反馈，及时调整和优化政策措施。加强国内相关部门和机构之间的协调与合作，形成贸易政策协调机制，确保政策的一致性和有效性，从"量"和"质"上不断提高开放水平。

六、推动全面深化改革，搭建具有中国特色的、符合国情的、更高标准的自贸区战略布局

紧密关注国际贸易投资规则的最新发展趋势，在 CPTPP 等欧美新贸易投资协定已逐渐成为区域和全球贸易投资治理的新指导性框架的大背景下，从我国国情出发，以自由贸易试验区或试点为切入点，对"负面清单"+"准入前国民待遇"新模式以及环境、劳工和国有企业改革等新议题新条款的适应性和规则体系建设进行有益的探索。这将为中国未来参与更大规模、更高水平的自由贸易协定谈判创造条件并奠定基础（王金波，2018）。同时，在新一轮信息与数字技术发展中，服务贸易和数字贸易不断冲击着传统贸易规则框架，正在重塑国际贸易规则竞争格局，成为新国际贸易规则的竞争焦点。因此，中国还应加速推进与欧盟的 FTA 协商进程，积极申请加入 DEPA 和 CPTPP，使中国的贸易协定体系与目前的高水平贸易协定和完备的数字贸易协定接轨，从而打造制度化开放数字贸易和服务贸易新高地。

七、积极参与全球经济治理体系的改革和构建，推动国际贸易规则的制定和更新

尤其要扩大与发达国家的自由贸易试验区建设，继续推进中日韩自由贸易试验区建设、中欧全面投资协定落地，按照高标准规则打造自贸区升级版，着力构建面向全球的自贸区网络，与世界共享我国开放发展成果，维护多边贸易体系，支持自由贸易和多边主义。以共建"一带一路"为纽带，积极与共建"一带一路"参与国家和地区签订双边、多边经济贸易协定，提升贸易和投资自由化便利化水平，探索合作共赢的国际经贸新规则，以包容、创新、协同理念推动以我国为引领者的经贸合作网络建成发展，带动现行国际经贸规则变革，展现世界贸易和全球治理体系中的"中国力量"。

第四节　本章小结

为了研究贸易领域制度型开放的国际比较与未来开放思路，本章以 CPTPP、

USMCA、EPA 和 DEPA 为代表的高标准贸易协定为切入点，从探索贸易领域国际高水平制度型开放的现状出发，分析当前以高水平贸易协定为代表的贸易领域制度型开放的发展趋势。从区域自由贸易协定的整体发展态势来看，当前，区域自由贸易协定呈爆发式增长的态势，且区域化特征日益显著。明确了自由贸易协定在重塑经贸规则中的重要引领位置。而以 CPTPP、USMCA、EPA 和 DEPA 为代表的高标准贸易协定更是当前乃至未来贸易领域制度型开放方向和内容的主导力量。结合具体内容，从 CPTPP、USMCA、EPA 和 DEPA 协定条款内容覆盖的领域来看，高水平自由贸易协定涵盖的领域更为广泛，且随着国际贸易环境和经济的发展，不断调整传统议题、深度一体化议题、制度型议题和横向新议题内容的广度和深度，对阻碍一体化进程的条款进行合理暂停。从开放的水平来看，以 CPTPP、USMCA、EPA 和 DEPA 为代表的高标准贸易协定开放水平更高，几乎可以实现"零关税、零补贴、零壁垒"的"三零"标准。从条款议题的类型来看，高水平贸易协定在 WTO 规则体系的基础上呈现由"边境规则"向"边境后"规则拓展的趋势，展现了高水平贸易协定制度型开放的发展方向。同时随着数字经济的不断发展，数字贸易也成为高水平贸易协定新的深化发现和重要组成部分，DEPA 更是从数字贸易的传统领域到新兴领域，全方位地对数字贸易准则进行细化和创新。

为了更好地对标高标准国际经贸规则，需要将我国贸易领域的制度型开放与国际高水平的制度型开放进行对比，厘清代表我国贸易领域制度型开放水平的贸易协定与国际高水平贸易协定之间的差别。首先，在开放程度上存在差异，RCEP 的开放程度低于以 CPTPP、USMCA、EPA 和 DEPA 为代表的高标准贸易协定；其次，在条款内容框架上存在差异，RCEP 在条款议题内容的广度和深度不如 CPTPP、USMCA、EPA 和 DEPA 为代表的高标准贸易协定；再次，数字贸易规则的深度与创新性存在差异，RCEP 在数字贸易规则上停留在传统议题和削减关税的基础目标上，深度和创新性不足；最后，包容性存在差异，由于缔约成员国的类型不同，RCEP 相较于国际高水平贸易协定，更具有包容性。

代表我国贸易领域制度型开放水平的贸易协定与国际高水平贸易协定之间的差异是我国贸易领域制度化开放总攻方向的来源，因此我国贸易领域制度型开放的总体方向以对标高标准国际经贸规则为基准线，提高我国贸易协定的广度和深度加强对外开放，对标"三零规则"降低贸易壁垒，拓展市场准入；以"边境后"发展趋势为制定目标，加强知识产权保护，推动国有企业改革，建立与中国国情相适应的环境保护和劳工贸易协定准则；推动数字经济发展，促进数字贸易前瞻布局；并积极参与全球经济治理，促进更加开放、包容、均衡、普惠的国际贸易体系建设，最终实现我国贸易领域制度型开放朝着高水平的方向不断靠拢前进。

第四章

货物贸易领域制度型开放

第一节 货物贸易制度型开放的新领域

　　货物贸易是贸易领域制度型开放的重要组成部分。根据海关总署数据统计，近年来，我国货物贸易进出口量屡创新高，连续 7 年保持货物贸易第一大国地位。截至 2024 年 7 月，我国货物贸易进出口总值同期首次突破 21 万亿元大关，高达 21.17 万亿元，同比增长 6.1%。其中，货物贸易出口 12.13 万亿元，同比增长 6.9%；货物贸易进口 9.04 万亿元，同比增长 5.2%；贸易顺差 3.09 万亿元，扩大 12%（见图 4-1）。从货物贸易发展整体来看，从 1981 年进出口总额 0.07 万亿元到 2023 年货物贸易进出口总额 41.75 万亿元，我国货物贸易进出口规模增长较快，在加快构建新发展格局中货物贸易质量稳步提升（见图 4-2）。从我国货物贸易伙伴的变化情况来看，2019 年以前欧盟以贸易总额 4.5 万亿成为我国第一大贸易伙伴，美国为第二大贸易伙伴，东盟为第三大贸易伙伴。从 2019 年开始，东盟与我国贸易额激增，上升为我国第二大贸易伙伴，2020 年则超过欧盟，成为我国第一大贸易伙伴。根据海关总署上半年的数据统计，我国与东盟贸易总值为 3.36 万亿元，增长 10.5%，占我国外贸总值的 15.9%。其中，对东盟出口 2.03 万亿元，增长 14.2%；对欧盟出口 1.78 万亿元，增长 0.5%；对美国出口 1.71 万亿元，增长 4.7%；对东盟、美国、韩国进出口均呈现增长态势，与周边国家货物贸易关系密切（见图 4-3）。

（万亿元）

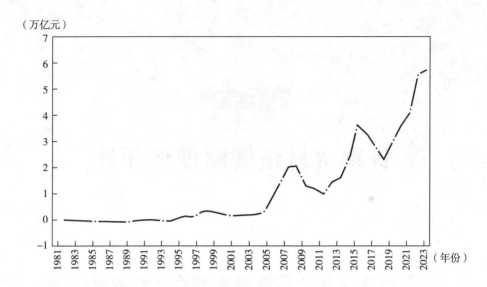

图 4-1　1982~2023 年我国货物贸易差额情况

资料来源：海关总署（http：//www.customs.gov.cn/customs）。

（万亿元）

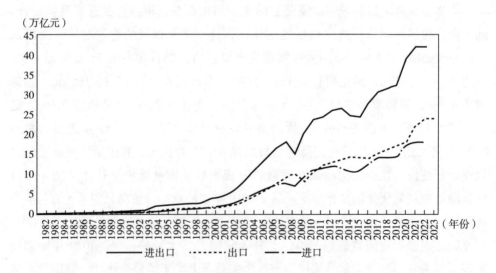

图 4-2　1982~2023 年我国货物贸易进出口情况

资料来源：海关总署（http：//www.customs.gov.cn/customs）。

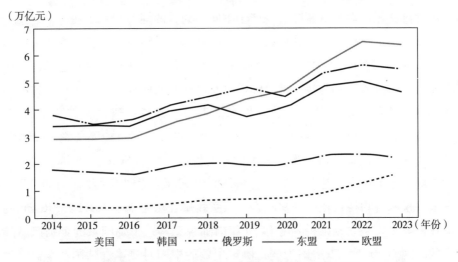

（万亿元）

图 4-3 2014~2023 年我国货物贸易总值（按国别）

注：根据中华人民共和国海关总署的数据情况，货物贸易进出口商品国别（地区）数据统计从2014 年开始，因此数据从 2014 年开始统计。

资料来源：海关总署（http：//www. customs. gov. cn/customs）。

　　随着全球化进程的不断加速，我国经济已经深度融入世界经济体系。2017 年世界贸易组织《贸易便利化协定》正式生效，而双边、诸边和区域贸易协定是在 WTO 框架基础上，对货物贸易优化升级提出的更高要求，代表着未来贸易制度型开放的发展方向。RCEP 是中国签订的开放水平最高的贸易协定，厘清 RCEP 与 CPTPP 同类条款的现实差异，有助于中国进一步扩大制度型开放，不断开拓货物贸易制度型开放的新领域。

　　对标国际高水平贸易协定，提高我国货物贸易领域制度的开放度和公平性，是开拓货物贸易领域制度的新规则领域。从关税减让的模式来看，CPTPP 在货物贸易领域采取的是统一的货物贸易降税模式，成员国适用统一的关税承诺表，而 RCEP 除了对缔约方[①]适用统一的关税承诺表模式外，还采取了对不同缔约方适用不同关税承诺表的降税模式。例如，我国关税减让采用"国别减让"的模式，对其他缔约方分别适用不同的降税安排（牛旭霞，2022），在 RCEP 第2.1.6 条中提到在存在关税差异的原产货物的出口缔约方是其 RCEP 原产国的情况下，该原产货物应当适用附件 1（关税承诺表）中进口缔约方对该出口缔约方

---

　　① 根据 RECP，适用统一的关税承诺表的缔约方为澳大利亚、新西兰、文莱、柬埔寨、老挝、缅甸、新加坡和马来西亚，适用不同的关税承诺表的缔约方为中国、韩国、印度尼西亚、越南、日本、泰国和菲律宾。

承诺的优惠关税待遇。这意味着原产于不同缔约方的同一产品，在进口时适用不同的 RCEP 协定税率。我国关税减让承诺针对不同缔约方，共包括 5 张关税承诺表，表 4-1 梳理我国对不同缔约方采取的减税情况。降税模式主要包括协定生效立即降为零、过渡期降为零、部分降税以及例外产品四种情况，过渡期的时间主要为 10 年、15 年和 20 年等。从降税水平来看，CPTPP 通过递进减免的方式，在生效日当天进行第 1 年降税，至 21 年之后，将实现完全免除关税。CPTPP 生效的第 1 年，协议缔约国实现零关税的货物税目占比达 80% 以上，其中加拿大、新西兰等国零关税占比达 90% 以上，贸易额中 90.6% 达到零关税。而 RCEP 最终实现零关税的货物税目比例为 90% 左右，关税减让水平低于 CPTPP。RCEP 的关税减让模式主要是立刻降税到零和 10 年内降税到零，个别国家的个别产品降税到零的时间为 20 年。以中国为例，协定生效后中国对日本、韩国、东盟、澳大利亚、新西兰缔约国实现立即降税为零的比例分别为 25%、38.6%、67.9%、65.8%、66.1%，而最终零关税比例分别为 86%、86%、90.5%、90%、90%。由此可以发现，不管是立即生效的实现零关税货物税目比例还是最终实现零关税的税目比例，RECP 的开放水平低于 CPTPP，加大关税减让力度，对标高水平关税减让承诺表，是开拓货物贸易制度开放新规则领域的方向之一。

表 4-1　中国对不同缔约方关税减让对比　　　　　单位:%

降税模式		日本	韩国	东盟	澳大利亚	新西兰
协定生效立即降为零		25	38.6	67.9	68.5	66.1
过渡期降税为零	10 年降为零	46.5	41	12.7	14.2	13.9
	15 年降为零	11.5	3.1	3	0	0
	20 年降为零	3	3.2	6.9	10	10
最终关税比例		86	86	90.5	90	90
部分降税		0.4	1	5.4	5.5	5.6
例外产品		13.6	13	4.1	4.5	4.4

资料来源：根据 RCEP 文本整理。

对比 RCEP 和 CPTPP 在原产地规则与程序上的差异，首先，在区域价值计算上，CPTPP 针对不同的商品类目制定了合适的区域价值计算方式，具体方式如表 4-2 所示。CPTPP 在区域价值计算上一共有扣减法、增值法、价格法和净成本法四种方法，还针对汽车产品设计了净成本法的价值计算方法。而 RCEP 主要有扣减法和累加法两种双轨制计算方法，虽然采取的方法不同，但其核心都是计算自由贸易区内价值占产品总价值的比例，但其结果可能是由企业准备的证据材料更有力充分决定的。CPTPP 针对产品设计区域价值计算，相对 RCEP 的计算方法更具公平性，也更能体现出原产地优惠规则本地创造价值的本质，而 RCEP 更为保守且限制条件多。CPTPP 和 RCEP 中均采用了扣减法，但仍存在一定的差异，主要是在货物价格的定义上，CPTPP 在第 3.1 条中将货物价格定义为"不含国际运输中所发生的任何费用的该货物的成交价格"，而 RECP 在第三章第一条中规定 FOB 指"包括无论以何种运输方式将货物运抵最终出境口岸或地点的运输费用在内的船上交货价值"。且 RCEP 中规定了若 RVC≥40%，则缔约国使用非原产材料生产的货物在缔约国取得原产地资格的固定数值，而 CPTPP 则在第 3.2 条中规定"完全在一个或多个缔约方领土内使用非原产材料生产，只要该货物需满足附件 3-D（特定产品原产地规则）的所有适用要求"，即在不同 HS 编码或计算方法下适用不同的区域价值成分计算公式和数值要求更加灵活。只要企业能满足多个区域价值成分计算方式中的任何一个，便可取得产品原产地资格，在产品上因地制宜多样化地计算区域价值，更有利于增强区域产业链的组合，提高原产地规则的利用率。

表 4-2　RCEP、CPTPP 区域价值计算方式对比

贸易协定名称	RCEP		CPTPP
区域价值计算方式	间接/扣减法：$$RVC = \frac{FOB - VNM}{FOB} \times 100$$		扣减法：$$RVC = \left(\frac{货物价格 - 非原材料价格\ VNM}{货物价格} \right) \times 100$$
	直接/累加法：$$RVC = \left(\frac{\begin{array}{c}(VOM+直接人工成本+直接\\经营费用成本+利润+其他成本)\end{array}}{FOB} \right) \times 100$$		增值法：$$RVC = \left(\frac{(原材料价格\ VOM)}{货物价格} \right) \times 100$$
	—		价格法：$$RVC = \left(\frac{\begin{array}{c}货物价格-非特定\\原材料价格\ FVNM\end{array}}{货物价格} \right) \times 100$$
	—		净成本法（仅限于汽车产品）：$$RVC = \left(\frac{\begin{array}{c}净成本\ NC-非原\\材料价格\ VNM\end{array}}{净成本\ NC} \right) \times 100$$

资料来源：根据 RCEP、CPTPP 文本整理。

其次，在过境与转运规则方面，RCEP 对过境转运的要求更加严格，RCEP 第三种第十五条规定"应当向进口缔约方海关提交中间缔约方或非缔约方的海关文件或其他适当文件"。这一规定的实际影响在于，希望享受此类便利措施的进出口商家需向进口方海关递交一系列详尽的运输文件，包括但不限于提单、航空运单、商业发票、财务凭证以及未再加工证明（车春郦和乔琛，2022）。这些文件的核心作用是证实相关货物在运输过程中未经历任何进一步的加工。相较之下，CPTPP 在此方面并未提出类似的证明文件要求，CPTPP 利用原产地规则的总体成本会低于 RCEP。在原产地豁免额方面，CPTPP 的原产地豁免门槛更低，CPTPP 在第 2.23 条中提出"满足进口货物的完税价格不超过 1000 美元或进口缔约方的等值货币或进口缔约方可能设定的任何更高金额的情况，任何缔约方在下列情况下不得要求提供原产地证书"，而 RCEP 第三章第二十二条规定，原产地豁免额只有 200 美元。推动区域价值计算多样化发展，提高转运通关效率和通过便利性，降低原产地豁免门槛，不断提高货物贸易制度型新领域开放性。RCEP、CPTPP 货物贸易各章节差异比较如表 4-3 所示。

表 4-3 RCEP、CPTPP 货物贸易各章节差异比较

差异章节归属	差异点	RCEP	CPTPP
国民待遇和市场准入	设计货物贸易类别	传统的一般货物贸易	进口和出口限制包括商业密码产品、信息技术产品贸易、现代生物技术产品贸易
	有无涉及环保内容	—	涉及再制造货物、与环保再循环紧密相连
	重视贸易公平性程度	—	更加重视贸易的公平性，具体体现在 C 节农业和 D 节关税和配额管理的相关条款
关税措施	降税模式	关税减让模式以立即降至零关税、10 年内降至零关税为主	关税减让模式以税采取递进式减免方式为主
	降税水平	按照减让表最终实现 90%的零关税	最终实现 99.9%的商品品类及贸易额达到零关税率
原产地原则和程序	区域价值计算	具体见表 4-2	具体见表 4-2
	过境转运条件	RCEP 过境转运条件更严格，利用原产地规则成本更高；过境转运要提交货物未进一步加工相关证明文件	无此类证明文件要求
	原产地豁免	原产地豁免额为 200 美元	原产地豁免额为 1000 美元

续表

差异章节归属	差异点	RCEP	CPTPP
纺织品和服装	有无相关章节	没有专门章节	专门章节对纺织品和服装做出规定
海关管理和 贸易便利化	自动化条款	软性条款	明确要求要依照世界海关组织（WCO）标准数据模型努力对进口和出口数据实行共同标准和数据项
	处罚	仅涉及惩罚规定的知晓	处罚规定详尽，共8条相关，更严格
贸易救济	过渡性保障措施	过渡性保障措施期限为3年；有再次实施过渡性保障措施的可能	过渡性保障措施期限为2年；不得对已经实施过过渡性保障措施的产品再次实施过渡性保障措施
卫生和植物 卫生措施	适用范围	比较常规	定义涵盖范围更广，除主管机关、紧急措施之外，还包括进口检查、风险分析；考虑到了宗教信仰问题
	争端解决	软约束条款	硬约束条款
技术性 贸易壁垒	细致程度	与WTO框架相似	在产品、程序或生产方式所使用的标章及标示有关规定上更细致

资料来源：根据RCEP、CPTPP文本整理。

从海关管理和贸易便利化来看，我国货物贸易制度型开放的新领域主要聚焦于海关自动化以及违反海关法律、法规或程序要求行为的处罚方面，不断提高相关标准的严格性。在自动化条款中，CPTPP在第5.6条中明确提出"依照世界海关组织（WCO）标准数据模型努力对进口和出口数据实行共同标准和数据项"，而RCEP在第四章第十二条中仅提出了"每一缔约方应当在可能的范围内，基于国际接受的货物快速通关和放行的标准，应用信息技术以支持海关运行"的软性条款。特别是在"对于违反海关法律、法规或程序要求行为进行处罚"相关条款中，CPTPP在第5.8条中做了8条相关规定，包括：①处罚仅针对对违法行为负有法律责任的人；②处罚根据案件的事实和情况作出且与违法程度和严重性相符；③维持措施以避免在课征和收缴罚金和关税时出现利益冲突；④每一缔约方应保证对违法行为进行处罚应向被处罚人提供详细的书面说明；⑤自愿披露违法情节可作为可能的减轻因素；⑥启动违反海关法律法规或程序要求的行为相关的处罚程序要有固定期限等。而 RECP 仅在第五条中涉及对违法行为惩罚规定的知晓，应加快对违反海关法律、法规或程序行为处罚条款标准的统一，明确惩罚程序，不断提高货物贸易制度化新领域严格性。

从贸易救济来看，我国货物贸易制度型开放的新领域可以在过渡性保障措施和反倾销反补贴领域不断扩展提高制度型开放的水平。在过渡性保护措施方面，CPTPP 在第 6.4 条过渡性保障措施的标准中规定该期限不得超过 2 年，但是如在符合第 6.5 条（调查程序和透明度要求）中所列程序的情况下，过渡性保障措施期限可延长最长达 1 年。而在 RCEP 第七章第五条中规定，"任何缔约方不得实施 RCEP 过渡性保障措施超过三年，如根据规定的程序认定，继续实施该 RCEP 过渡性保障措施对于防止或救济严重损害以及便利调整确有必要，则该措施的实施期限可延长不超过一年，总实施期不得超过四年。最不发达国家过渡性保障措施再延长一年"。且 CPTPP 规定"任何缔约方不得对同一产品实施过渡性保障措施超过一次"，而按照 RECP 的规定仍有再次实施过渡性保障措施的机会。在反倾销补贴方面，CPTPP 的争端解决条款是硬性条款，且效率更高，而 RCEP 是软性约束条款，不适用于争端解决。

从卫生和植物卫生措施与技术壁垒来看，我国货物贸易制度型开放的新规则领域可以在硬约束条款、条款覆盖适用范围进行拓展。在技术磋商负责和技术壁垒的争端上，CPTPP 在第 7.17 条中规定"在下列情况下，请求方可终止本条下的联合技术磋商进程而援用第 28 章（争端解决）下的争端解决"，即在联合技术磋商解决程序之后，可诉诸争端解决。而 RECP 只有技术性磋商，属于软约束条款。在技术壁垒章节，关于争端的解决，在 RCEP 第六章第十四条中同样规定"第十九章（争端解决）不适用于本协定生效时在本章项下产生的任何事项，缔约方应当在本协定生效之日起的两年内对该不适用进行审查"，而 CPTPP 在此规则上规定"对于仅指称违反根据第 1 款纳入的《TBT 协定》条款的争端，任何缔约方不得援用第 28 章（争端解决）下的争端解决"，仅一项不适用于争端解决。总的来看，RCEP 在争端解决上，关于第五章卫生与植物卫生措施，第六章标准、技术法规和合格评定程序及第七章贸易救济等条款中都不适用争端解决（袁星，2021），因此，补充我国在货物贸易制度型开放硬约束领域的空白，强化软约束条款，才能更好地开拓货物贸易制度型开放新硬约束领域。RCEP、CPT-PP 货物贸易文本框架比较如表 4-4 所示。

表 4-4　RCEP、CPTPP 货物贸易文本框架比较

贸易协定名称	RCEP	CPTPP
货物贸易领域章节	第二章　货物贸易 第三章　原产地规则 第四章　海关程序与贸易便利化 第五章　卫生与植物卫生措施 第六章　标准、技术法规和合格评定程序 第七章　贸易救济	第2章　货物的国民待遇和市场准入 第3章　原产地规则和原产地程序 第4章　纺织品和服装 第5章　海关管理和贸易使利化 第6章　贸易救济 第7章　卫生和植物卫生措施 第8章　技术性贸易壁垒

资料来源：根据 RCEP、CPTPP 文本整理。

　　新技术赋能货物贸易制度型开放新契机。新一轮科技革命和产业变革为货物贸易制度型开放带来了新的可能性。数字经济、人工智能、区块链等前沿技术的快速发展，正在深刻改变传统的贸易模式和规则。对比 RCEP 相关条款，CPTPP 紧跟时代技术和产品的进步在信息技术产品、商业密码产品和现代生物产品额外做出了相关规定，这表明各国政府和国际组织已经意识到了新技术对于货物贸易的重要性，开始积极引导和规范新技术的应用。根据高新技术产品出口额占货物出口额比重指数增长情况，以 2015 年为基准设置为 100，可以看出，我国高新技术产品出口占货物出口额比重增长较快。《高新技术统计年鉴》数据显示，如图 4-4 所示，2020 年我国高新技术产品出口交货值 127653.036 亿元，同比增长 5.2%。根据 OECD 投入产出表的数据，我国高新技术产品出口在 1995 年仅占世界比重的 0.6%，而在 2020 年该比重已上升至 23.8%。可以发现，中国作为国际市场的贸易大国，高新技术产品对外出口在持续增加，在全球高新技术出口市场具有相对优势，但高新技术产品出口在我国整体货物贸易的占比较小，存在较大的上升空间，是货物贸易制度型开放的新领域之一。高新技术产品不仅具有较高的附加值和竞争力，而且在国际市场需求中呈现出不断增长的趋势。因此，将高新技术产品作为货物贸易制度型开放的新领域之一，积极推动其出口增长，对于提升我国贸易的竞争力和实现贸易结构优化具有重要意义。对标高标准贸易制度标准，积极拥抱新技术，推动贸易先进化、智能化，提升贸易效率和质量，打造具有竞争优势的新兴高技术货物贸易领域。

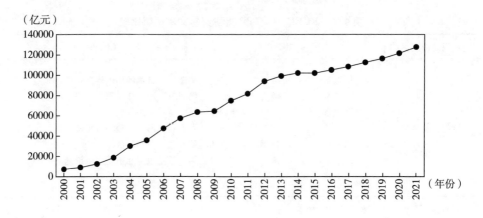

（亿元）

图 4-4　2000~2021 年我国高新技术产品出口额

资料来源：2001~2022 年中国高新技术产业统计年鉴。

　　再制造绿色产品创造货物贸易制度型开放新可能。随着全球气候变化日益严重，各国普遍加大了环保和减排力度，绿色贸易和环保标准成为国际贸易的重要议题，绿色可持续发展成为全球关注的焦点，也为货物贸易制度型开放带来新的挑战和机遇。与 RCEP 相比，CPTPP 在第 2.11 条中对再制造货物生产中所用回收材料的处理做出详细规定，有利于将更多再制造货物归为原产货物，体现了对再制造这一新业态的重视，而 RCEP 无此规定。但随着全球再制造产业迅速发展，再制造产品因经济性、实用性、节约性，在工程机械类产品等领域备受市场欢迎，对部分技术成熟、标准明确、安全环保的进口再制造产品探索适用管理新机制十分必要，也是推动推动货物贸易创新发展的重点之一（邵志媛，2023）。在全球经济绿色低碳转型大背景下，我国外贸出口主力也从"老三样"向电动载人汽车、锂离子蓄电池、太阳能电池"新三样"转变，"新三样"逐渐成为拉动外贸出口的新动能。如图 4-5 所示，根据海关总署的数据，我国"新三样"呈现良好发展势头，"新三样"产品出口值已连续 14 个季度保持两位数增长，电动载人汽车、锂离子蓄电池、太阳能电池"新三样"产品合计出口总额达 1487 亿美元，同比增长 23.8%。国际市场份额遥遥领先，太阳能电池的出口额增长势头最强。因此，我国应以自由贸易港建设为依托，开展重点行业再制造产品进口试点，促进绿色商品货物贸易，不断完善"绿色"领域服务贸易规则，主动适应国际绿色贸易规则，打造绿色贸易综合服务平台，大力支持"新三样"高附加值绿色低碳产品出口，以"新三样"

为基点，发展货物贸易制度型开放新绿色领域，实现经济增长和环境保护的良性循环。

（亿美元）

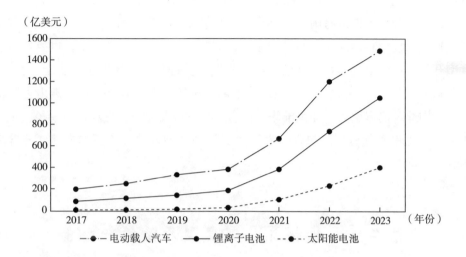

图 4-5　2017~2023 年"新三样"贸易出口额

资料来源：中国海关总署数据整理。

跨境电商开拓货物贸易制度型开放新高地。跨境电商、数字经济等新兴领域的快速发展，也为货物贸易制度型开放带来了新的发展方向。除了传统的货物跨境贸易外，相比于 RCEP，CPTPP 和 DEPA 也从数字产品角度出发，完善相关制度条款。跨境电商平台的兴起，为中小微企业提供了全球市场机会，促进了贸易的便利化和多元化。作为外贸新势力的代表，2023 年，跨境电商进出口总额2.38 万亿元，同比增长 15.6%。支持跨境电商发展，打通"线上线下"贸易渠道，拓展新的贸易增长点，推动传统贸易与电子商务的融合发展，支持电商进口供应链等新业态发展，促进社交媒体与电商融合发展等，可实现更高水平的开放型经济。

货物贸易新业态带来货物贸易制度型开放新指引。作为货物贸易的新发展形势，转口贸易、离岸贸易等逐渐为货物贸易的发展带来新的机会。例如，上海自由贸易试验区临港新片区将转口贸易作为新片区重点发展的领域，数据显示，上海临港口岸的转口贸易在近年来一直保持着较快的发展速度。2019 年，上海临港口岸的转口货值达到 1.48 万亿元，同比增长 17.7%；2020 年 1~11 月，上海临港口岸完成转口贸易总额达到 1.6 万亿元，同比增长 2.9%，转口贸易具有良好的发展前景。但已有的货物贸易领域制度未在这些新业态做出相关统一标准或者规定，因此，要不断开拓新领域，强化国内转口贸易业务，发展国际中转集拼和国际分拨配送，促进跨国公司贸易型总部集聚；提升国际船舶物资供应服务功能，打造保税燃料油加注中心（谢瑜宁，2023）。在离岸贸易方面，也要通过制度型开放，不断发展"两头在外"纯离岸贸易支持企业全球采购等功能（张磊，2022）；发展"一头在内、一头在外"准离岸贸易，满足本土企业"走出去"的需要。因此，离岸贸易、保税维修等作为货物贸易发展的新亮点、新途径，也需要不断优化相关贸易制度规则，为货物贸易制度型开放注入新的血液，开辟新领域。

第二节　货物贸易制度型开放的新内容

货物贸易是畅通国内国际双循环、实现供需更高水平动态平衡的重要途径，为了促进货物贸易进一步开放，提升我国货物贸易的竞争力和便利化水平，为国内外企业创造更加公平、透明、高效的营商环境，我国从外贸高质量发展新平台的搭建、外贸服务新体系的建设、政策体系创新和制度保障优化等方面进行了一系列国内改革措施，详细梳理中国为促进货物贸易开放所进行的一系列国内改革措施和成效，定位国内制度创新的动力和方向，从而进一步推动货物贸易优化升级的国内制度创新。

一、搭建外贸高质量发展新平台

外贸高质量新发展平台的搭建，是我国实现货物贸易高质量和创新发展的重要载体和抓手。中国积极推进外贸单一窗口、跨境电商综合试验区、自由贸易港等外贸新平台的搭建，实现贸易流程全程在线化、信息互通共享、服务便利高效。同时，加强国际贸易规则的制定和参与，推动多边贸易体系的构建。外贸单一窗口是指整合各个相关部门和机构的审批和监管职责，实现信息互通和数据共享的平台。根据中国海关总署的数据，我国外贸单一窗口已覆盖全国 31 个省（区、市）所有口岸范围，满足海运、空运、公路等各种口岸类型和特殊监管区、自由贸易试验区、跨境电商综试区业务办理，并与 29 个国家和地区的相应单一窗口实现了互联互通。"单一窗口"建设变有纸为无纸、线下为线上、串行为并行，实现货物贸易"减环节、优流程、提效率、降成本"。货物申报的时长由 24 小时大幅缩减至仅 30 分钟，船舶申报时间也由 48 小时减少到仅需 2 小时，极大地缩短了通关市场，促进了货物贸易的便利化和效率提升，且取消纸质申报材料约 150 页，实现让数据多跑，让企业少跑，企业一站式办结所有通关手续，实行免费申报制度，节省大量人力和时间成本，每年节省的成本累计超过 20 亿元。

跨境电商综合试验区是指在一定区域内实施跨境电商政策的试点区域。根据中国商务部的数据，截至 2022 年底，中国已经设立了 7 批共 165 个跨境电商综合试验区（见表 4-5），覆盖了全国 31 个省（区、直辖市），涵盖了跨境电商的各个环节，包括进口、出口、仓储、物流等。跨境电商是外贸促稳提质的重要力量，其超越了传统贸易地域的限制性，实现产品销售渠道全球化，对外贸易链精简化，通过减少贸易环节、拓宽市场份额、降低贸易成本拉动贸易增长。海关数据显示，2023 年，我国跨境电商进出口 2.38 万亿元，增长 15.6%。其中，出口 1.83 万亿元，增长 19.6%，跨境电商货物进出口规模占外贸比重由 5 年前的不足 1% 上升到 2023 年的 5% 左右。而跨境电商综试区是跨境电商发展的重要载体，线上线下深度融合，不断扩展跨境电商生态圈，有力带动跨境电商平稳较快发展。这些试验区的建设为跨境电商发展提供了良好的政策环境和基础设施支持。利用互联网技术简化贸易流程，降低交易成本，实施跨境贸易"无票免税""所得税核定征收"等跨境电商政策，为中小企业参与国际货物贸易提供了便利，从需求出发推进外贸企业的创新转型，成为搭建外贸高质量发展的新平台，为外贸发展转型升级提供新渠道，为货物贸易发展注入新动能。

表 4-5　我国跨境电商综合试验区设立地点及时间

设立时间批次	设立地区
第一批 2015 年 3 月 7 日	杭州市
第二批 2016 年 1 月 6 日	天津市、上海市、重庆市、合肥市、郑州市、广州市、成都市、大连市、宁波市、青岛市、深圳市、苏州市
第三批 2018 年 7 月 24 日	北京市、呼和浩特市、沈阳市、长春市、哈尔滨市、南京市、南昌市、武汉市、长沙市、南宁市、海口市、贵阳市、昆明市、西安市、兰州市、厦门市、唐山市、无锡市、威海市、珠海市、东莞市、义乌市

设立时间批次	设立地区
第四批 2019 年 12 月 15 日	石家庄市、太原市、赤峰市、抚顺市、珲春市、绥芬河市、徐州市、南通市、温州市、绍兴市、芜湖市、福州市、泉州市、赣州市、济南市、烟台市、洛阳市、黄石市、岳阳市、汕头市、佛山市、泸州市、海东市、银川市
第五批 2020 年 4 月 27 日	雄安新区、大同市、满洲里市、营口市、盘锦市、吉林市、黑河市、常州市、连云港市、淮安市、盐城市、宿迁市、湖州市、嘉兴市、衢州市、台州市、丽水市、安庆市、漳州市、莆田市、龙岩市、九江市、东营市、潍坊市、临沂市、南阳市、宜昌市、湘潭市、郴州市、梅州市、惠州市、中山市、江门市、湛江市、茂名市、肇庆市、崇左市、三亚市、德阳市、绵阳市、遵义市、德宏傣族景颇族自治州、延安市、天水市、西宁市、乌鲁木齐市
第六批 2022 年 1 月 22 日	鄂尔多斯市、扬州市、镇江市、泰州市、金华市、舟山市、马鞍山市、宣城市、景德镇市、上饶市、淄博市、日照市、襄阳市、韶关市、汕尾市、河源市、阳江市、清远市、潮州市、揭阳市、云浮市、南充市、眉山市、红河哈尼族彝族自治州、宝鸡市、喀什地区、阿拉山口市
第七批 2022 年 11 月 14 日	廊坊市、沧州市、运城市、包头市、鞍山市、延吉市、同江市、蚌埠市、南平市、宁德市、萍乡市、新余市、宜春市、吉安市、枣庄市、济宁市、泰安市、德州市、聊城市、滨州市、菏泽市、焦作市、许昌市、衡阳市、株洲市、柳州市、贺州市、宜宾市、达州市、铜仁市、大理白族自治州、拉萨市、伊犁哈萨克自治州

自由贸易港探索和推进更高水平开放的战略选择，也是外贸高质量发展的新窗口和重要新平台。中国自由贸易港是指在特定区域内实行更加开放和便利的贸易政策和制度。截至 2021 年底，中国已经设立了 4 个自由贸易港，分别是海南自由贸易港、广东自由贸易港、天津自由贸易港和福建自由贸易港。贸易便利化是自由贸易港布局的核心，自由贸易港区域内的货物贸易实行以"零关税"为基本特征的自由化、便利化制度安排，三张"零关税"清单、企业和个人 15% 所得税、加工增值货物内销免关税等政策均已落地。自由贸易港还发布了全国首张"跨境服务贸易负面清单"，有力推动了以服务为载体的技术、资本、数据等生产要素自由流动。自由贸易港在投资方面实行"非禁即入"制，大幅放宽自由贸易港市场准入，以海南省 2020 年版"外商投资准入负面清单"中的禁止和限制准入为例，清单中禁止项目缩减为 27 项，较全国版和自由贸易试验区版本负面清单更加"减负"，提高了贸易自由度。2018~2022 年，海南全省货物贸易 5 年年均分别增长 23.4%，实际使用外资 2018 年、2019 年、2020 年连续三年翻番，5 年年均增长 63%，5 年总额超之前 30 年总和，不断推动海南货物贸易良性

发展。

中国自由贸易试验区作为对接国际高标准经贸规则，是实现高水平、深层次开放的先导力量和先锋者，也是推动我国外贸外资发展的重要平台。我国经过10年5批共部署了21个自由贸易试验区，基本形成了覆盖东西南北中的改革开放创新格局（裴长洪，2023）。《中国自由贸易试验区发展报告（2023）》显示，2022年，我国21个自由贸易试验区实现进出口总额7.5万亿元，同比增长14.5%，占全国的17.8%；实际使用外资超过2200亿元，占全国的18.1%。自由贸易试验区主动对接国际高标准经贸规则，不断推进贸易投资自由化、便利化。上海自由贸易试验区通过实施负面清单管理制度，大幅缩减了外资企业的市场准入限制，提高了行政效率。自由贸易试验区版外资准入负面清单经过7次缩减，由190条措施压减到27条，其中制造业条目实现了清零。以上海自由贸易试验区为例，国家层面复制推广的302项自由贸易试验区制度创新成果中，源自上海首创或同步先行先试的145项，占比48%。自由贸易试验区通过以制度创新为核心，打通国内、国际两个市场，不断主动对接高水平贸易规则，成为打造货物贸易制度型开放发展的生动样板和崭新平台。

中欧班列不仅是沿线国家互联互通的重要交通纽带和桥梁，更促进了基础设施的互联互通，为共建"一带一路"国家提供了广阔的贸易机会，是我国外贸高质量发展的新国际平台。数据显示，2013~2022年，我国与共建"一带一路"国家货物贸易额从1.04万亿美元扩大到2.5万亿美元，年均增长8%，增速显著高于同期对外贸易总体增速，占中国货物贸易总额的41.7%。其中，东盟是中国与共建"一带一路"国家开展货物贸易最集中的地区（魏桥，2022），中国与东盟贸易总额达8782.1亿美元，占中国与其他国家货物贸易总额的48.9%，占中国与共建"一带一路"国家货物贸易总额的34.8%。中国对东盟出口4836.9亿美元，同比增长26.1%；自东盟进口3945.1亿美元，同比增长31.3%。通过参与"一带一路"建设，中国可以更加深入地融入全球经济体系，推动贸易和投资自由化、便利化。同时，中欧班列等铁路物流服务的提供，使得中国货物能够更加高效、便捷地抵达欧洲市场，进一步拓宽了中国的出口渠道。中欧班列平台有助于提升中国货物的国际竞争力。通过参与"一带一路"建设和中欧班列等物流服务，中国企业可以降低物流成本和时间成本，提高货物的质量和性能，从而在国际市场上获得更大的竞争优势。此外，共建"一带一路"国家和地区的巨大市场需求也为中国的货物贸易提供了广阔的市场空间，是中国货物贸易对接欧亚国家的有力新平台。

随着货物贸易新业态新模式的不断发展，市场采购试点、新型离岸贸易试点、报税维修中心成为外贸高质量发展与时俱进的新平台。市场采购是连接小商品与大市场的重要渠道。自 2013 年在义乌设立试点以来，已经经历了 5 次扩展，试点总数达到了 39 家。市场采购贸易方式已成为专业市场商品"多品种、多批次、小批量"出口的外贸新方式。2022 年，我国市场采购贸易方式的出口额达到 8883.8 亿元，占全国外贸出口的 3.7%。许多中小企业通过这种方式走向国际市场，增强了企业国际竞争力。离岸贸易是外贸创新发展的新亮点。这种方式有助于吸引资金、人才和数据等要素，提升区域国际市场竞争力，增强全球资源配置能力。自 2020 年底以来，海南等地区开展了新型离岸国际贸易试点工作，并不断出台相关配套政策进一步支持海南自由贸易港、自由贸易试验区及其他有条件地区的离岸贸易发展。截至 2022 年底，海南新型离岸国际贸易涉外收支达到了 184.5 亿美元。保税维修是货物贸易优化升级的重要新途径，它与设计研发、加工制造形成了完整的产业链条，有助于我国制造业更好地融入国际分工体系，提升全球价值链地位。近年来，我国相继推出了一系列政策措施，如打造检测维修中心、推进"两头在外"保税维修业务、支持保税维修提质升级等，促进以飞机、大型设备、高端制造产品维修为代表的保税维修业务快速发展。2022 年，保税维修进出口总值达到 1984 亿元，实现同比增长 32.7%。

网上举办中国进出口商品交易会等数字展会，是中国推动全球贸易开放平台建设的创新性举措。中国进出口商品交易会（以下简称广交会）创立 60 多年以来一直都是中国外贸的风向标，以"互联网+"新面貌出现的广交会运用大数据打通远距离供需之间的信息流通，帮助破解全球供需超时空错配难题，助力企业打破传统沟通方式，以网络直播等新模式挖掘潜在需求，获得订单，有利于增强外贸企业信心，稳定外贸市场主体及国际市场份额。同时"互联网+"广交会联合减税降费、通关便利化等多项政策支持，使外贸企业在履行订单、及时复产、稳定资金流和人流等方面更有保障。各类平台在扩大贸易规模、创新贸易模式、提高贸易便利化水平等方面发挥了重要作用，为对外贸易、吸引外资、对外投资做出积极贡献。未来，"互联网+"还能与其他展会结合，跳出地域局限，成为货物贸易对外交流的新平台。

二、外贸服务新体系的建设

作为货物贸易制度型开放新内容的外贸服务新体系建设，是我国实现货物贸易出口稳定协调持续发展的重要推动力量。首先，为了大力推进外贸发展，我国加快了建设外贸综合服务平台的步伐。外贸综合服务平台将进出口业务中的融资、通关、物流、保险及退税等环节进行整合，为外贸企业提供"一站式"服务，并不断延长服务链、深耕供应链，助力中小微企业开拓国际市场，成为稳外贸的重要力量。目前，我国外贸综合服务企业数量超过 2000 家。其次，物流是提高货物贸易效率、扩大货物贸易辐射范围的重要着力点，针对货物贸易对物流效率的高要求，我国加强了物流基础设施的建设，如扩建港口、提升铁路和公路运输能力等。特别是中欧班列的开通与运营，为货物贸易提供了稳定、高效的运输通道。数据显示，中欧班列的开行数量和货运量逐年增长，已成为我国与欧洲贸易的重要物流通道。为提高货物通关效率，我国实施了"单一窗口"制度，简化了通关手续，减少了不必要的环节。通过电子化、无纸化的通关方式，大幅缩短了货物在港口的停留时间，降低了贸易成本。据统计，实施"单一窗口"后，通关时间平均缩短了 30% 以上，显著提高了货物贸易的流通效率。再次，货物贸易往往涉及大额资金的流动，金融支持至关重要。针对货物贸易对金融支持需求的特点，我国在外贸服务体系建设中推出了多样化的贸易融资产品，如信用证、保理等，为外贸企业提供了便捷的融资服务。同时，加强与国际金融市场的联系，降低了跨境贸易的金融风险。最后，为帮助外贸企业更好地把握市场动态和做出科学决策，我国还加强了外贸信息服务平台的建设。这些平台提供全面的市场分析、行业动态和政策法规等信息，为企业在货物贸易中提供了有力的信息支持。例如，某外贸信息服务平台通过大数据分析，为企业提供了精准的市场预测和风险评估服务，帮助企业成功规避了多起贸易风险。

三、政策体系创新

在全球经济一体化和国际贸易竞争日益激烈的背景下，我国政策体系创新在促进货物贸易发展方面发挥着至关重要的作用。因此，我国不断优化创新外贸政策体系，推动贸易自由化和便利化发展。首先，随着跨境电商、市场采购贸易等外贸新业态的兴起，我国不断完善创新跨境电商发展支持等相关政策。例如，在全国适用跨境电商企业对企业（B2B）直接出口、跨境电商出口海外仓监管模式，完善配套政策。便利跨境电商进出口退换货管理，优化跨境电商零售进口商品清单。稳步开展跨境电商零售进口药品试点工作，引导企业用好跨境电商零售出口增值税、消费税免税政策和所得税核定征收办法等。海外仓成为备受青睐的新型外贸基础设施，凭借物流成本更低、配送时效更快等优势，有效打通跨境电商"最后一公里"。为了规范和推动海外仓发展，一系列推动海外仓建设的政策相继出台，例如鼓励优势企业在中亚国家建设海外仓，构建多仓联动跨境集运模式，发展"海外仓+"业务，支持以海外仓为依托开展"前店后仓"业务，引导向"前展后仓""批零兼营"转变等。2022年，我国海外仓数量已超2000个，总面积超1900万平方米，海外仓呈现高速发展态势，有效助推中国商品走向世界。其次，在知识产权保护方面，研究制定跨境电商知识产权保护指南，引导跨境电商平台防范知识产权风险，加强知识产权保护力度。最后，在关税方面，鼓励临时进境货物通过担保机制暂时免缴关税，简化专业设备、展品等货物的进出境流程，延长复运期限有明确路径。政策体系的创新不仅为货物贸易提供了更加稳定、透明的制度环境，还通过具体政策的实施，直接推动了货物贸易的增长和转型升级。

四、制度保障优化

为了实现货物贸易健康稳定发展，我国不断优化已有的制度保障，中国积极推进贸易投资便利化改革，加强出口退税、外汇管理、海关监管等方面的制度保障优化，提高贸易便利化水平。首先，在货物贸易相关法律法规等货物贸易基础保障制度的优化上，为构建更加稳定、可预期的贸易环境，我国不断完善与货物贸易相关的法律法规。例如，通过修订《中华人民共和国对外贸易法》，进一步明确了我国对外贸易的基本原则、管理制度和促进措施，为外贸企业提供了更加坚实的法律保障。同时，针对跨境电商、数字贸易等新兴领域，也及时出台了相关法律法规，规范市场秩序，保护交易双方的合法权益。其次，在市场采购等货物贸易制度型开放新业态的制度保障优化方面，我国积极优化市场采购贸易方式政策框架，完善市场采购贸易方式试点动态调整机制，设置综合评价指标，更好发挥试点区域示范引领作用。支持各试点区域因地制宜探索创新，吸纳更多内贸主体开展外贸，引导市场主体提高质量、改进技术、优化服务、培育品牌，提升产品竞争力，放大对周边产业的集聚和带动效应，提升市场采购贸易方式便利化水平。同时，进一步优化市场采购贸易综合管理系统，实现源头可溯、风险可控、责任可究。继续执行好海关简化申报、市场采购贸易方式出口的货物免征增值税等试点政策，优化通关流程。扩大市场采购贸易预包装食品出口试点范围。对在市场采购贸易综合管理系统备案且可追溯交易真实性的市场采购贸易收入，引导银行提供更为便捷的金融服务。在海外仓方面，优化快递运输等政策措施，支持海外仓企业建立完善物流体系，向供应链上下游延伸服务，探索建设海外物流智慧平台，不断推进海外仓标准建设。再次，在出口退税制度优化方面，加快出口退税电子化进程，推动出口退税登记、核销等全流程在线化，提高退税效率和精度，降低企业财务成本，增强出口竞争力。最后，在货物贸易稳定持久的制度保障上，我国加强区域贸易合作机制建设，拓展货物贸易的发展空间，积极参与区域贸易合作机制的建设。通过签署自由贸易协定、推动区域经济一体化进程等方式，加强与周边国家和地区的贸易往来，构建更加开放、包容的区域贸易环境。这不仅有助于扩大我国货物的国际市场份额，还为国内企业提供了更多元化的市场选择和发展机遇。

货物贸易制度型开放的新内容为货物贸易的优化升级奠定了坚实基础。首先，通过简化进出口手续、优化通关流程等贸易便利化改革，提高了贸易效率，降低了贸易成本，为货物贸易的进一步发展创造了有利条件。同时，加强外贸服务体系建设的举措，如完善金融、保险、信息等服务，为外贸企业提供了更加全面的支持，有助于企业提升竞争力，进一步拓展国际市场。其次，国内改革措施推动了贸易结构的优化升级。我国通过引导企业加强技术研发和创新，提高了出口产品的技术含量和附加值，推动了贸易结构向中高端转变。这种转变不仅提升了货物贸易的质量和效益，也为国内制度创新提供了新的动力和方向。再次，货物贸易制度型开放的新内容，为货物贸易的优化升级提供了更广阔的市场空间。通过放宽外资准入、加强国际合作等方式，中国吸引了更多的外资进入，推动了国内市场的开放和竞争。这种开放格局的形成有助于中国更好地融入全球经济体系，参与国际分工与合作，提升货物贸易的国际竞争力。最后，货物贸易制度型开放的新内容在制度层面为货物贸易的优化升级提供了保障。中国不断完善外贸法律法规体系，加强知识产权保护，维护了公平竞争的贸易环境。这些制度创新举措有助于提升中国在全球经济治理中的地位和影响力，为货物贸易的优化升级提供有力的制度支撑。同时，政府还可以继续深化制度改革，推动贸易自由化、便利化的进一步发展，为货物贸易的优化升级创造更加良好的制度环境。总的来说，中国为促进货物贸易开放所进行的一系列国内改革和新内容，旨在优化贸易环境、提高贸易便利化水平、加强知识产权保护和推动贸易自由化和便利化，提高贸易规则和服务质量，以实现外贸高质量发展的目标。

第三节　货物贸易制度型开放的新挑战

整体来看，我国货物贸易发展现状呈现货物贸易规模显著扩大、贸易动能持续优化、贸易优势不断增强的三个特征，且电动载人汽车、锂离子蓄电池、太阳能电池"新三样"领跑态势明显，显示出较强的发展韧性。但面对着复杂多变的国际形势和经济环境，货物贸易仍然面临着诸多挑战和变局。

全球货物贸易需求减弱，货物贸易和经济增长环境疲软。过去几年，全球货物贸易增速呈现弱"V"型格局，短期内货物贸易量出现负增长（季剑军，2023）。尤其是产业链分工链条收缩直接减少中间品的跨境次数，拉低中间品的贸易增速，参与全球价值链的货物贸易总额增速明显放缓甚至出现下降。自2018年以来，全球货物贸易进出口增速持续低迷，如图4-6所示，WTO货物贸易"晴雨表"①（WTO Goods trade Barometer）指数在近年来几乎都低于100，说明全球货物贸易发展在该阶段内增长低于预期，货物贸易需求降温，上升势头疲软。2024年第一季度最新WTO货物贸易"晴雨表"显示，在经历了2023年的疲软表现后，全球货物贸易在2024年第一季度出现小幅增长。"晴雨表"指数的当前读数为100.6，高于季度交易量指数，但仅略高于两个指数的基线值100。这表明货物贸易在2024年的前几个月继续逐步复苏，但不确定性仍然很高。"晴雨表"的分项指数大多中性，出口订单指数（101.7）和航空货运指数（102.3）略高于趋势，而集装箱运输指数（98.6）和原材料贸易指数（99.1）仍略低于趋势。汽车生产和销售指数（106.3）虽然最近失去了动力，但仍远高于趋势水平。同时，电子元件贸易在之前的"晴雨表"中出现的看似大幅反弹已被修正为95.6。

贸易保护主义崛起，货物贸易自由度受到挑战。近年来，部分国家为了保护国内市场采取了一系列贸易限制措施，筑墙设垒严重阻碍了货物贸易发展。根据全球贸易预警发布的数据，2008年国际金融危机以来，世界各国累计推出贸易干预措施8.3万余项，其中贸易保护主义措施6.2万余项，占贸易干预措施总数

---

① WTO货物贸易"晴雨表"通过采集货物贸易统计数据，就当前世界货物贸易的发展趋势和拐点提供早期信号，数值超过100时表明全球货物贸易增长高于预期水平，低于100时则表明全球货物贸易增长低于预期。

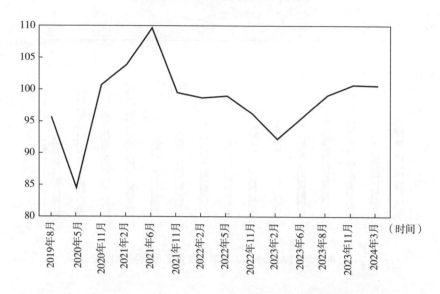

图 4-6 2019 年 8 月至 2024 年 3 月 WTO 货物贸易"晴雨表"指数

的比例约为 74.6%。2020~2022 年，GTA 平均每年记录 4800 多项贸易限制措施。与 2009~2019 年平均每年 2800 项此类干预措施相比，数字大幅上升（见图 4-7）。发达国家累计推出贸易保护主义措施 3.6 万余项，占同期全球贸易保护主义措施总数的比例为 58.5%。贸易保护主义倾向导致贸易环境变得更加复杂和不确定，加剧了全球贸易摩擦的风险。首先，贸易保护主义严重影响了贸易流通的自由度。贸易的本质是互通有无，通过自由的买卖实现资源的优化配置和经济效益的最大化。然而，贸易保护主义却通过设置各种壁垒和限制，阻碍了商品和服务的自由流通。这不仅扭曲了市场价格信号，也削弱了市场竞争的活力，使得全球贸易体系变得更加脆弱和不稳定。其次，贸易保护主义增加了贸易成本。在自由贸易的环境下，企业可以依据比较优势进行生产和贸易，从而实现成本的最小化和效益的最大化。然而，贸易保护主义却通过加征关税、设立非关税壁垒等手段，人为地提高了进口商品的成本。这不仅增加了消费者的负担，也降低了企业的竞争力，对全球货物贸易的发展构成了严重阻碍。以中美贸易摩擦为例，美国通过加征关税等手段对我国出口商品实施限制，不仅影响了我国出口企业的正常经营，也对全球供应链造成了冲击。海关总署数据显示，贸易摩擦期间，我国对美国出口商品总额出现了明显的下滑，由 2018 年的 5355.11 亿美元下降到了 2019年的 4498.78 亿美元（见图 4-8）。

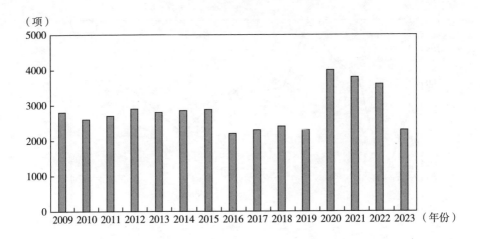

图 4-7　GTA2009~2023 年全球贸易限制措施情况

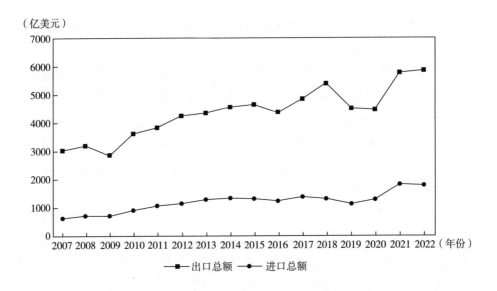

图 4-8　中国对美国进出口额情况

　　国际经贸规则的重构，加大了货物贸易开放的复杂性和不确定性。国际经贸规则的重构不仅涉及贸易规则的调整，更关乎国家利益的重新分配和全球贸易格局的深远变化。随着国际经贸规则的重构，一些新的贸易壁垒和限制措施逐渐浮现，给我国货物贸易的顺畅进行带来影响。

　　另外，贸易结构中低附加值产品占比较高，缺乏高端技术产品，贸易不平稳问题突出。目前，我国对外货物贸易中大部分出口产品属于劳动密集型和资源密集型产品，如纺织品、鞋类、玩具等。这些产品的利润空间较小，容易受到国际市场价格波动的影响。2022年，我国出口劳动密集型商品4.28万亿元，在我国总出口值中占据近1/5。且由于货物贸易产业结构单一，在对外贸易方面可能面临着外部竞争压力的风险，一旦国际市场需求变化，我国出口受到的冲击将较大。同时，我国在高端产品和品牌影响力方面相对欠缺。缺乏自主知识产权的品牌产品，使得我国在国际市场上的话语权和议价能力较弱，难以提高产品附加值和利润率。而创新是货物贸易结构转型，货物贸易制度型开放的重要驱动力，我们需要高端技术产品为货物贸易的长青发展不断赋能。

综上所述，我国在推进货物贸易制度型开放的过程中面临着来自外部环境压力以及贸易结构存在问题等多方面的挑战。这些挑战既影响了我国货物贸易的发展速度和竞争力，也对货物贸易制度型开放的深度产生一定的影响。

第四节　货物贸易制度型开放的新保障

一、货物贸易制度型开放的影响估计

为了量化货物制度型开放对货物贸易进出口额、增加值和就业可能造成的影响，利用贸易自由度、贸易加权平均关税代表制度型的水平，构建如下计量模型：

$$\ln TotalTrade_{it} = \alpha_0 + \alpha_1 TradeFreedom_{it} + \beta X_{it} + \mu_i + \varphi_t + \varepsilon_{it} \quad (4-1)$$

$$\ln Vauleadd_{it} = \alpha_0 + \alpha_1 TradeFreedom_{it} + \beta X_{it} + \mu_i + \varphi_t + \varepsilon_{it} \quad (4-2)$$

$$Employed_{jt} = \alpha_0 + \alpha_1 Tariff_{jt} + \beta X_{jt} + \mu_j + \varphi_t + \varepsilon_{jt} \quad (4-3)$$

$$DVA_{jt} = \alpha_0 + \alpha_1 Tariff_{jt} + \beta X_{jt} + \mu_j + \varphi_t + \varepsilon_{jt} \quad (4-4)$$

其中，i、t 和 j 分别表示国家、年份和制造业某细分行业。被解释变量 $\ln TotalTrade_{it}$ 表示RECP成员国 i 在 t 年的货物贸易出口额，数据来源于OEDE数据库；$\ln Vauleadd_{it}$ 表示RECP成员国 i 在 t 年的制造业增加值，数据来源于世界银行The World Development Indicator数据库；$Employed_{jt}$ 表示中国制造业细分行业 j 在 t 年的从业人员年平均数，数据来源于《中国工业统计年鉴》；DVA_{jt} 表示中国制造业细分行业 j 在 t 年的出口国内增加值，数据来源于OCED数据库、

GVC-Index 数据库。解释变量 $Trade\ Freedom_{it}$ 表示 RECP 成员国 i 在 t 年的贸易自由度，每年的计算方法公式为：$100(Tariff_{max} - Tariff_i)/(Tariff_{max} - Tariff_{min}) - NTB_i$，其中 $Tariff_{max}$ 和 $Tariff_{min}$ 分别代表了关税的上限和下限，$Tariff_i$ 代表了用进口份额为权重计算得出的国家 i 的贸易加权平均关税，数据来源于美国传统基金会（The Heritage Foundation）、WITS 和 UNCTAD TRAINS 数据库；$Tariff_{jt}$ 表示中国制造业细分行业 j 在 t 年的加权平均关税，加权平均税率能够更加客观地反映一国的平均关税水平和实际贸易保护程度，数据来源于 WITS 和 UNCTAD TRAINS 数据库；X_{it} 表示国家或行业层面的控制变量，包括人均 GDP、就业人数、总人口，数据来源于《中国工业统计年鉴》和世界银行数据库；μ_i 表示个体固定效应，φ_t 表示年份固定效应，ε_{it} 表示随机误差项。

货物贸易进出口额在一定程度上代表了货物贸易的规模，贸易自由度对货物贸易进出口影响回归结果如表 4-6 所示，研究范围和对象分别为 2004~2018 年和 RECP 成员国。其中，第（1）列仅控制了个体固定效应和年份固定效应，未加入其他控制变量，此时各国贸易自由度每增加一个单位，国家相对应的货物贸易出口额就增加 1%，且结果在 1% 的显著性水平上为正，说明货物贸易制度化开放所带来的贸易自由度提高，会使货物贸易进出口额增加，推动货物贸易发展。在逐渐加入相关控制变量之后，回归结果如第（2）~第（4）列所示，可以发现贸易自由度对货物贸易进出口之间的回归系数以及显著性水平均未出现较大异动，估计结果较为稳健。即无论是否加入其他控制变量，贸易自由度对货物贸易进出口之间的估计系数均在 1% 的显著性水平上为正。第（5）列在基准回归的基础上对被解释变量滞后一期的方式对回归进行稳健性检验，回归结果仍然显著。制度化开放带来的贸易自由度提高会优化贸易环境，降低贸易成本越低，提高贸易流量（方晓丽和朱明侠，2013），还提升了货物贸易出口多样化（汪戎和李波，2015），从而推动了货物贸易进出口额的提高，推动货物贸易发展。

表 4-6　2004~2018 年 RCEP 国家贸易自由度对货物贸易进出口影响回归结果

变量	(1) 货物贸易额	(2) 货物贸易额	(3) 货物贸易额	(4) 货物贸易额	(5) 货物贸易额
贸易自由度	0.010***	0.006**	0.006***	0.006***	0.011***
	(2.720)	(2.509)	(2.871)	(2.860)	(4.628)

续表

变量	(1) 货物贸易额	(2) 货物贸易额	(3) 货物贸易额	(4) 货物贸易额	(5) 货物贸易额
ln_ 人均 GDP		0.809 *** (16.977)	0.883 *** (18.293)	0.883 *** (18.242)	0.791 *** (16.484)
ln_ 就业人数			0.070 *** (4.483)	0.070 *** (4.190)	0.061 *** (3.805)
ln_ 总人口				−0.004 (−0.020)	0.026 (0.125)
Constant	11.029 *** (38.654)	3.748 *** (8.066)	1.852 *** (3.027)	1.920 (0.547)	1.322 (0.392)
Observations	215	215	215	215	200
R^2	0.988	0.995	0.996	0.996	0.908
个体固定效应	YES	YES	YES	YES	YES
时间固定效应	YES	YES	YES	YES	YES

注：*** 表示 $p<0.01$，** 表示 $p<0.05$，* 表示 $p<0.1$，括号内为 t 值。本章下同。

增加值是规模和效率的代表，本书以制造业增加值作为货物贸易规模和效率的代理变量，贸易自由度对制造业增加值影响回归结果如表4-7所示，研究范围和对象分别为2004~2018年和RECP成员国。其中，第（1）列仅控制了个体固定效应和年份固定效应，未加入其他控制变量，此时各国贸易自由度每增加一个单位，国家相对应的货物贸易出口额就增加1.2%，且结果在1%的显著性水平上为正，说明货物贸易制度型开放所带来的贸易自由度提高，会带动制造业增加值的提高。在逐渐加入相关控制变量之后，回归结果如第（2）~第（4）列所示，可以发现贸易自由度对制造业增加值之间的回归系数以及显著性水平均未出现较大异动，估计结果较为稳健。即无论是否加入其他控制变量，贸易自由度对制造业增加值之间的估计系数均在1%的显著性水平上为正。第（5）列在基准回归的基础上对被解释变量滞后一期的方式对回归进行稳健性检验，回归结果仍然显著。制度化开放带来的贸易自由度提高通过促进国内货物贸易中间品替代和货物贸易方式的转型升级，优化国内生产要素资源的配置，延伸国内价值链，促进制造业增加值的提升（闫志俊和于津平，2023）。

表 4-7 2004~2018 年 RCEP 国家贸易自由度对制造业增加值影响回归结果

变量	(1) ln_valueadded	(2) ln_valueadded	(3) ln_valueadded	(4) ln_valueadded	(5) F. ln_valueadded
贸易自由度	0.012**	0.006***	0.007***	0.007***	0.010***
	(2.530)	(3.331)	(3.753)	(3.797)	(4.323)
ln_人均GDP		1.204***	1.261***	1.261***	1.086***
		(31.848)	(32.773)	(32.780)	(22.745)
ln_就业人数			0.054***	0.058***	0.044***
			(4.308)	(4.387)	(2.730)
ln_总人口				-0.169	-0.074
				(-1.003)	(-0.349)
Constant	23.618***	12.725***	11.261***	14.017***	12.511***
	(64.550)	(34.310)	(22.936)	(5.024)	(3.727)
Observations	214	214	214	214	200
R^2	0.987	0.998	0.998	0.998	0.919
个体固定效应	YES	YES	YES	YES	YES
时间固定效应	YES	YES	YES	YES	YES

充分就业是实现中国式现代化、推动共同富裕和产业发展的关键（李凯杰等，2024）。为了研究货物贸易制度化开放对就业的影响，我们选取贸易自由化的重要影响因素加权平均关税，以制造业为代表，构建行业层面的关税进行相关研究，研究范围和对象分别为 2014~2021 年和以 OECD 行业分类为基础的制造业细分行业，由于 TRAINS、《中国工业统计年鉴》以及 OECD 数据库所涉及的行业类别不同，因此需要进行转换，具体转换形式如表 4-8 所示。

表 4-8 ISIC Rev. 3、OECD 和《国民经济行业分类 2017》转换

OECD	ISIC Rev. 3	国民经济行业分类 2017	行业名称
D10T12	10, 11, 12	13, 14, 15, 16	食品、饮料和烟草
D13T15	13, 14, 15	17, 19	纺织品、皮革和鞋类
D16	16	20	木材及木材和软木制品
D17T18	17, 18	22, 23	纸制品和印刷
D19	19	25	焦炭和精炼石油产品

续表

OECD	ISIC Rev. 3	国民经济行业分类 2017	行业名称
D20	20	26, 28	化工产品
D21	21	27	药品、医药化学品和植物产品
D22	22	29	橡胶和塑料制品
D23	23	30	其他非金属矿产品
D24	24	31, 32	基本金属
D25	25	33	金属制品
D26	26	39	计算机、电子和光学设备
D27	27	38	电气设备
D28	28	34, 35	机械和设备
D29	29	36	机动车辆、拖车和半拖车
D30	30	37	其他运输设备
D31T33	31, 32	21, 40	制造；机械和设备的维修和安装

资料来源：根据行业名称自行对照整理。

贸易自由度对制造业增加值影响回归结果如表4-9所示，其中，第（1）列仅控制了个体固定效应和年份固定效应，未加入其他控制变量，此时制造业关税每增加一个单位，制造业的就业人数就平均减少1.006个单位，且结果在10%的显著性水平上为负，说明关税壁垒的增加，会阻碍制造业就业人数的增加。在逐渐加入相关控制变量即研发强度、劳动生产率和利润率之后，回归结果如第（2）~第（4）列所示，可以发现行业关税对制造业就业之间的回归系数以及显著性水平均未出现较大异动，估计结果较为稳健。即无论是否加入其他控制变量，贸易自由度对制造业增加值之间的估计系数均在1%的显著性水平上为负。第（5）列在基准回归的基础上将行业关税滞后一期的方式对回归进行稳健性检验，回归结果仍然显著，同时显著性得到了提高说明关税的影响有一定的滞后性。关税的提高导致企业生产成本上升，从而降低企业对劳动力的需求（谭莹等，2022）。因此，降低关税，推动贸易自由化会改善企业的用工环境，提高企业对劳动力的需求，并通过增加福利支出强化人力资本积累和提高收入水平等渠道影响就业，最终促进行业和货物贸易的发展（李凯杰等，2024）。

表 4-9　2014~2018 年关税壁垒对制造业就业人数影响回归结果

变量	(1) 就业人数	(2) 就业人数	(3) 就业人数	(4) 就业人数	(5) 就业人数
贸易自由度	-1.006* (-1.743)	-0.986* (-1.747)	-1.066* (-1.950)	-0.994* (-1.750)	-2.039*** (-3.587)
研发强度		7.357** (2.493)	7.271** (2.548)	7.583** (2.587)	9.667*** (3.122)
劳动生产率			-0.016*** (-3.026)	-0.016*** (-2.854)	-0.018*** (-3.289)
利润率				-22.436 (-0.494)	-10.262 (-0.238)
Constant	47.203*** (16.203)	37.961*** (8.118)	40.936*** (8.847)	41.754*** (8.472)	42.009*** (9.384)
Observations	144	144	144	144	136
R^2	0.962	0.964	0.967	0.967	0.970
个体固定效应	YES	YES	YES	YES	YES
时间固定效应	YES	YES	YES	YES	YES

出口国内增加值是真实贸易规模和收益的代表，出口国内增加值的提升对参与国际分工与合作以及提升其在全球价值链中的分工地位都具有重要意义（崔日明等，2024）。关税壁垒对制造业出口增加值影响回归结果如表 4-10 所示，研究范围和对象分别为 2014~2018 年和以 OECD 行业分类为基础的制造业细分行业。其中，第（1）列仅控制了个体固定效应和年份固定效应，未加入其他控制变量，此时加权平均关税每增加一个单位，制造业出口增加值就平均上升 0.249 个单位，且结果在 5% 的显著性水平上为正，说明关税的提高，对 DVA 的增加有促进作用。在逐渐加入相关控制变量即主营业务收入、研发强度和利润率之后，回归结果如第（2）~第（4）列所示，可以发现关税壁垒对制造业出口增加值之间的回归系数以及显著性水平均未出现较大异动，估计结果较为稳健。即无论是否加入其他控制变量，贸易自由度对制造业增加值之间的估计系数均显著。第（5）列在基准回归的基础上对被解释变量滞后一期的方式对回归进行稳健性检验，回归结果仍然显著。DVA 国内出口增加与关税壁垒之间呈正向关系的可能原因是，关税的下降会加剧市场竞争，为了使产品在市场上更具竞争力，往往通

过降低成本获取价格优势，从而推动该行业出口产品价格下降，进而降低了DVA（Kee et al.，2016；余淼杰和袁东，2016；赵玲等，2018）。

表4-10 2014~2018年关税壁垒对制造业出口增加值影响回归结果

变量	(1) DVA	(2) DVA	(3) DVA	(4) DVA	(5) F. DVA
贸易自由度	0.249** (2.437)	0.232** (2.383)	0.149** (2.024)	0.157** (2.091)	0.242* (1.956)
ln_主营业务收入		2.278*** (3.334)	0.682 (1.253)	0.619 (1.113)	2.106** (2.478)
研发强度			0.215*** (8.634)	0.215*** (8.606)	0.015 (0.412)
利润率				−3.830 (−0.595)	−2.127 (−0.218)
Constant	6.305*** (12.050)	−17.676** (−2.452)	−1.514 (−0.265)	−0.600 (−0.101)	−15.811* (−1.752)
Observations	119	119	119	119	91
R^2	0.991	0.992	0.996	0.996	0.991

二、货物贸易制度型开放的政策建议

1. 充分利用高水平开放合作平台，针对货物贸易新业态和新模式不断涌现，为货物贸易制度型开放提供服务保障

（1）在自由贸易区（港）和综合示范区等开放合作平台，与高标准的国际经贸规则对接，试点先行，进一步深化贸易投资便利化合作和有益探索。鼓励在华的外商协会、中资境外商协会等充分发挥贸易投资的桥梁作用。

（2）有效利用各类贸易促进平台，如广交会等，充分发挥国际交流合作的平台作用，优化重点展会的供需对接，鼓励企业在经贸平台上进行深入商务洽谈和实质性合作。同时，充分发挥我国驻外使领馆和贸促机构驻外代表处的作用，加强市场拓展和服务保障。进一步推动一批"两头在外"的重点保税维修试点项目落地，有序推进边民互市贸易进口商品和义乌市场采购落地加工试点，扩大沿边省份的对外贸易。积极推动跨境电商健康、持续创新发展，推进粤港澳大湾

区作为全球贸易数字化领航区和跨境电商试验区的建设，加速贸易全链条的数字化转型。制定外贸产品绿色低碳标准，积极发展绿色贸易，培育外贸竞争的新优势。

（3）依托国家高水平开放平台，探索建立适应和引领外贸新业态、新模式发展的国际规则。深化相关标准、知识产权保护和跨国物流等国际交流合作，积极推动数字丝绸之路和丝路电商的发展。有效运用预警体系、法律服务机制以及贸促机构的作用，积极应对不合理的贸易限制措施。

2. 聚焦特定货物进口，为货物贸易制度型开放提供新需求保障，以缓解货物贸易大环境内需疲软问题

进一步优化和完善特定货物的进口管理，对符合条件的货物暂时允许自境外进入，并在自由贸易试验区海关特殊监管区域内实施保税修理。对于复运出境的货物免征关税，而未复运出境转为内销的货物需按规定征收关税。

（1）优化特定货物进口管理展示了我国在利用自身超大规模市场优势推动高水平制度开放方面的积极探索。这是针对新发展阶段中企业和居民需求的有力措施，鼓励企业更积极地参与国内外市场投资，寻求促进企业高质量发展的新突破口，同时进一步释放居民消费潜力，培育新的经济增长点。

（2）优化特定货物进口是在部分行业和局部领域率先探索如何有效提升货物贸易自由化和便利化的重要举措。兼顾一般性和特殊性，直接促进国内需求与国际市场供给的对接，推动我国在相关特定行业和领域的发展。这有助于深化全球产业分工，促进价值链升级，增强产业链和供应链的韧性和安全性，为更好地统筹国内外市场的内在需求和实际落实国内国际双循环，推动货物贸易高水平制度开放提供重要尝试和自足点。

（3）自足我国产业基础，稳定和扩大重点产品进出口规模，利用"新三样"培育拉动货物贸易发展新马车，推动我国新能源汽车和太阳能电池企业建立和完善国际营销服务体系，提升海外品牌宣传、展示、销售和售后服务能力，培育汽车出口优势。强化金融保险支持，提升大型成套设备企业国际合作水平。加快修订鼓励进口技术和产品目录，引导企业扩大进口国内短缺的先进技术设备。

3. 提升外贸、通关便利化水平，为货物贸易制度型开放提供新效率保障

（1）扩大商用密码产品管理范围，加快推进商用密码检测认证体系建设，鼓励积极采信商用密码检测认证结果。除列入商用密码进口许可清单的外，对不涉及国家安全、社会公共利益的商用密码产品进口，不采取限制措施。涉及国家

安全、国计民生、社会公共利益的商用密码产品，应由具备资格的商用密码检测、认证机构检测认证合格后，方可销售或提供。

（2）促进通关便利化，更好发挥自贸试验区、自由贸易港等新平台的示范作用。以党的二十大"推动货物贸易优化升级"为目标，以提升通关便利化水平为聚焦方向，以各地特色综合保税区等试点为依托，打造国际一流口岸，引入先进的信息技术和自动化系统，简化通关手续，加快货物检查和放行速度。通关便利化有利于消除各行政区域和口岸之间的货物流动壁垒，从根本上加快整合现有口岸资源。同时全面提升口岸的贸易能力和管理水平，投资发展高效的港口、机场和物流园区，提升货物集散和运输能力，不断提高货物贸易系统的开放水平，充实和完善国家制度开放示范区的理论基础和实践路径。

（3）平衡好贸易安全与便利的关系。在确保贸易安全的前提下，注重限制性措施的必要性和透明度，最大限度地提高贸易便利化水平。

4. 积极推动国际间高水平制度协商与合作，为货物贸易制度型开放提供高质量保障

充分利用高质量共建国际合作平台，打造国家和地区间高标准经贸规则对接的示范性制度安排，统筹好对接国际经贸规则与维护对外开放安全。通过参与多边和双边贸易谈判、签署自由贸易协定等方式，我国不断拓展国际市场空间，为货物贸易创造更多机遇。同时，积极参与国际经贸规则的修改进程，提升我国在国际经贸合作中的话语权和影响力。

5. 数字化赋能外贸高质量发展，为货物贸易制度化开放注入活力，提供新的引擎保障

落实数字强贸工程，推动数字技术与外贸新业态新模式深度融合发展，带动提升外贸全流程各环节数字化水平。支持传统外贸企业通过数字化方式拓展销售渠道、培育品牌，鼓励大型外贸企业自建数字平台，培育服务中小微外贸企业的第三方综合数字化解决方案供应商。

第五节　本章小结

为了研究制度型开放在货物贸易领域的框架设计和构建，本章首先从对比

RCEP 与 CPTPP 同类条款的现实差异出发，不断开拓货物贸易制度型开放的新领域。对比 RCEP 和 CPTPP 在货物贸易领域的规则可以发现，RCEP 的货物贸易自由化条款的标准低于 CPTPP，其差距主要体现在约束力方面，CPTPP 几乎都是硬约束，而 RCEP 的很多条款属于软约束。在市场准入、原产地规则等方面，CPTPP 更加注重货物贸易的公平性，二者在关税的降税模式和水平上的差异也体现了这一点。在原产地规则上，CPTPP 按照商品特点有差异对区域价值进行计算，更具有灵活性。RCEP 在货物贸易制度上和 CPTPP 的差距，也是 RCEP 可以不断开拓的新规则领域。从具体的行业来看，CPTPP 中还涉及了绿色可回收产品和新技术产品，新技术赋能货物贸易制度化开放新契机，再制造绿色产品创造货物贸易制度化开放新可能，将高新技术产品和绿色产品作为货物贸易制度化开放的新领域之一，积极推动其出口增长，对于提升我国贸易的竞争力和实现贸易结构优化具有重要意义。货物贸易在转型过程中不断出现的新业态和新模式，也是货物贸易制度开放可以不断深化开拓的新领域。从跨境电商到离岸贸易、报税维修、市场采购，不断优化相关贸易制度规则，为货物贸易制度型开放注入新的血液，开辟新领域。

其次，梳理了中国为促进货物贸易开放所进行的一系列国内改革措施和成效，从搭建外贸单一窗口、跨境电商综合试验区、自由贸易港以及各类特色贸易试点等外贸高质量发展新平台到外贸服务新体系的建设的政策体系创新，再到各类货物贸易制度保障的优化，不断整理货物贸易制度型开放的新内容，从而进一步推动货物贸易优化升级的国内制度创新。

再次，在货物贸易制度型开放的新挑战部分，从分析我国货物贸易发展现状入手，发现我国货物贸易虽然在出口额和增速上呈现较好的态势，但我国货物贸易产业结构单一，低附加值占比较高，缺乏高端技术产品和贸易不平衡问题突出。具体分析我国货物贸易制度型开放在外部环境面临的贸易保护主义、经济环境疲软等外部挑战，和包括货物贸易自身结构所带来的内部挑战。

最后，在货物贸易制度型开放的新保障部分分别从充分利用高水平开放合作平台、聚焦特定货物进口，提升通关便利化水平，积极推动国际间高水平制度协商与合作等方面为货物贸易制度型开放保驾护航。

第五章

服务贸易领域制度型开放

第一节　服务贸易制度型开放的新领域

近年来，随着经济全球化程度的加深，服务的可贸易性不断增强，服务经济在全球价值链中的地位日益凸显，服务贸易成为一国国际贸易发展的重要引擎、新一轮全球自由贸易的重点领域。党的二十大报告提出，要"创新服务贸易发展机制，发展数字贸易，加快建设贸易强国"。推进服务贸易领域高水平制度型开放，是新时代全面深化改革和扩大开放的重要举措。事实上，自2018年"制度型开放"概念首次被提出以来，贸易领域尤其服务贸易首当其冲，各部门积极探索服务业要素型开放与制度型开放的双轮驱动策略，从制度层面和重点领域持续发力的同时拓展新领域创新开放，推动着服务贸易领域开放水平的逐步深入，也带动了我国服务业和服务贸易国际竞争力的不断攀升。

根据WTO统计数据，2022年，我国服务贸易稳中有增，规模创历史新高，全年服务进出口总额高达8302.09亿美元（见图5-1）。过去几年，除2020年贸易进出口额有所下降以外，随着服务业开放程度的提高，我国服务贸易规模持续扩大并发展成为我国国民经济的重要组成部分。同时，越来越多的劳动者也将第三产业当作就业标地，自2013年服务贸易政策型开放以来，服务行业就业人数占我国总就业人数的比例达到了40%及以上并持续增长（见表5-1）。

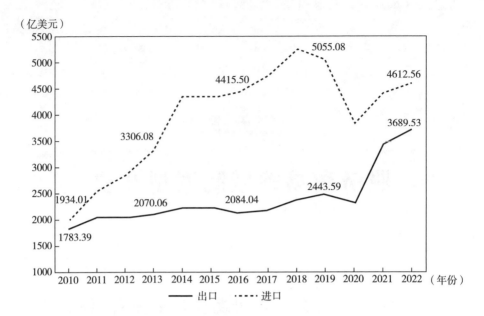

图 5-1　2010~2022 年我国服务贸易进出口总额

资料来源：UN Comtrade Database。

表 5-1　2010~2022 年我国第三产业劳动力人数占全部劳动力人数比例　单位：%

年份	2010	2011	2012	2013	2014	2015	2016
劳动力所占比例	34.60	35.70	36.10	38.50	40.60	42.40	42.88
年份	2017	2018	2019	2020	2021	2022	
劳动力所占比例	43.21	43.68	44.25	44.81	44.76	45.28	

资料来源：WDI Database。

　　我国服务业的市场开放水平在日益提高与深化，逐渐放宽了对国际性服务企业和产品的市场准入限制，服务贸易结构不断完善和进步，逐步实现了我国服务业的市场化与全球化（王晓红和郭霞，2020）（见表 5-2）。

表 5-2　2010 年及 2022 年我国服务贸易结构　　　　单位：%

指标	出口额所占比例		进口额所占比例	
	2010 年	2022 年	2010 年	2022 年
制造服务	14.14	3.88	0.04	0.18
保养和维修服务	—	—	4.29	2.25
运输	19.18	39.71	32.71	36.61

指标	出口额所占比例		进口额所占比例	
	2010 年	2022 年	2010 年	2022 年
旅游	25.69	2.60	28.38	24.89
建筑	8.13	3.87	2.62	1.64
保险和养恤金服务	0.97	1.23	8.15	4.30
金融服务	0.75	1.35	0.72	0.84
知识产权使用费	0.47	3.61	6.74	9.64
电信、计算机和信息服务	5.87	15.09	2.12	8.21
其他商业服务	24.20	25.59	17.74	11.38
个人、文化和娱乐服务	0.07	0.37	0.19	0.57
政府货物和服务	0.54	0.46	0.59	0.79

资料来源：UN Comtrade Database，分类按照 2010 年联合国 UN、联合国贸易与发展会议 UNCTAD、欧盟统计局 Eurostat、国际货币基金组织 IMF、经济合作与发展组织 OECD、世界旅游组织、世界贸易组织 WTO 联合修订的《国际服务贸易统计手册》即 MSITS 2010。

中国服务贸易制度型开放的核心是立足中国实际，建立健全与国际高标准经贸规则相衔接的服务业开放制度体系，通过持续深化规则、规制、管理和标准的开放，提升服务贸易自由化和便利化水平。我国服务贸易制度型开放新领域取得的主要成就总结为以下几个方面：

一、服务贸易制度型开放行业层面新领域扩大发展

服务贸易制度型开放行业层面新领域涵盖了多个方面，这些领域均体现了我国在服务业开放方面的积极探索和坚定决心。其中，电信服务、金融服务等领域作为服务贸易中举足轻重的重要行业，正迎来更大程度的开放，加快了服务贸易高水平开放的步伐。

电信服务是现代服务业的重要组成部分（方瑞安，2019）。扩大开放意味着允许更多国内外投资者参与电信市场的竞争，提高服务质量和效率，推动行业创新和发展。对外有序扩大电信业务开放，探索在自由贸易港等地区先行先试，试点扩大开放增值电信业务；降低外资持股比例限制、简化审批流程等措施，吸引更多外资进入电信市场，促进电信技术的创新和服务质量的提升；逐步放宽外资准入，推动电信市场的竞争和开放。对内统筹推进电信业务向民间资本开放，加大对民营企业参与移动通信转售等业务和服务创新的支持力度,分步骤、分阶段推进卫星互联网业务准入制度改革,不断拓宽民营企业参与电信业务经营的渠道和范围。同时,我国还加强了与国际电信市场的合作与交流,推动电信服务的跨境便利化,为国内外用户提供更加优质、高效的电信服务。

在金融服务领域,以制度型开放为侧重点来推进金融领域高水平对外开放,对于推动金融体系升级、更好服务实体经济、提升金融国际竞争力等均具有长久及深远意义(刘凌等,2024)。这种以制度为基础的开放性不仅能够激活金融企业的创新动力,而且能够引领金融业从传统的运营领域迈向一个更加丰富和创新的层面。这样的转变将更有效地迎合实体经济在多样化和个性化方面的需求,促进产业的优化升级,并推动实现以创新为驱动的发展模式。制度开放的道路不可避免地伴随着金融体制的深化改革,如推进利率市场化改革的深入进行、完善金融法律体系等,这些措施都将有利于金融市场的进一步发展和完善,减少融资成本,并优化融资环境。加强金融服务领域制度型开放对于实体经济,特别是制造业和科技创新领域的发展具有重要的促进作用,这不仅表现为优化融资结构,提高金融服务的整体质量,还包括了对中小微企业和创新型企业提供更大力度的支持,优化资源配置,激发市场活力,推动实体经济的全面发展,实现金融服务的普及化和专业化。在制度型开放模式下,我国的金融机构更好地适应国际金融市场规则,不断提升自身国际化程度,更具国际化的金融机构更广泛地参与到全球金融体系中,人民币国际化战略稳慎推进。放宽外资金融机构的准入条件,允许外资在更多领域和更高比例上参与我国金融市场,对于吸引国际投资者更便捷地进入中国金融市场,拓宽我国企业的融资渠道,降低融资成本都将起到积极的作用。以金融服务为例,近年来,我国金融服务领域逐步放宽外资准入限制,如取消外资银行在华设立分行的数量限制,允许外资控股合资证券公司等;支持境外电子支付机构持牌经营;鼓励金融机构开展跨境资产管理。这些措施均有效促进了金融服务领域的制度型开放。数据显示,截至2022年底,外资银行在华营业性机构数量已达420家,外资银行总资产占中国银行业总资产的近2%。

二、知识密集型服务贸易新领域创新开放,知识产权保护升级

知识密集型服务贸易是指以知识和信息为主要内容的服务的贸易,如研发、教育、医疗等。知识密集型服务贸易的发展,可以显著提升我国服务贸易的附加值和国际竞争力,因此,知识密集型服务贸易高水平开放发展在很大程度上提升了我国服务贸易制度型开放的发展水平。2023 年，知识密集型服务贸易实现了较快增长，进出口总额达到 27193.7 亿元，同比增长 8.5%。其中，知识密集型服务出口 15435.2 亿元，增长 9%，增长最快的领域为保险服务，增幅达 67%。知识密集型服务进口 11758.5 亿元，增长 7.8%，增长最快的领域为个人、文化和娱乐服务，增幅达 61.7%。

知识产权作为知识密集型服务贸易的核心要素，其保护、运用和管理对于推动服务贸易创新发展具有重要意义。通过加强知识产权保护力度，推动知识产权交易和运营，可以有效促进知识密集型服务贸易的发展。此外，知识产权服务还可以为创新型企业提供专利布局、风险预警等专业化服务，助力企业提升核心竞争力。知识产权保护和监管模式改革持续深化。贸易中知识产权保护的日益严苛意味着在国际贸易中，对知识产权的保护和尊重正在变得更为重要。这种趋势反映了全球经济和科技的快速发展，以及知识产权在推动创新和经济发展中的核心作用。知识产权是服务业发展的重要支撑，对于保护创新成果、促进技术转移和产业升级具有重要意义。近年来，我国的法律法规在知识产权保护和监管方面的新领域取得了显著进展。一方面，政府加强了对知识产权的立法保护，出台了一系列法律法规，为知识产权的保护提供了更加坚实的法律保障。同时，政府还加强了对知识产权侵权行为的打击力度，通过开展专项行动、加强执法力度等方式，有效遏制了知识产权侵权行为的发生。另一方面，知识产权监管模式也在不断创新和完善。政府积极推动知识产权监管模式的改革，加强了对知识产权的监管力度，提高了监管效率。同时，政府还加强了对知识产权服务机构的监管，规范了知识产权服务市场秩序，为知识产权的保护和运用提供了更加专业、高效的服务。

服务领域制度型开放为知识密集型服务贸易提供了良好的政策环境和市场准入条件。制度型开放主要是指通过改革和优化服务领域的法律法规、管理体制和市场规则，降低贸易壁垒，提高服务贸易的自由化和便利化水平。这样的开放政策为知识密集型服务贸易的发展提供了广阔的市场空间和高效的服务体系，吸引了更多的企业参与国内外服务贸易活动。此外，知识密集型服务贸易的发展需求推动了服务领域制度型开放的深化。随着经济全球化和信息技术的发展，知识密集型服务贸易在国际服务贸易中的地位日益重要。这类服务贸易以知识和信息为核心，具有高附加值、高技术含量和强竞争力等特点。为了满足知识密集型服务贸易的发展需求，国家需要在服务领域进行更深层次的改革和创新，以适应知识密集型服务贸易的特点和规律。

三、服务贸易数字化领域开拓创新

服务贸易数字化水平的提升是全球服务贸易发展的共同趋势，也是我国当前经济发展的重要方向。服务贸易的数字化，简单来说，就是利用数字技术，如大数据、云计算、人工智能等，来提供和消费服务。这种转变可以极大提高服务的效率、降低成本、扩大服务的范围，并可能创造出全新的服务模式和业态。

近年来，在服务贸易的数字化领域，我国可数字化交付的服务贸易规模持续增长。在数字贸易领域，我国积极推动跨境电商、数字内容等新型服务贸易的发展，并加强与国际数字贸易规则的对接，深化数字经济的国际合作。例如，通过签署数字贸易协定，推动数据跨境安全有序流动，为数字服务企业提供更广阔的市场空间。根据商务部发布的数据，2022 年我国可数字化交付的服务贸易规模达到 2.51 万亿元，同比增长 7.8%，在全球名列第五。2023 年上半年，我国可数字化交付的服务进出口规模继续增长 12.3%，高出服务进出口总体增速 3.8 个百分点。我国数字化服务贸易的增长势头良好，国际竞争力进一步提升。

政府高度重视数字贸易发展，出台了一系列政策措施，推动数字贸易创新发展。例如，我国在全面深化服务贸易创新发展试点的基础上，进一步释放试点制度红利，推动数字贸易政策体系逐步完善。在促进数字技术应用方面，推动电子提单、电子仓单等电子票据的应用，完善与国际接轨的数字身份认证制度，优化"人工智能+医疗器械"等创新医疗器械上市前注册服务指导。在促进数据开放共享方面，建设国际开源促进机构、加大公共数据开放范围和力度、加强数字包容性国际合作等。大数据、云计算、物联网和人工智能等数字技术的加速发展，带动了传统服务贸易的提升，并催生了服务贸易新业态和新模式。语言服务出口基地、企业可视化管控系统、虚拟数字人直播技术等领域的发展，为我国服务贸易提供了新的增长点。

四、服务贸易新载体高速建设

服务贸易载体是指支持服务贸易发展的物理和虚拟平台，如示范区、基地等。服务贸易新载体建设是在全球化和数字化的大背景下，各国为了提升服务贸易的效率和竞争力，而积极推进的一系列创新举措。通过建设这些载体，可以为服务贸易提供更好的发展环境，促进新技术、新模式、新业态的产生。因此，中国正在全力建设服务贸易创新发展新平台，包括国家服务贸易创新发展示范区和特色服务出口基地的建设，以推动服务贸易的载体建设，提升服务贸易的国际竞争力（张亚军，2022）。

这些新载体不仅涵盖了传统的服务贸易领域，如金融、旅游、教育等，还扩展到了新兴领域，如数字贸易平台、跨境电商平台、自由贸易试验区等。随着互联网技术的飞速发展，数字贸易平台成为服务贸易新载体的重要形式，数字贸易平台通过云计算、大数据、人工智能等技术，为服务贸易提供线上交易、支付、物流等一站式服务，极大地提高了服务贸易的便捷性和效率，这些技术不仅提升了服务贸易的智能化水平，还推动了服务模式的创新，如远程医疗、在线教育、跨境电商等新型服务贸易形式不断涌现。跨境电商平台也成为服务贸易领域的新载体。这些平台通过线上线下的融合，为服务贸易提供了更加便捷、安全的交易环境。跨境电商平台不仅可以帮助企业拓展海外市场，还可以为消费者提供更加多元化、个性化的服务体验。跨境电商园区可以建立集中展示和销售各国商品的平台，通过优化海关、税务、物流等流程，为服务贸易提供更为方便快捷的进出口通道，这些园区不仅促进了商品的流通，还推动了服务贸易的国际化发展。自由贸易试验区是服务贸易新载体的重要组成部分，通过在特定区域内实施更加开放的政策和措施，吸引国内外企业入驻，推动服务贸易制度型开放的创新发展。园区通过政策引导、产业集聚、环境优化等方式，推动服务贸易的创新发展，园区内的企业可以享受到更加优惠的政策和更加完善的服务，从而更容易形成服务贸易的产业集群和竞争优势。

五、服务贸易制度型开放相关法律法规新领域显著完善

随着全球化和市场经济的深入发展，服务业的开放程度日益提高，与之相关的法律法规也在不断完善以确保服务贸易秩序的稳定。此类相关法律法规的完善，旨在规范服务业的市场秩序，保护消费者的合法权益，同时促进服务业的健康、有序发展。在服务业开放的过程中，政府加强了对服务业的监管力度，出台了一系列政策措施，其中包括放宽市场准入、简化审批流程、加强事中事后监管等。这些政策措施的实施为服务业的发展提供了更加公平、透明、可预期的市场环境。同时，政府还加强了对服务业的标准化建设，推动服务业向高质量、高水平方向发展。

针对新兴服务贸易领域，如数字贸易、跨境医疗、在线教育等，我国及时出台了相应的法律法规，明确了市场准入、数据保护、消费者权益等方面的规则，为这些新兴领域的健康发展提供了有力的法治保障。在数字贸易领域，我国制定了一系列法律法规，包括《中华人民共和国电子商务法》《中华人民共和国网络安全法》等，明确了数字贸易的市场准入规则、数据保护要求以及网络安全标准。这些规定有助于保护消费者的合法权益，维护数字贸易市场的公平竞争秩序，同时也为数字贸易的跨境合作提供了法律基础。在跨境医疗领域，我国出台了相关管理办法和指导意见，对跨境医疗服务的提供者、服务内容、质量监管等方面进行了明确规定。这些法律法规的出台有助于规范跨境医疗服务市场，保障患者的权益和安全，推动跨境医疗服务的健康发展。在在线教育领域，我国也加强了相关法律法规的制定和完善。通过出台《在线教育服务管理暂行规定》等文件，明确了在线教育服务提供者的资质要求、课程设置、教学质量监管等方面的规则。这些规定有助于提升在线教育的质量和水平，保障学生的权益，促进在线教育的规范发展。

此外，为了推动自由贸易试验区建设向更高水平发展，我国正在考虑适时推动国家层面的自由贸易试验区立法，这将有助于形成更加稳定和可预期的法律环境，吸引更多的国内外投资。自由贸易试验区立法是指在中国特定的自由贸易试验区内，为了实现贸易和投资自由化、便利化，推动经济创新发展，制定并实施的一系列法规、政策和措施。这些立法行为是在国家宏观调控和整体立法框架下，根据自由贸易试验区的实际情况和需求，进行的地方性、试验性的立法活动。自由贸易试验区是中国在特定区域实施的改革开放政策"试验田"。通过立法，可以为自由贸易试验区内的改革开放措施提供法律保障，增强政策的稳定性和可预期性，吸引更多国内外投资者（何曜，2023）。

六、贸易制度型开放由"边境开放"向"境内开放"转移

贸易制度型开放由"边境开放"向"境内开放"转移是全球贸易治理的新趋势之一。中国作为全球贸易大国，积极推动贸易制度型开放，以适应全球贸易治理的新趋势；在推动边境开放的同时，加强境内开放的力度，包括放宽外资准入、加强知识产权保护、提高政策透明度等；通过加强与国际社会的合作和交流，努力构建更加开放、透明、便利的营商环境，以吸引更多的外资和技术创新。

中国正积极应对这一趋势，加强境内开放力度，以推动经济增长和提高国际

竞争力。贸易制度型开放由"边境开放"向"境内开放"转移，并且"境内开放"议题数量明显增多，这一趋势反映了全球贸易和投资格局的新变化。随着全球经济一体化的深入发展，贸易和投资自由化不再局限于边境措施的调整，而是越来越多地涉及国内市场的开放和监管。WTO 等多边贸易体制在推动全球贸易自由化方面面临诸多挑战，各国开始更多地通过双边或多边贸易协定、区域贸易安排等方式来推进贸易和投资自由化。

"边境开放"主要关注的是降低关税、取消非关税壁垒以及简化进出口程序等边境措施，以促进货物和服务的跨境流动。"境内开放"则更侧重于国内市场的准入和监管，包括外资企业的设立、经营许可、知识产权保护、政策透明度等方面。全球价值链深入发展，外国投资者对东道国境内市场的准入和监管条件越来越关注；境内开放有助于吸引外资、促进技术创新、提高市场竞争力，进而推动经济增长；随着国内市场的不断扩大和消费者需求的多样化，境内开放也有助于满足国内市场需求，提高人民生活水平。

第二节　服务贸易制度型开放的新内容

具体来说，制度型开放涉及规则、规制、管理、标准等方面的开放，是更高水平的开放。这种开放不仅关注商品和要素的流动，还强调在公平竞争、贸易和投资便利化、标准对接等方面的制度安排。我国的服务贸易制度型开放的新内容在制度安排层面主要体现在积极推动服务贸易便利化流程，优化服务贸易结构，促进服务贸易数字化、标准化和绿色化转型等（彭星等，2022；彭德雷和孔艺安，2024；李昭怡，2024）。

一、积极"放管服"改革、推动服务贸易便利化流程

"放管服"改革是中国政府在近年来推动的一项重要改革，其核心是简政放权、放管结合、优化服务。"放"即简政放权，将政府的一些权力下放给市场和社会；"管"即放管结合，加强监管，确保放权后的领域不出现监管真空；"服"即优化服务，提升政府的服务效能，更好地服务企业和社会公众。与贸易制度相关的"放管服"改革内容，主要体现在优化服务贸易的制度和环境，以促进贸

易的自由化和便利化。一方面，利用现代信息技术，如大数据、云计算、人工智能等加强海关监管，提高监管效率和精准性。推进"智慧海关"建设，实现精细化管理和智能化决策，加强与贸易相关的公共服务平台建设，如国际贸易"单一窗口"平台，以提高贸易效率。另一方面，提升政府服务水平和效率，为企业提供更加便捷、高效的服务，包括简化服务流程、缩短服务时限、提高服务质量等，以满足企业在贸易过程中的需求。优化提升线下贸易相关服务的质量和效率，如提供一站式服务、延长服务时间、优化物流配送服务等。建立健全服务贸易监管体系包括对服务贸易活动进行合规性监管，确保监管的公正、有效和透明，及时处理违法违规行为，以保障服务贸易市场的健康运行。通过以上的"放管服"改革措施，实现了推动服务贸易制度型开放的深入发展，提升了服务业的国际竞争力，促进经济的持续稳定增长营造了一个市场化、法治化、国际化一流营商环境。

积极推动服务贸易的自由化便利化流程，包括简化服务贸易的行政审批程序，减少不必要的行政干预，提高市场准入效率，提高制度透明度（王晶晶和余斌，2023）。有助于降低企业参与服务贸易的成本，并增加市场准入的公平性。例如，中国海关总署推出的跨境服务贸易便利化措施，"单一窗口"服务平台，简化跨境支付、结算等流程，这些措施均显著提高了服务贸易的便利化水平。为了提升服务贸易的质量和效益，政府着力优化服务贸易结构，大力发展高技术、高附加值的服务贸易，如金融服务、信息技术服务、文化创意服务等。同时，鼓励传统服务贸易的转型升级，提高服务附加值和国际竞争力。此外，积极推动服务贸易的数字化、标准化和绿色化转型也是服务贸易领域制度型开放的重要制度安排体现。通过运用大数据、云计算、人工智能等现代信息技术，提升服务贸易的智能化水平，提高服务效率和质量。加强服务贸易标准的制定和推广，推动服务贸易的规范化发展。更加注重服务贸易的绿色化发展，推动服务贸易与环境保护、资源节约的协调发展。

二、积极推广服务领域负面清单管理模式

"负面清单管理模式"是指政府规定哪些经济领域不开放，除了清单上的禁区，其他行业、领域和经济活动都许可。负面清单管理制度的推广是一种允许外资进入特定行业或领域的清单制度，清单之外的行业或领域则不对外资开放。近年来，中国不断缩减负面清单，放宽服务业市场准入，允许更多外资进入（李杨和任财君，2023；连润，2023）。这种制度型开放的具体实践有助于增加市场活力和促进竞争。积极推广服务领域负面清单管理模式，不仅在理念上实现了重大突破，而且在行动上迈出了坚实的步伐。这一模式的推广极大地促进了服务领域投资审批制度改革的持续深化，为优化营商环境、激发市场活力注入了强劲动力。服务贸易负面清单管理模式的实施，意味着除了清单上明确列出的禁止或限制的投资领域外，其他领域均向国内外投资者开放，极大地拓宽了服务贸易投资渠道。这种开放透明的投资管理方式，不仅降低了市场准入门槛，减少了行政审批环节，还提高了投资便利化程度，为投资者提供了更加广阔的发展空间。渐进式开放是我国服务贸易制度型开放实践的一大主要特征，为服务业高质量发展提供了可预期的持续性制度供给。

中国有两类外商投资准入负面清单，一类是基于国内法层面的《外商投资准入特别管理办法（负面清单）》；另一类是国际法负面清单，由双边投资协定和自由贸易协定做出的对外承诺。国内法层面的负面清单分为全国版、自由贸易试验区版和自由贸易港版。后者比前者限制的项目少，政策优惠更多。自2013年上海自由贸易试验区成立以来，自由贸易试验区负面清单经历了多次修订，其长度从最初的190项缩减至目前的27项。这一过程深刻体现了中国不断扩大开放领域、减少外资准入限制的渐进式策略。

2024年3月22日，政府发布全国版和自由贸易试验区版跨境服务贸易最新负面清单中，将过去分散在各个具体领域的准入措施，以"一张单"的方式归集列出，同时明确清单之外的领域，按境内外服务及服务提供者待遇一致原则实施管理，实现了服务贸易管理由正面清单承诺向负面清单管理的转变，有效提升了跨境服务贸易管理的透明度和可预见性。这是中国服务贸易管理体制的重大改革，将为全球服务贸易合作创造新机遇。

全国版和自由贸易试验区版跨境服务贸易负面清单，全国版跨境服务贸易负面清单共71条，自由贸易试验区版负面清单共68条，两者均涉及农林牧渔业，建筑业，批发和零售业，交通运输、仓储和邮政业，信息传输、软件和信息技术服务业，金融业，租赁和商务服务业，科学研究和技术服务业，教育，卫生和社会工作，文化、体育和娱乐业11个门类。其中，自由贸易试验区版的负面清单对自然人职业资格、专业服务、金融、文化等领域进一步做出开放安排。例如，取消了境外个人参加注册城乡规划师、房地产估价师、拍卖师、勘察设计注册工程师、兽医、注册监理工程师6类职业资格考试的限制；允许符合条件的境外个人依法申请开立证券账户和期货账户；取消在中国境外设立的经营主体以及境外个人从事报关业务的限制；放宽中外合作制作的电视剧主创人员的中方人员比例限制。

全国版和自由贸易试验区版跨境服务贸易负面清单的实施，标志着首次在全国对跨境服务贸易建立负面清单管理模式，形成了跨境服务贸易梯度开放体系。这是中国服务贸易管理体制的重大改革，也是中国扩大高水平对外开放的重大举措，充分显示了中国坚持深化改革、扩大开放的决心和方向，有助于对接国际高标准经贸规则，为全球服务贸易开放创新合作提供新的机遇（罗珊珊，2024）。

三、服务领域市场准入制度、投资审批制度改革的持续深化

在服务贸易市场准入制度改革中，中国不断简化审批程序，降低市场准入门槛，特别是在金融服务、商务服务、物流服务、教育服务、健康医疗服务等领域推出了多项开放措施。金融领域允许外资银行、保险公司、证券公司等金融机构在一定条件下设立分支机构和控股公司，参与国内金融市场。教育服务领域鼓励和支持国内外教育机构合作，允许外国教育机构在中国的分支机构提供服务，推动教育资源的共享。健康医疗服务领域积极为外资医疗机构的设立提供便利，支持国际医院的发展，提升医疗服务的国际化水平。各行业市场准入开放程度如图5-2所示。

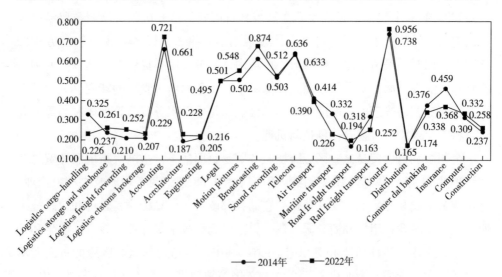

图5-2 2014年、2022年我国服务贸易外资准入限制指数变化

资料来源：OECD Services Trade Restrictiveness Index。

投资审批制度改革的深化是指通过简化审批流程、缩短审批时间、提高审批透明度等措施，推动投资审批制度改革。投资审批制度改革的深化是完善社会主义市场经济体制、推动高质量发展的重要环节（连润，2024）。这种改革有助于外资更快、更顺利地进入中国市场，从而促进服务贸易的发展。服务领域投资审批制度改革的持续深化进一步推动了政府职能的转变，通过简化审批流程、优化审批服务、加强事中事后监管等措施，政府不断提高行政效率和服务水平，为企业和投资者提供更加高效、便捷的服务。过去几年，我国大幅削减了行政审批事项，特别是对投资审批领域进行了大刀阔斧的改革。政府部门原有的审批事项和核准事项大量减少，审批流程得到简化，提高了投资便利化水平。推进投资项目在线审批监管平台建设，实现了一窗受理、集成服务。通过信息化手段，加强部门间的数据共享和业务协同，提高了审批效率，减少了企业办事的时间和成本。推行容缺承诺制，对一些具备一定条件但暂时不具备全部审批要件的投资项目，允许先行办理相关手续，之后再补齐其余要件。这一创新举措大大缩短了项目审批周期。建立健全投资项目事中事后监管机制，强化项目实施过程中的监管，确保项目的合规合法。同时，加强对违规减持、绕道式减持等行为的监管，维护资本市场秩序。创新融资机制，引导社会资本参与基础设施建设等领域的投资。例如，推进政府和社会资本合作（PPP）模式，激发民间资本活力，实现投资主体多元化。推进股票发行注册制改革，优化 IPO、再融资监管安排，实现资本市场投融资动态平衡。通过改革，促进资本市场枢纽功能的发挥，为实体经济发展提供有力支持。

四、自由贸易试验区、自由贸易港的建设

2013 年至今，我国依托自由贸易试验区、海南自由贸易港、服务业扩大开放综合试点、服务贸易创新发展试点等平台载体开展差异化探索创新，形成了诸多适用范围广、针对性强的经验与案例。2016 年，我国开始在部分自由贸易试验区开展服务贸易创新试点，旨在通过先行先试办法不断进行制度探索和政策创新，自此在完善服务贸易管理体制、推动服务贸易便利化、培育外贸新业态和新模式等方面均取得了巨大成效，形成了一系列在全国均可进行可复制可推广的新经验、新做法。截至 2019 年，17 个服务贸易创新试点地区的服务贸易进出口总额占全国服务贸易进出口总额的比重已赫然超过 75%，成为我国服务贸易创新发展的示范区域。2020 年 8 月 2 日，商务部正式提出《全面深化服务贸易创新发

展试点总体方案》，在北京、天津、上海等 28 个省、市（区域）开展全面深化服务贸易创新发展的试点，试点地区成为推动服务贸易高水平开放的先行区，试点地区在运输、教育、医疗、金融、专业服务等领域推出了一系列开放举措，在更多领域允许境外服务提供者通过跨境交付、自然人移动等方式进入中国市场，海南自由贸易港率先实施跨境服务贸易负面清单，一批服务贸易领域的开放合作平台载体成为中坚力量。这些都为服务贸易制度型开放积累了有益经验，探索了积极路径。2023 年 6 月 29 日，国务院印发《关于在有条件的自由贸易试验区和自由贸易港试点对接国际高标准推进制度型开放的若干措施》，为我国主动对接国际高标准经贸规则，实行更大程度的开放压力测试提出了新要求，展现了中国以制度创新推动经济高质量发展的决心。

通过设立自由贸易试验区、自由贸易港等特殊经济区域，进行服务贸易制度型开放的先行先试。这些区域在制度、政策等方面具有更大的灵活性和创新性，有助于推动服务贸易的发展和创新。上海自由贸易试验区和海南自由贸易港都是中国自由贸易区战略的重要组成部分，它们都承载着先行先试的重要任务，推动着中国经济的进一步开放和发展。

上海自由贸易试验区于 2013 年 9 月 29 日正式挂牌成立，是中国第一个自由贸易试验区。其主要目标是探索负面清单、外资企业登记注册便利化、一网通办、容缺受理、不见面审批等制度改革，以及推动金融、航运、商贸、专业、文化以及社会等领域的开放和创新。负面清单是自由贸易区的一项核心制度创新，它明确了外资在哪些领域不能投资，而在清单之外，外资企业则可以自由投资。这一制度大大简化了外资企业的审批流程，提高了市场准入效率。此外，上海自由贸易试验区还通过一网通办等制度改革，提高了政务服务效率，为企业提供了更加便利的营商环境。

海南自由贸易港于 2020 年 6 月 1 日正式启动建设，是中国最大的自由贸易港。其主要目标是打造全面深化改革开放试验区、国家生态文明试验区、国际旅游消费中心和国家重大战略服务保障区。海南自由贸易港在制度方面积极创新，如实行更加灵活自由的贸易和投资政策，推动金融、医疗、教育等领域的开放，以及建立更加开放的人才引进政策等。此外，海南自由贸易港还积极推动数字经济、现代服务业等新兴产业的发展，以推动经济的高质量发展。

两个自由贸易区都在各自领域内进行了大量的先行先试工作。例如，上海自由贸易试验区在金融、航运、商贸等领域进行了制度创新，推动了这些领域的进一步开放和发展（安宁，2023；周艾琳，2023）。而海南自由贸易港则在旅游、医疗、教育等领域进行了开放和创新，以吸引更多的外资和人才。两地且都在数字化、智能化等方面进行了积极的探索和实践，以提高政务服务效率和企业便利化程度（甘露，2023）。这些先行先试的方案不仅为中国经济的进一步开放和发展提供了宝贵的经验，也为全球自由贸易的发展贡献了中国智慧和中国方案。

五、服务贸易相关法律法规的完善

针对服务业开放，服务贸易相关法律法规的完善是一个动态且持续的过程，旨在确保服务贸易领域的健康有序发展、保护外资的合法权益。我国正在构建一个层次清晰、体系完备的服务贸易法律法规框架，在此框架下，包括了纲领性的国家法律、具体的行政法规、部门规章以及地方性法规，形成一个从上到下、从宏观到微观的完整法律体系。在服务贸易领域正在不断推进制度型开放的同时，通过完善法律法规，为服务贸易的自由化、便利化提供了有力支持。随着这些法律法规的实施和不断完善，我国服务贸易的开放程度进一步提高，国际竞争力不断攀升，为服务贸易领域的创新和发展提供了有力的法律保障和支持。目前，我国涉及服务贸易领域保障的法律法规主要有：

《中华人民共和国对外贸易法》：该法规定了我国对外贸易的基本原则和管理体制，包括货物贸易、服务贸易和技术贸易等。在服务贸易方面，明确了我国对外服务贸易的管理体制和开放策略，为推动服务贸易的自由化和便利化提供了法律支持。

《中华人民共和国国际服务贸易条例》：此条例是我国服务贸易领域的基础性法律法规，明确了服务贸易的管理体制、原则、范围等方面的内容，为服务贸易的自由化、便利化提供了法律依据。

《服务贸易外汇业务展业规范》：这是由国家外汇管理局发布的行业规范，旨在指导银行和其他外汇服务提供者在提供服务贸易外汇业务时，遵循规范的操作流程和风险管理要求。通过规范服务贸易外汇业务，促进服务贸易便利化。

《中华人民共和国外汇管理条例》：该条例对外汇管理的基本原则、外汇收支、外汇经营、外汇监管等方面进行了规定。这对于维护服务贸易外汇市场的健康秩序，促进服务贸易的自由化和便利化具有重要意义。

《中华人民共和国政府信息公开条例》：该条例规定了政府信息公开的范围、

方式和程序，增强了政府信息的透明度。在服务贸易领域，政府信息公开有助于提高政策预期的稳定性和可预测性，为服务贸易的自由化、便利化提供良好的政策环境。

此外，我国重视在具体实践中完善更新法律法规，以适应经济全球化和技术发展的趋势。通过不断的立法、执法、司法和守法实践，逐步建立起更加完善和高效的服务贸易法律法规体系。

六、服务贸易领域与国际社会更深度合作

中国持续加强与国际社会的服务贸易合作，在服务贸易领域与国际社会的合作中扮演着越来越重要的角色。通过参加国际贸易会议和协定谈判，推动形成开放包容的合作环境，共同应对全球性挑战。同时，积极推动和参与与其他国家签订的国际服务贸易协议。例如，中国与多个国家签订了《区域全面经济伙伴关系协定》（RCEP），该协定涵盖了服务贸易领域的合作，为各方在服务贸易领域提供了更加开放和便利的市场准入条件（白洁等，2022）。

在过去的几年中，中国致力于扩大服务贸易的对外开放，并采取了一系列重大措施，如扩大高标准自由贸易区网络，推进跨境服务贸易开放进程，以及在国家服务业扩大开放综合示范区和自由贸易试验区对接国际高标准经贸规则等。这些举措旨在为全球服务贸易发展注入新的活力。此外，通过中国国际服务贸易交易会等平台，积极吸引世界各国参与，打造国际化、权威性和专业性的国际盛会，以此作为推动全球服务贸易发展的重要引擎。在2023年的服贸会上，共有80余个国家和国际组织设展办会，2400余家企业线下参展，展示了服务贸易的数字化、智能化和绿色化等最新趋势。国家领导人在多个场合发表讲话和致辞，深刻阐释全球服务贸易发展形势，并从开放、合作、创新、共享等方面为服务贸易高质量发展指明方向。中国强调将以更加开放包容的态度，与各国共同推动世界经济走上持续复苏轨道。此外，中国还积极推动服务贸易领域的创新，支持服务业绿色化、融合化发展，以释放更多的创新活力。中国的大市场机遇也为世界各国提供了新的发展动力，以高质量发展为全球提供更多更好的中国服务（张亚军，2022）。

总的来说，中国正在服务贸易领域与国际社会进行更深入的合作，共同推动全球服务贸易的发展和繁荣（见表5-3）。

表5-3 与国际社会更深入合作案例

合作国家	服务领域	具体案例
共建"一带一路"国家	金融服务	中国银行在沿线国家设立分支机构，提供跨境人民币结算、外汇风险管理、投资咨询等服务
	基础设施建设	中国交通建设集团在巴基斯坦的瓜达尔港项目，涉及港口建设、物流园区开发等
	教育培训	孔子学院在沿线国家推广中文教育和中华文化，与当地大学合作开设相关专业
亚太经济合作组织（APEC）国家 非洲国家	旅游和商务旅行服务	APEC成员之间实施APEC商务旅行卡计划，为持卡人提供简化签证程序和快速通道服务；共同参与APEC旅游安全工作计划，提高旅游目的地的安全性和可靠性
	医疗健康服务	中国与非洲国家建立中非对口医院机制，中国医院向非洲同行提供医疗技术支持和人员培训；中国向非洲国家派遣医疗队，提供临床医疗、手术指导等服务

七、推动中国标准国际化

服务贸易领域中国标准国际化是指，将中国的服务行业标准、规范和实践推广到国际市场，使其被国际社会广泛接受和采用。中国标准国际化的实现路径主要有三种：一是将中国标准直接转化为国际标准；二是主导制定国际标准再转化成中国标准；三是让中国标准成为事实上的国际标准。推动中国标准国际化是一个多维度的过程，涉及标准的制定、推广、实施和验证等多个环节及标准化，法律法规、行业规范、质量认证等多个方面，因此，需全面加强与国际服务贸易规则的对接，积极参与国际规则制定，推动国内服务贸易规则的国际化，为我国服务贸易的发展创造更加开放、透明的环境。

1. 透明度和国际规制改革

（1）提高标准制定过程的透明度。公开标准制定的程序、参与方式和决策过程，鼓励专家咨询、国内外利益相关方参与标准制定，确保标准反映国内外的实际需求和最佳实践。

（2）与国际标准接轨。积极参与国际标准化组织，如国际标准化组织（ISO）、国际电工委员会（IEC）等，推动中国标准与国际标准的对接和互认，实现中国标准与国际标准的协调一致。

（3）改革国内规制。改革服务贸易相关法规，减少不必要的行政干预、限制与壁垒，提高规制效率，鼓励国内外服务提供商公平竞争。

2. 服务贸易模式创新和试点扩大

（1）鼓励服务贸易模式创新。支持共享经济、电子商务等新型服务贸易模式的发展，制定相应标准以规范市场行为。例如，共享经济领域可推动建立平台责任、用户隐私保护、数据安全等方面的标准。电子商务领域制定跨境电子商务、电子支付、网络安全和消费者保护等方面的标准。

（2）扩大试点范围。在特定地区或行业开展标准试点项目，通过实践检验标准的效果和可行性。然后扩大试点范围，积累经验后逐步推广成功的标准到更广泛的地区和行业。

3. 组织与管理

（1）建立标准化协调机制。成立跨部门、跨行业的标准化协调机构，统筹推进各领域标准体系建设。

（2）加强标准化管理。建立和完善标准化管理体系，确保标准的科学制定、有效实施和持续更新，确保标准的有效性和时效性。

4. 服务描述

（1）明确服务范围和内容。制定明确的服务描述标准，确保服务的质量和一致性。

（2）制定服务标准。针对各类服务制定详细的服务标准，包括服务质量、服务流程、服务安全等方面。

5. 服务评估

（1）建立评估体系。建立服务评估体系，通过权威第三方评估机构的参与，提高服务评估的客观性和公正性。制定服务评估指标和方法，定期对服务进行评估，确保服务质量和水平。

（2）加强国际合作。与国际评估机构开展合作，借鉴国际先进经验，提高服务评估的国际化水平。

6. 支持服务的产品和技术提供

（1）促进技术研发和创新。鼓励企业和科研机构投入研发，支持服务的产品和技术提供，推动服务支持产品的技术升级和创新。

（2）加强知识产权保护。完善知识产权保护制度，为技术创新提供有力保障。

7. 服务提供者

（1）提高服务提供者素质。加强服务提供者事前培训和事后认证，提高服务人员的专业素质和整体服务水平。

（2）推动服务提供者国际化。鼓励服务提供者"走出去"，拓展国际市场，提高中国服务的国际影响力。

8. 重点领域的标准体系建设与国际推广

（1）共享经济。制定共享经济平台运营标准、共享产品质量和安全标准、服务提供者和服务接受者权益保护标准等，推动共享经济健康发展。

（2）电子商务。完善电子商务交易规则、推动跨境电子商务、电子支付、网络安全标准建立、制定数据保护和消费者权益保护等规定，提高电子商务的规范性和安全性。

（3）许可贸易。制定许可贸易合同条款和执行标准、知识产权保护和管理标准等，促进许可贸易的规范化发展。

（4）会议展览。制定会议展览组织标准、服务质量评估标准等，提升会议展览行业的国际竞争力。

（5）商事调解。建立商事调解流程、调解协议承认和执行等规则方面的标准，推动商事调解在国际商事争议解决中的广泛应用。

（6）文化创意。制定文化创意产业标准体系，包括文化产品创作、传播、交易等方面的标准，推动文化创意产业的国际化发展。

（7）人力资源。完善人力资源服务标准，包括职业培训、人才评价、人才流动等方面的标准，提高人力资源服务的质量和效率。

第三节　服务贸易制度型开放的新挑战

近年来，我国服务业制度型开放取得了显著的成效，稳步发展的同时也面临着接踵而至的新挑战。我国服务业制度型开放还存在不少堵点与痛点，推进路径也有待进一步明晰。我国服务贸易制度型开放面对的主要新挑战有以下几个：

一、合规性要求提高

随着全球贸易的不断发展，服务贸易领域涉及的规则和标准日益复杂，国际上对贸易合规性和透明度的要求趋严，服务贸易企业需要适应和遵守更为严格和复杂的法规及标准。对于一些规模较小、管理水平较低的企业，需要投入更多的资源和精力来适应新的合规要求。合规性要求的提高将推动服务贸易企业加强内部管理和风险控制。企业需要建立完善的合规管理制度，确保业务操作符合相关法规和标准。同时，也要求企业具备更强的风险识别和评估能力，及时应对潜在的风险和挑战。

合规性要求的不断提高将促使服务贸易领域与国际更深度接轨，频繁地进行国际合作和交流，任何国际贸易中的产品和服务将需要满足不同国家和地区的更为严苛的标准。因此，合规性要求的提高将促使从业资格标准和互认存在巨大的改革压力。如果国内的从业资格标准与国际标准存在差异，会影响产品的国际竞争力，也会给企业带来额外的成本。在当前竞争激烈的市场环境下，企业需要降低成本、提高效率。如果从业资格获取的过程烦琐、成本高，会阻碍企业的发展。因此，简化从业资格获取流程、降低成本成为了改革的压力之一。提高合规性要求将有助于我国服务贸易企业更好地融入全球贸易体系，与其他国家开展更加深入和广泛的合作，也将有助于推动我国服务贸易的国际化进程，提升我国在全球服务贸易中的地位和影响力。

二、技术安全问题严峻

随着技术的广泛应用，服务贸易企业需要更加重视网络安全问题，以防止黑客攻击和数据泄露等风险。技术安全问题的出现严重影响企业的正常运营和客户信任。

网络安全问题是服务贸易领域制度型开放的重要关注点。随着互联网的深入发展和应用，服务贸易越来越多地依赖网络进行交易和信息传输。然而，网络攻击、黑客入侵等网络安全事件频繁发生，导致服务贸易中的数据泄露、系统瘫痪等严重后果。因此，服务贸易领域需要加强网络安全防护，建立完善的安全管理制度和技术手段，确保服务贸易的网络安全。数据安全问题也是服务贸易领域制度型开放必须面对的挑战。在服务贸易过程中，大量的个人和企业数据需要进行传输、存储和处理。这些数据涉及个人隐私、商业秘密等敏感信息，一旦泄露或被滥用，将给个人和企业带来巨大损失。因此，服务贸易领域需要制定严格的数据保护政策，加强数据安全管理，确保数据的机密性、完整性和可用性。此外，信息技术应用风险也是需要关注的重点问题之一。随着信息技术的快速发展，服务贸易领域不断涌现出新的服务模式和应用场景。然而，这些新技术和新应用可能存在潜在的安全风险，如技术漏洞、系统缺陷等。服务贸易企业需要认真评估信息技术应用的风险，采取更有效的安全规避措施，防范潜在的安全漏洞和威胁。

为了应对这些技术安全问题，对服务贸易领域提出更高水平的要求，政府、企业等需要采取一系列措施来积极应对新挑战。首先，要加强技术研发和创新水平，提升我国服务贸易的技术能力和安全性能。其次，完善相关法规和标准，为服务贸易领域的技术安全提供法律法规保障和规范指导。最后，加强国际合作与交流，借鉴其他国家的成功经验和技术手段，共同应对服务贸易领域的技术安全挑战。

三、服务贸易数字化水平有待提升

尽管数字技术为服务贸易带来了新的发展机遇，但从我国服务贸易的现状来看，数字化水平仍不高。WTO 数据显示，2022 年全球数字服务贸易出口前 10 位国家中，六成为欧美发达国家，出口规模占全球比重合计达 47.4%。其中，美国数字服务贸易出口 6561 亿美元，占全球数字服务贸易出口的 16.1%，是排名第 2 位的英国的近 2 倍。与发达国家相比，我国数字服务贸易出口在服务贸易出口总额中的占比相对较低，由于数字技术在服务贸易中举足轻重的地位，占比额较低在一定程度上限制了服务贸易的快速发展。

从我国现状来看，虽然我国在移动支付、电子商务等方面取得了巨大成就，但在一些地区特别是农村和偏远地区，数字基础设施仍不完善、相对落后，无法支持服务贸易的数字化发展。数字化水平提升对于数字知识技能有着比较高的要求，因此，提升全民数字素养和技能是推动服务贸易数字化的重要条件。而目前，我国仍需加大力度普及数字知识和技能，特别是针对中年人群和一些特定行业工作者。此外，数字化服务贸易领域相关政策包括数据安全、隐私保护、跨境数据流动等方面的法规亟待进一步完善，以创造一个鼓励创新和创业的良性政策环境支持服务贸易的数字化水平提升，为服务贸易数字化高速发展保驾护航。

总的来说，服务贸易的数字化水平提升是一个系统工程，需要多方面的共同努力。许多传统服务行业，如教育、医疗、金融等的推动数字化转型任务仍任重道远。这不仅是技术上的更新换代，更是服务模式和业务流程的全面重塑。随着我国数字技术的不断发展和政策的支持，相信未来我国服务贸易的数字化水平通过长期不断的努力将得到更大的提升。

四、服务业开放度有待提高、服务贸易管理体制机制待健全

服务业开放度和服务贸易管理体制机制的完善是推动经济全球化、提升国家竞争力的关键所在。尽管近年来我国在服务业开放度和服务贸易管理体制机制方面已经取得了不小的成就，但仍存在需要完善的地方。

随着全球服务贸易自由化水平不断提升，中国在这方面还有提升空间。就服务业开放度而言，我国目前的负面清单仍有进一步压缩的空间，自由贸易试验区负面清单不属于法律规定的"法律、行政法规、规章"，法律地位较低属于其他规范性文件，并不具有国家法律的性质，需要进一步完善管理制度，提高透明度，为国内外服务提供者创造公平竞争的环境；在对外开放时，应当审时度势适度保护优势产业，持续扩大竞争优势，审慎开放弱势产业，给予弱势产业生存援助和发展空间（李计广和张娟，2023）。根据 RCEP 第十章第八条，各成员国投资负面清单在协定附件三的服务与投资保留及不符措施承诺表中列明，分为 A、B 两类。根据 RCEP 各成员国负面清单措施的数量统计，除了中国和日本，其他13 个成员国 B 类负面清单不符措施的数量均多于 A 类负面清单，说明大多数成员国相较于维持现行投资措施，更愿意在具体的行业部门保留更多采取新措施的权利，以便更灵活地使用外资限制措施或应对不可预测的未来变化。与美日等国所签署 FTA 服务贸易负面清单相比也存在明显差异（齐俊妍和高明，2018）。

表5-4　我国与美日等国 FTA 服务贸易负面清单对比

因素	美日等国 FTA 服务贸易负面清单	中国服务贸易负面清单
法律地位	国际法意义上的负面清单	国内法意义上的负面清单
适用对象	FTA 签署对象，全国范围内	所有贸易伙伴，特定区域
涵括行业范围	金融服务单独列章规范	涵盖金融服务等服务部门
规则框架	包含附件 I 和附件 II 两个附件，明确不符措施违背正面义务的类型、政府层级、国内法律依据	只有 1 个列表，不包含违背正面义务类型政府层级和法律依据等
不符措施	条目较少	条目较多

在一些服务业领域，如电信、医疗等，市场准入限制仍然存在，外资企业难以获得与内资企业同等的待遇，放宽这些限制、允许外资企业平等参与市场竞争是提高服务业开放度的关键；此外，服务业特别是高端服务业，对人才和技术的

需求较高。而目前在人才引进、技术交流方面还存在一定的障碍，如签证政策、外汇管理等方面，需要进一步优化以吸引更多国际人才和技术的引入。电信领域的市场准入限制主要体现在外资股权比例、业务经营范围以及技术标准等方面。政府出于保护国内电信产业和确保国家信息安全的目的，对外资企业在电信市场的参与度进行限制。这导致外资企业在电信服务提供、网络设施建设以及技术创新等方面面临诸多障碍。医疗领域，市场准入限制同样严格，医疗行业的特殊性和敏感性使得政府对其监管尤为严格。外资医疗机构在申请执业许可、人员资质认证以及医疗设备进口等方面需要满足更为严格的标准和程序。此外，政府对公立医院的主导地位以及医保政策的限制也影响外资医疗机构在市场上的竞争力。

这些市场准入限制虽然存在一定合理性，但也带来了一些负面影响。限制了市场的充分竞争，导致服务质量和效率的下降。缺乏竞争的市场环境使得服务提供者缺乏创新动力，无法及时满足消费者的需求。这些限制也可能影响外资企业的投资积极性，限制了服务业的开放度和国际化水平。为了推动服务业的进一步开放和发展，政府需要在保护国家利益和公共利益的前提下，逐步放宽市场准入限制。这包括降低外资股权比例要求、放宽业务经营范围、简化审批程序等。同时，政府还需要加强监管和制度建设，确保市场的公平竞争和行业的健康发展。

五、法律法规体系相较于发达国家还不够完善

我国服务业法律法规体系相较于发达国家还不完善，需要进一步建立健全法规政策，确保各类市场主体在服务业中公平竞争，保障合法权益。对标 CPTPP、USMCA，中国服务贸易国内法律法规存在的差异主要体现在以下几个方面：

1. 市场准入

CPTPP 和 USMCA 要求成员国在金融服务、电信服务、电子商务等领域提供更高的市场准入机会，包括对外国服务提供者的股权比例限制、设立分支机构的条件等。中国服务贸易领域尚存在较多的市场准入限制，以及大量合资、股比、国籍等强制要求，如学历和执业资格不互认、自然人流动、资金跨境流动限制。以上这些都在一定程度上限制了外资的进入及服务贸易开放发展。

2. 国民待遇

CPTPP 和 USMCA 均要求成员国在服务贸易领域给予其他成员国服务提供商与本国服务提供商同等的待遇，即国民待遇原则，以确保外国服务提供商能够在成员国国内市场中享有平等的待遇。而我国国民待遇和最惠国待遇的适用范围和程度，以及外资企业在税收、融资等方面的优惠政策等都与之存在差异。

3. 规则一致性

CPTPP 和 USMCA 要求成员国遵守协定中的规则，包括最惠国待遇、服务贸易的负面清单管理、透明度要求等。两者均强调监管的透明性和可预测性，要求成员国及时公布相关法规和政策，并提供公众咨询和反馈的渠道。

4. 跨境服务

CPTPP 和 USMCA 协议中包含的规则倾向于促进跨境服务贸易，尤其是电子商务和数字贸易等领域。例如，这两个协定都对电子商务提出了具体的要求，包括数据转移、个人信息保护、跨境数据流动等，以及禁止要求或效果上相当于要求本地化存储数据的规定。这些协议要求成员国消除跨境服务贸易的障碍，并保护知识产权和隐私权。相比之下，2021 年以前，我国共有 8 版针对外资准入的负面清单出台，做到了负面清单每年一更新，但是单独针对跨境服务贸易的清单仅在 2019 年和 2021 年版本中以极少篇幅出现。直至 2024 年全国版和自由贸易试验区版跨境服务贸易负面清单的发布，中国开始对跨境服务贸易建立负面清单管理模式，未来如何深化跨境服务领域负面清单还有待探索。

5. 投资保护

CPTPP 和 USMCA 提供了较为全面的投资保护规则，包括禁止征收、补偿原则、最低待遇标准、禁止任意没收、保障利润汇出和知识产权保护等，这些规则对服务贸易也有间接影响。中国的服务贸易规则在投资保护方面还不完善，外资企业在中国的业务运营可能面临更多的风险和不确定性。

6. 国内法规制

CPTPP 和 USMCA 协议中包含的规则倾向于要求成员国遵守一定的国内法规制，以确保服务提供商能够在公平竞争的环境中运营。这些协议要求成员国避免使用不合理的法规对外国服务提供商进行歧视。然而，中国的服务贸易规则在某些领域可能还存在一些不透明的法规和政策，对接国际经贸规则不彻底、国内专门法规滞后并与国际规制之间存在差异、服务业开放标准存在结构性困境、市场化主体作用不够突出等问题存在，由此可能对外资企业的经营产生不利影响（黎峰，2023；刘璐和熊思宇，2023；孔祥利和张倩，2023）。

第四节 服务贸易制度型开放的新保障

一、服务贸易制度型开放的实证研究

本章核心研究问题是研究服务贸易领域制度型开放对国民经济的影响，由此，选取人均 GDP 作为被解释变量来衡量国民经济的增长。为了探究主要的影响路径、方向、规模以及是否存在显著影响等问题，通过构建相关计量模型，参考武力超等（2020）的研究方法，就服务贸易领域开放对国民经济的影响展开如下实证分析：

在数据可获得性的基础上，借鉴白洁等（2022）的研究选取服务贸易依存度作为本章实证分析的解释变量，以服务贸易依存度来衡量我国服务贸易领域的开放程度。同时，引入一些控制变量，使回归结果更加稳定和准确。通过分析服务贸易领域制度型开放对国民经济可能的影响机制以及结合我国的实际情况，选择可能对结果产生影响的与服务贸易相关的 3 个变量（资本形成率、货物贸易开放度、研发投入）作为模型的控制变量。具体的变量说明及数据来源如表 5-5 所示，数据的描述性统计如表 5-6 所示。

表 5-5 变量说明及数据来源

变量类型	符号	变量名称	数据来源
被解释变量	lnC	人均 GDP	WDI Database
核心解释变量	STD	服务贸易依存度	根据 UN Comtrade Database 数据计算所得
中介变量	IS	产业结构	根据中国国家统计局数据计算所得
	lnP	第三产业劳动生产率	WDI Database
控制变量	CF	资本形成率	WDI Database
	GTD	货物贸易开放度	根据 UN Comtrade Database 数据计算所得
	RD	Ln（研发投入）	中国国家统计局

其中，服务贸易依存度的计算公式为：服务贸易依存度＝一国服务贸易进出口总额/该国 GDP。

表 5-6　描述性统计

变量	均值	方差	最小值	最大值
lnC	23396.289	10042.044	9092.473	39957.408
STD	5.823	0.839	4.16	7.07
IS	0.444	0.04	0.382	0.503
lnP	9.654	0.363	8.999	10.15
CF	43.354	2.251	39.62	46.66
GTD	44.58	11.22	31.718	63.965
RD	3.632	1.623	1.439	6.198

参照学者蔡跃洲（2019）的研究构建基准回归模型如下，并用 Stata 软件进行基准回归得到如表 5-7 所示的回归结果。

$$LnC = \alpha_1 + \alpha_2 STD + \beta_1 CF + \beta_2 GTD + \beta_3 RD + \varepsilon_1$$

表 5-7　基准回归及稳健型检验结果

变量	(1) lnC	(2) lnG	(3) lnC	(4) lnC
STD	0.075 *** (2.66)	3.71 *** (13.84)		0.111 *** (3.72)
FDI			0.101 *** (3.28)	
CF	0.725 *** (12.99)	0.121 *** (6.45)	0.676 *** (11.23)	0.681 *** (11.73)
GTD	0.227 *** (4.35)	0.011 (1.11)	0.166 *** (2.78)	0.144 ** (2.47)
RD	0.169 ** (2.12)	0.427 *** (7.83)	0.172 ** (2.19)	-0.299 *** (-2.93)
Observations	92	92	92	45
R^2	0.982	0.982	0.983	0.984

注：*** 表示 p<0.01，** 表示 p<0.05，* 表示 p<0.1，括号内为 t 值。本章下同。

基准回归的结果如表 5-7 第（1）列所示，服务贸易领域制度型开放对国民经济有显著的正向影响，然后，通过替换被解释变量、核心解释变量以及缩短样本时间年限来检验结果的稳健性得到第（2）～第（4）列的回归结果。回归结果均表明，服务贸易领域制度型开放对国民经济增长依旧呈明显的正向性，与基准回归结果保持一致，即模型稳健型检验通过。

由于不同国家之间的经济发展存在较大差异，为了研究服务贸易领域开放对不同经济发展状况国家的影响，故基于世界银行的分类标准，将国家分为低收入、中低收入、中高收入、高收入四类进行异质性检验。

异质性检验结果如表5-8所示。重点关注中国所处中高收入国家，即表格中第（3）列的实证结果，中高收入国家的服务贸易领域开放对经济增长具有显著的积极作用，且促进资本形成、加大研发投入有利于国民经济增长。

表5-8　异质性检验结果

变量	(1) lnC	(2) lnC	(3) lnC	(4) lnC
STD	0.158 (0.52)	0.288*** (3.92)	0.414*** (3.78)	0.364*** (6.23)
CF	0.67 (2.08)	0.569*** (6.17)	0.370*** (2.81)	0.663*** (8.98)
GTD	0.082 (0.24)	−0.078 (−0.73)	0.112 (1.21)	−0.245*** (−3.14)
RD	0.222 (0.21)	0.379*** (2.92)	0.311** (2.86)	0.202*** (2.81)
Observations	10	27	25	30
R^2	0.953	0.982	0.991	0.993

综合以上实证结果，未来我国服务贸易制度型开放的新保障应该是一个综合性的体系，包括负面清单管理模式的建立、具体政策措施的实施以及多个方面的改革和推进。这些保障措施有助于推动我国服务贸易的高质量发展，围绕促进产业升级、提高劳动生产力、提升我国在全球服务贸易中的竞争力和影响力而展开。

二、建立与国际高水平经贸规则相衔接的服务业开放制度体系

推动国内开放制度创新，围绕当前贸易领域制度型开放存在的各种突出问题，完善规则探索和体制机制，加快发展贸易新业态，创新贸易体制机制，推进数据流动监管立法工作。深入研究国际经贸规则，积极参与国际标准的制定，提升我国在国际经贸规则制定中的话语权。对接国际高标准经贸规则有望促进中国贸易的持续增长，并推动贸易结构的优化。通过降低关税和非关税壁垒，提高市场准入水平，可以进一步扩大中国与世界各国的贸易往来，增加贸易伙伴的多样性。

加快落实 WTO 框架下服务贸易国内规制及电子商务等诸边谈判成果，进一步减少服务业边境后限制措施，加强国内外规制衔接，提升服务贸易自由化、便利化水平。以提高我国服务市场国内规制规范性、透明度为导向，进一步明确服务企业经营的资质要求等，不断优化我国服务贸易营商环境，增强对全球服务贸易企业的吸引力，促进内外资服务企业公平竞争。加快国内制度与国际规则衔接，加快推进《全面与进步跨太平洋伙伴关系协定》《数字经济伙伴关系协定》等高标准协定谈判进程，构建与国际通行规则相衔接的服务业开放制度体系和监管模式。深入实施《中华人民共和国外商投资法》《优化营商环境条例》，保障外资企业依法依规平等享受国家产业和区域发展等支持政策，确保外资企业在政府采购、招投标、知识产权保护、标准制定等方面享受平等待遇。鼓励跨境电商、数字贸易、服务贸易等新兴贸易业态的发展，为传统贸易方式带来创新。遵循《政府工作报告》的指示，继续实施跨境服务贸易负面清单，并出台相关政策以促进服务贸易和数字贸易的创新发展。支持企业利用电商平台拓展国际市场，提升国际贸易便利化水平。发展特色贸易中心，如自由贸易试验区、跨境电商综合试验区等，打造高水平对外开放平台。

推进贸易监管模式创新，如"一线放开、二线管住"的跨境电子商务综合试验区监管模式。首先，优化服务贸易监管制度。包括完善服务贸易相关法律法规，确保监管政策与国际标准接轨，同时兼顾国内产业的实际情况。通过明确市场准入、数据保护、消费者权益等方面的规则，为服务贸易提供清晰、透明的法律环境。其次，建立跨部门协同监管机制。服务贸易涉及多个行业和部门，因此需要建立跨部门的信息共享和协作机制，确保各部门在监管中能够形成合力。通过加强部门间的沟通与协作，可以提高监管效率，避免监管盲区。此外，加强服务贸易事中事后监管。在服务贸易过程中，加强事中监管，确保服务质量和安全；同时，完善事后监管机制，对违规行为进行及时查处和纠正。这有助于维护市场秩序，保护消费者和企业的合法权益。探索适应新型贸易方式的监管制度，如对跨境数据流动实施精细化管理，保障数据安全同时促进数据经济的发展，开展数据流动相关法律、法规的研究，制定数据安全标准和规则；建立健全数据出境和入境的审查机制，保障国家安全和社会公共利益。促进数据资源合理流动和高效利用，支持大数据、人工智能等新一代信息技术的发展和应用；建立健全境外专业人员能力评价评估工作程序，便利商务人员临时入境，同时优化营商环境，提升贸易和投资的透明度和可预见性，为企业和投资者提供更加稳定和可信赖的环境。

三、建立全面、统一、与国际接轨的服务贸易法律体系

建立一个全面、统一且与国际接轨的服务贸易法律体系，包括制定和完善与服务贸易相关的法律法规，如《中华人民共和国服务贸易法》《中华人民共和国外商投资法》等，以明确市场准入、国民待遇、最惠国待遇等原则，并规定服务贸易的范围、规则和监管措施，作为 WTO 成员国，全面履行 WTO 规则，特别是 GATS 的义务。同时，我国还应积极与其他国家和地区签订服务贸易协议，推动服务贸易自由化和便利化。在制定国内法律法规时，应注重与国际条约和协议的对接，确保我国服务贸易法律制度的合规性和一致性。推动建立公正、透明有效的争端解决机制，及时处理服务贸易中的纠纷和争议，维护各方合法权益。这包括完善国内争端解决机制、加强与国际争端解决机制的对接等。

完善国内法律法规体系，确保法律、法规、规章之间相互衔接，形成统一的开放型经济法律体系。建立健全服务贸易相关的法律法规体系，确保服务贸易活动在法治轨道上运行。这包括制定和完善服务贸易法、外资法、知识产权法等法律法规，为服务贸易提供法律保障。制定和完善服务贸易相关法律法规，明确服务贸易的市场准入、经营规范、争端解决等方面的规则，为服务贸易的发展提供法治保障。开展数据流动相关法律、法规的研究，制定数据安全标准和规则。建立健全数据出境和入境的审查机制，保障国家安全和社会公共利益。促进数据资源合理流动和高效利用，支持大数据、人工智能等新一代信息技术的发展和应用。

四、充分利用高质量共建国际合作平台

国际合作平台为中国服务贸易高质量开放提供了一个开放的施展舞台，发达国家制度型开放发展也为我们提供了很多可供参考的经验。积极参与和推动全球

服务贸易规则的制定和完善，加强与国际服务贸易组织的合作，为全球服务贸易的发展贡献中国智慧和方案。通过与国际社会的深度合作，共同推动服务贸易领域的开放和合作，实现互利共赢。不断拓展新的共建平台和对话机制，拓宽对共建"一带一路"的支撑维度。加强与联合国、世界银行、国际货币基金组织、世界贸易组织、国际标准化组织等全球性国际组织以及非盟、东盟、上海合作组织等区域性国际组织的联系和对话，在基础设施建设、贸易投资、文化交流、环境保护等领域开展深度合作。同时，加强与现有国际合作论坛、对话机制的对接，开辟支撑共建"一带一路"的新合作平台。

推动共建"一带一路"高质量发展，打造共建标杆。通过借鉴国际先进规则和标准，提出中国基建标准，推动高质量的项目建设。这不仅有助于提升中国在国际分工中的地位和全球治理能力，也为共建国家提供了更多的发展机遇和合作空间。

改革高峰论坛举办模式，深入探讨细分领域的共建合作，创建具有全球性普遍意义的制度规则、技术标准，做深做实高峰论坛的共商共建共享机制，提升高峰论坛的成效。这有助于加强与其他国家的合作和交流，共同推动全球服务贸易的发展。

综上所述，中国制度型开放应充分利用高质量共建国际合作平台，通过参与全球规则制定、拓展共建平台和对话机制、推动共建"一带一路"高质量发展以及改革高峰论坛举办模式等方式，加强与其他国家和地区的合作与交流，推动全球服务贸易的持续发展。

五、着力打造贸易领域制度型开放综合效应评价体制机制

在贸易领域着力打造制度型开放的评价体系和机制，是中国进一步扩大开放、深化改革的举措之一。制度型开放指的是在贸易政策中强调规则导向，通过改革和优化制度环境，提升贸易便利化水平，保障公平竞争以及加强知识产权保护等，从而吸引更多外国投资，促进国际贸易。制定一套全面评估贸易领域制度型开放的指标体系，用于衡量贸易领域制度型开放政策的实施效果，包括贸易便利化程度、规则透明度、法律框架完善度、知识产权保护力度等以及这些政策对经济、社会和环境等方面的综合影响。确定一套具体的评价指标，这些指标应具体、可量化，能够反映服务贸易领域制度型开放的质量、效率和影响，如外国直接投资增长率、服务贸易进出口增长率、国际市场份额等。确保评估过程的多元化参与，包括政府官员、专家学者、行业代表、企业和个人等，以获得多角度、多层级的评估意见，评估过程和结果应当保持高度透明，向公众公开，以便社会各方面监督和提供反馈。以上均有助于政府决策者更好地理解政策的长期效应，优化政策设计，提高政策实施的效果。

贸易领域制度型开放综合效应评价体制机制对于保障服务贸易领域制度型高质量开放具有重要意义。对新政策的制定实施建立一套完整的事前评估、事中监测、事后评估机制。在新政策或措施实施前，对其可能对贸易环境的影响进行评估，确保新政策与国际规则相兼容，不会对外国投资者造成不利影响。在政策实施过程中，持续监测其对贸易和投资环境的影响，及时发现潜在问题并采取措施解决。政策实施后，进行效果评估，分析其对贸易流量、外国直接投资、企业竞争力等方面的实际影响，有利于国家根据评估结果，及时动态调整和优化政策，确保政策效果的最大化和问题解决的最优先，使贸易领域制度型开放持续取得积极成效。

第五节　本章小结

本章探讨了服务贸易制度型开放的新领域、新内容以及未来的新挑战和相应的新保障。服务贸易制度型开放的新领域不仅局限于传统范畴，更在多个维度上展现出新的发展趋势。

在领域拓展方面，服务贸易制度型开放需要扩大发展行业层面新领域，涵盖更多现代服务业，特别是新兴服务业态；要创新开放知识密集型服务贸易新领域，包括知识产权服务、技术研发与转让等，以推动知识经济的发展；完善相关法律法规新领域，确保服务贸易的规范化、法治化；高速建设新载体，如服务贸易创新发展试点城市、服务贸易特色园区等，为服务贸易提供有力支撑；开拓创新数字化领域，把握数字经济时代的新机遇；转移贸易制度型开放方式，逐步从商品贸易向服务贸易转变。

在新内容方面，服务贸易制度型开放需要积极改革推动便利化，降低服务贸易壁垒，提高市场准入度；推广负面清单管理模式，简化审批流程，增强市场活力；深化市场准入和投资审批制度改革，打破行政性垄断和市场壁垒；建设自由贸易试验区和自由贸易港，形成高水平对外开放新格局；完善相关法律法规，为服务贸易提供法律保障；加强与国际社会合作，推动服务贸易规则的国际协调；推动中国标准国际化，提升服务贸易国际竞争力。

然而，服务贸易制度型开放也面临着诸多新挑战。全球局势的不确定性导致服务贸易市场波动；合规性要求的提高对企业经营提出了更高要求；技术安全问题严峻，需要加强数据保护和网络安全；服务贸易数字化水平有待提升，以适应数字经济快速发展的趋势；服务业开放度和服务贸易管理体制机制待完善，以推动服务贸易高质量发展；法律法规体系尚不完善，需要加强立法和执法力度。

未来保障我国服务贸易制度型高质量开放的新举措：首先，建立全面统一的国际接轨法律体系，为服务贸易提供明确的法律指引；其次，利用高质量国际合作平台，如共建"一带一路"、自由贸易协定等，拓展服务贸易国际合作空间；最后，打造综合效应评价体制机制，对服务贸易制度型开放的效果进行定期评估和调整。

综上所述，服务贸易制度型开放的新领域、新内容和新挑战相互交织，需要我们在保持开放的同时，加强风险防范和制度建设，以推动服务贸易健康、持续发展。

第六章

数字贸易制度型开放

第一节　数字贸易制度型开放的新领域

一、中国数字贸易发展现状

随着新一轮科学技术变革和全球产业转移，数字技术催生出的新产品和服务，带来了新的贸易生态系统，数字贸易越来越成为国际贸易发展的新趋势和新动力，数字经济是顺应全球化、自由化和贸易便利化的必然选择。党的二十大报告指出，推进高水平对外开放，要"推动货物贸易优化升级，创新服务贸易发展机制，发展数字贸易，加快建设贸易强国"，将数字贸易作为我国培养新一轮国际贸易竞争新优势的重要领域，数字贸易规则是中国推进制度型开放的重要方向，数字贸易得到前所未有的重视。在国际中，早期"数字贸易"一直被视为"电子商务"，1988 年 WTO 正式提出"电子商务"这一概念，将"电子商务"和"数字贸易"区分；2013 年数字贸易开始被视为是数字产品与服务贸易；2014 年至今数字贸易概念不断被完善。2019 年 11 月，《中共中央　国务院关于推进贸易高质量发展的指导意见》正式提出"数字贸易"概念，之后《"十四五"数字经济发展规划》《数字中国建设整体布局规划》等政策相继出台，组成中国数字经济发展的上层建筑。2023 年，中国信息通信研究院发布的《中国数字经济发展研究报告》指出，数字经济是以数字化的知识和信息作为关键生产要素，以数字技术为核心驱动力量，以现代信息网络为重要载体，通过数字技术与实体经济深度融合，不断提高经济社会的数字化、网络化、智能化水平，加速重构经济发展与治理模式的新型经济形体。具体包括数字产业化、产业数字化、数字化治理和数据价值化（见图6-1）。

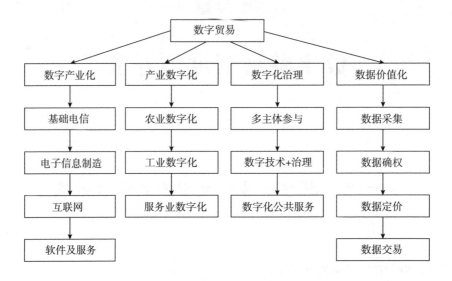

图 6-1　数字贸易构成

资料来源：中国信息通信研究院。

在国际社会动荡、保护主义和单边主义抬头的冲击下，中国数字经济取得了突破性的进展，数字经济发挥出了其灵活高效且具有韧性的特点。WTO数据显示，2022年，我国可数字化交付的服务贸易规模达到2.5万亿元，跨境电商进出口规模达到2.1万亿元，比前两年增长30.2%。如图6-2所示，从数字经济整体规模来看，自中国2020年加入RCEP以来，数字经济规模持续扩大，数字经济规模从2017年31.3万亿元增加至2022年50.2万亿元，同比增加4.68万亿元，数字经济占GDP比重达到41.5%。数字经济增速从2012年开始一直高于GDP增速，在国民经济增长中发挥着"稳定器""加速器"的作用。如图6-3所示，从数字经济业态结构来看，中国数字产业化规模和产业数字化规模都在逐年扩大，但产业数字化规模明显大于数字产业化规模。2022年，中国数字产业化规模达到9.2万亿元，同比名义增长10.3%，占GDP比重7.6%；产业数字化规模达到41亿万元，同比名义增长10.3%，占GDP比重为33.9%，占数字经济比重为 81.7%。目前，中国数字经济发展主要是以产业数字化为主，数字产业化则发展较为缓慢，将成为我国继续推进数字经济发展的重要领域。

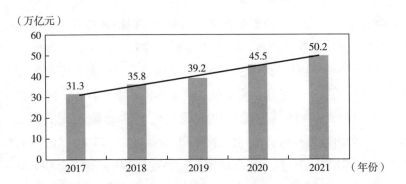

图 6-2　2017～2021 年中国数字经济规模

资料来源：中国信息通信研究院。

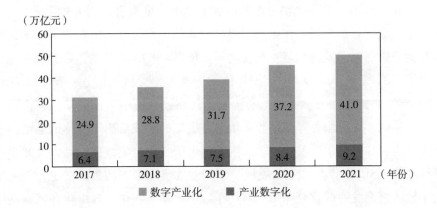

图 6-3　2017～2021 年中国数字产业化和产业数字化规模

资料来源：中国信息通信研究院。

二、国际数字贸易规则新领域

数字贸易的蓬勃发展推动了全球数字经贸规则制定与国际贸易创新的步伐。党的二十大报告强调在发展数字贸易的同时，也要"稳步扩大规则、规制、管理、标准等制度型开放"。中国想要进一步实现数字经济健康发展，需要积极参与到全球经贸规则、规制的制定中，不断提高制度型开放和创新能力。据

TAPED 数据库统计，截至 2022 年，该数据库收集了 2000 年至 2021 年 6 月向 WTO 通报的 188 个涵盖数字贸易规则的贸易协定。从整体来看，全球数字贸易规则分为"美式模板""欧洲模板""亚太模板"。其中"美式模板"致力于强调数据跨境自由流动、禁止数据本地化、知识产权保护体系等全面构建数字贸易自由化的协定内容；"欧式模板"则致力于强调隐私保护、视听例外、对线上消费者保护等始终如一具有保护特色的协定条款内容；"亚太模板"相较于前两个体系发展较晚且还有一定差距，更加强调尊重国家数据主权，但缔约方众多且发展潜力巨大。目前，全球数字贸易协定最具代表性的是《美墨加三国协议》（USMCA）、《全面与进步跨太平洋伙伴关系协定》（CPTPP）、《区域全面经济伙伴关系协定》（RCEP）、《数字经济伙伴关系协定》（DEPA）。其中，DEPA 是涵盖范围最广的数字贸易协定，不仅包含贸易便利化规则、数据跨境自由流动规则、数据信息安全规则、数字经济开放包容规则等传统议题，还包括金融科技、人工智能、数据创新、数字中小企业合作等紧跟时代的新兴议题。

如表 6-1 所示，从各个协定条款内容涉及的广度来看，DEPA 所涵盖的数字贸易协定条款内容最广泛，在第八章提出的新趋势和技术、第九章提出的数据创新是其他条款都未涉及的领域。相比之下，RCEP 和 CPTPP 着重强调和深化已存在的电子商务等条款。从各个协定条款内容所涉及的深度来看，CPTPP 和 USMCA 作为"美式模板"下的贸易协定，其在数据跨境自由流动、禁止源代码披露、交互式计算机服务等促进数字贸易自由化的领域给出了明确的承诺。反映出以美国为主导的数字贸易协定条款内容侧重于强调跨境数据流动以及知识产权保护程度等。RCEP 作为"亚太模板"下涵盖成员国最多的贸易协定，是亚太地区国家经济繁荣发展的重要保障，但其在数字贸易便利化、自由化和创新领域所做出的承诺与其他贸易协定相比还有很大的差距。协定内各成员国经济发展水平存在一定差距且数字经济普遍处于起步阶段，因此，协定条款主要聚焦于数字贸易便利化和体系构建，在跨境数据自由流动、源代码和算法、知识产权保护等条款中还未达成统一的共识。DEPA 则在 CPTPP、RCEP 的基础上进一步细化了促进数字贸易便利化的条款内容，提出了电子发票、电子支付、物流、数字身份等条款，在促进贸易便利化中做出了更全面且灵活的承诺。在人工智能、金融科技合作、数据创新等新领域中也做出了合作安排，并且相较于其他贸易协定更加关注中小企业合作。

表 6-1 数字贸易规则代表协定具体条款内容对比

相关条款	CPTPP	USMCA	RCEP	DEPA
数字产品非歧视待遇	√	√		√
国民待遇	√			√
最惠国待遇	√	√		
国内电子交易框架	√	√	√	√
物流				√
电子认证和电子签名	√	√	√	
电子发票				√
电子支付				√
快运货物				√
线上消费者保护	√		√	√
线上个人信息保护	√	√	√	√
个人信息保护关键原则条款		√		√
无纸贸易	√	√	√	
数字贸易访问和使用互联网的原则	√	√		√
计算设施的位置	√	√	√	√
跨境数据自由流动	√	√	√	√
非应邀商业电子信息	√	√		√
数字身份				√
网络安全	√	√	√	√
禁止源代码披露	√	√		
禁止源代码算法披露		√		
金融科技合作				√
交互式计算机服务		√		
人工智能				√
政府采购				√
竞争政策合作				√
数据创新（数据沙盒）				√
公开政府数据		√		√
中小企业合作	√	√	√	√
透明度	√	√		√
争端解决	√	√	√	√

153

相关条款	CPTPP	USMCA	RCEP	DEPA
电子商务	√	√	√	√
相关条款	CPTPP	USMCA	RCEP	DEPA
关税	√	√	√	√
数字税	√	√		√
一般例外	√	√	√	√
国家安全例外	√	√	√	√
审慎例外及货币和汇率政策例外				√
协定条款数量	18	19	17	65
协定英文文本字数	2706	3206	2986	10887

资料来源：根据各协定官方文本整理而得。

2020 年 11 月，经过 8 年 31 轮谈判，中国正式加入 RCEP。2022 年 1 月，RCEP 正式生效。2021 年，中国申请加入 DEPA。CPTPP、DEPA 作为未来高标准全球数字经贸规则的标杆，中国在对接 RCEP 数字贸易协定条款的同时，也在积极推进加入 CPTPP 和 DEPA 的进程，将进一步对接更多高标准、高质量的国际数字贸易规则。目前，中国的数字贸易治理体系仍然面临较高的贸易壁垒，与其他国家或地区签署的贸易协定主要聚焦于电子签名、无纸贸易等数字贸易便利化议题，在跨境数据流动、知识产权保护、源代码和算法保护、政府数据公开等议题上涉及还不深，在国际数字贸易规则谈判中话语权较弱。故在对标 CPTPP、DEPA 的过程中将紧跟未来数字贸易规则发展的新领域，也对中国数字经济发展、加快建设数字贸易强国、稳步推进数字贸易制度型开放具有重要意义。本章根据 CPTPP、DEPA 中数字贸易协定规则，将数字贸易条款分为贸易便利化规则、数据跨境流动和本地化规则、数据安全规则、新兴趋势和技术规则等。

1. 贸易便利化规则

在对接贸易便利化规则时，我国所面临的新领域主要包括电子支付系统、电子发票系统、物流、快运货物、无纸贸易等，强调要简化贸易手续，增强数字贸易管理的有效性。

（1）物流。高效率跨境物流有助于降低贸易成本和提高供应链反应速度和弹性。DEPA 协定文本第 2.4 条分别从配送方案、配送方式以及跨境货物交付方式等方面规定了新的物流配送和商业模式。要求"最后一公里"包括按需和动态解决路径方案、未来使用电动或自动驾驶车辆进行配送以及采用共用包裹储存系统等。我国物流系统正在构建"智慧仓储+智慧物流"模式，积极推进互联网、人工智能、大数据与物流体系深度融合，提升月台作业效率、仓库吞吐效率以及园区安全管理效率，实现物流园区的智慧化管理以及智能办公。腾讯云、阿里云等云厂商正在积极与顺丰速递、京东物流、中国邮政、中外运股份有限公司等传统物流公司合作，通过云计算、IOT、大数据等新兴数字基础设施，提升各物流公司业务运营的智慧化，有效提高物流配送的效率。但大多数物流仍然需要大量人力和普通车辆来完成，各个地区之间物流系统存在壁垒且数字化水平偏低，我国距离高水平的"智慧仓储"和"智慧物流"还有一定的发展空间。

（2）电子支付。DEPA 第 2.7 条要求加快构建互联互通的支付基础设施，以支持高效、安全和可靠的跨境电子支付。提出采用国际电子支付标准、鼓励使用应用程序编程接口（API）、采用监管沙盒和行业沙盒来创造电子支付的有利环境。CPTPP 强调跨境电子支付必须公开透明、自由和无延迟。我国跨境电子支付主要是在 PayPal 等第三方支付平台，存在手续费用高昂且资金周转时间长等问题，导致我国跨境支付成本较高。云计算作为一种新型数字基础设施，我国正在积极推动云计算与跨境电子商务等数字贸易的深度融合。根据中国信息通信研究院发布的《云计算白皮书2023》，2022 年我国云计算市场规模达到 4550 亿元，相较于 2021 年增长了 40.91%。从细分服务模式来看，云计算服务模式包括 IaaS、PaaS、SaaS，其中，IaaS 市场规模达到 2442 亿元，是 PaaS 和 SaaS 市场规模总和的 3 倍。但从未来人工智能发展的大趋势来看，SaaS 将成为我国未来云计算发展的首要领域。同时，中国已经初步具备实施监管沙盒的基础条件，2017 年，贵阳与北美区块链协会共同合作运营的区块链金融沙盒计划正式启动，首次将中国区块链政策法规与全球应用新领域进行有机结合。我国基于云计算三种服务模式所建立的跨境电子支付系统，需要进一步对接国际电子支付标准，打造出具有连通性和交互操作性的电子支付系统。

（3）快运货物。DEPA 第 2.6 条强调缔约方对快运货物采取或设立快速海关通关程序，并且保持海关监管和选择。主要包括：提前处理货物信息，允许一次性提交所有的货物信息，在限度内使用最少放行单证数，在货物到达后的 6 小时内放行等程序。我国在"十三五"时期全国新增开放口岸 28 个，扩大开放口岸 38 个，全国经国务院批准的对外开放口岸共 313 个。我国正在积极推进"智慧口岸"建设，强调结合高新技术实现国际贸易"单一窗口"服务功能和跨境贸易全链条的"一站式"服务平台。在"十三五"时期，国际贸易"单一窗口"已经与25个部委单位实现了信息共享；截至2020年，口岸环境得到进一步优化，"减单证、优流程、提时效、降成本"等措施得以见效，海关监管单证从86种降低至41种，进口货物"提前申报"比例得以提高，保险改革实现"先放行后缴税"，整体通关时间缩减至2017年的一半，集装箱进出口环节合规成本相较于2017年减少了100美元以上。中国海关总署发布的《国家"十四五"口岸发展规划》指出，在"十四五"时期，进一步对接国际高标准，持续创新"外贸+金融""通关+物流"等服务。

（4）国内电子交易框架。CPTPP第14.5条和DEPA第2.3条都规定了每个缔约方管辖电子交易的法律框架应与《UNCITRAL电子商务示范法》（1996年）或《联合国关于在国际合同中使用电子通信的公约》原则相一致。此外，DEPA还提出了缔约方应努力采取《UNCITRAL电子可转让记录示范法》（2017年）的要求。

2. 数据跨境流动和本土化规则

在对接数字产品待遇和数据跨境流动规则时，中国所面临的新领域主要包括电子传输免征关税、数字产品非歧视待遇、数据跨境流动、禁止源代码披露等规则。

（1）电子传输免征关税规则。CPTPP和DEPA规定不对电子传输及以电子方式传输的内容征收关税。相比之下，RCEP对电子传输征收关税的规定在WTO基础上，实施"暂时性"免关税且各方保留对电子传输关税调整的权利。数字经济的快速发展，数字税成为各国关注的焦点，主要涉及国际税收和国内税收两个部分。国际税是指对电子传输征收关税，国内税是指对数字服务征收关税。2022年，WTO第12届部长级会议达成《关于电子商务的工作计划》，对电子传输免征关税，但却并未对电子传输给出明确定义。2023年，WTO电子商务谈判就该问题继续进行谈判，但不同发展水平的国家意见存在分歧，以美国为代表的国家主张免征电子传输关税和数字服务税；以欧盟为代表的国家主张免征电子传输关税和征收数字服务税；以印度为代表的国家主张征收电子传输关税和数字服务税收。我国拥有较大的数字贸易市场，征收数字税将增加一部分税收收入，在一定程度上可以缓解外国对我国企业所征收的数字税。我国表现出免征电子传输关税和数字服务税的倾向，积极对接国际高标准、高规则，呼吁各国建立统一数字税收标准。

（2）数字产品非歧视待遇。DEPA 在第 3.3 条强调对"同类数字产品"不得低于其他同类产品的待遇。作为 CPTPP 电子商务条款中的核心条款，在第 14.4 条中强调了数字产品非歧视条款的适用范围和数字产品贸易中相关服务贸易高开放程度的负面清单。所以中国是否能接受较高水平的负面清单与"同类数字产品"判定带来的挑战，是中国接受该条款的核心义务与难点。在 2021 年之前，我国在跨境服务贸易领域一直采用正面清单且对不同服务贸易行业存在不同的限制程度。2021 年 6 月，商务部印发的《海南自由贸易港跨境服务贸易负面清单管理办法》是我国在跨境服务贸易领域的第一张负面清单，其在 110 多个服务部门的开放水平超过了我国已签署的 RCEP 贸易协定，是我国推进高水平制度型开放的重要举措。但该负面清单在信息传输、软件和信息技术服务业等与数字产品非歧视待遇相关的重要行业中仍存在较多的特别管理措施。此外，在"同类数字产品"的认定上，我国并没有对数字产品含义与范围给出明确的界定。由于数字产品的无形性与一系列复杂的生产过程，导致对"同类数字产品"的认定难度增加。并且，不同国家技术水平、意识形态等差异，也会导致对同类产品的定义有所偏差，从而增加贸易摩擦发生的可能性。

（3）数据跨境流动规则。DEPA 和 CPTPP 分别在第 4.3 条、第 14.1 条中同意通过电子方式跨境传输信息，包括个人信息。并且，各缔约方在通过电子方式传输信息时可以设置不同的监管要求。相比之下，RCEP 中关于数据跨境流动的协定内容允许更多的例外。我国数字贸易处于起步阶段，维护国家安全和网络安全是我国的首要立场，强调在维护国家安全的前提下有序开放数字服务贸易，故数据跨境流动是我国对接 CPTPP 和 DEPA 的主要难点之一。自 2017 年，我国相继出台《中华人民共和国网络安全法》《中华人民共和国数据安全法》《中华人民共和国个人信息保护法》以来，我国形成了数据出境安全评估、个人信息保护等数据出境监管机制。但我国数据流动规则不完善，数据流动的激励和权益保护机制未健全，导致各主体对数据跨境流动仍存在较多的顾虑。面对这样的问题需要解决的就是数据识别规则不清晰，数据权属不明确是各主体不愿主动进行数据流通的主要原因之一。我国各地正在积极推进数据产权登记新方式，赋予数字产品唯一的数字编码和标识。同时，通过云计算、区块链、人工智能等新兴数字技术来保证数据自由流动的安全性。

（4）禁止源代码披露。关于禁止源代码披露的规则，DEPA 并没有做出明确的规定。CPTPP 作为"美式模板"源代码规则的代表，在第 14.17 条提出要求缔约方不得以要求转移或获取另一缔约方的源代码作为同意其进入市场的条件，但是这不包括关键基础设施的软件。同时，该条款允许三种例外情况：一是商业谈判中包含的源代码提供的例外；二是为确保软件源代码符合法律法规所必须提供的例外；三是申请专利时所需提供的例外。此外，USMCA 第 19.16 条做出了更加严格的要求，禁止缔约方要求转让所有软件源代码。同时，只允许一种例外情况，即缔约方监管机关要求源代码提供的例外。在国际中，主要是以美国、新加坡、英国、加拿大等数字经济竞争力排名靠前的国家为主导，主张建立禁止源代码披露规则，通过限制其他国家对其数字经济规制的能力，降低其软件所有人进入其他市场的准入壁垒，从而继续处于全球数字经济的领先地位。就中国而言，我国并未就源代码披露问题做出明确的规定，但我国加入的 RCEP 电子商务章节第十六条也规定了各缔约方就源代码问题进行谈判。因此，尽快找到符合我国数字经济发展阶段的立场，对于我国加入国际高标准数字贸易规则制定至关重要。

3. 数据安全规则

在对接数字经济消费者信任和中小企业合作规则时，中国所面临的新领域主要包括数字个人信息保护、中小企业规则、数字包容规则等。

（1）个人信息保护。CPTPP 第 14.8 条和 DEPA 第 4.2 条都要求缔约方在其境内保护用户个人信息安全且做到非歧视。对各国保护个人信息的法律框架提出具体应依据的原则，如收集限制、数据质量、用途说明、透明度等。同时，要求各缔约方应致力于提高不同保护体制之间的兼容性和操作可交互性。我国以安全为导向，在保护国家安全的前提下发展数字贸易，在网络安全和个人信息保护领域中不断完善相应的立法规定。《中华人民共和国个人信息保护法》在第三章和第四章分别提出了个人信息跨境提供的规则和个人在个人信息处理中的权利。其中，第四十条强调运营者处理个人信息数量达到国家网信部门规定上限时，应将个人信息储存在境内且需通过国家网信部门的安全评估才得以向境外提供。我国网信部门的安全评估重点评估内容包括个人信息数量、范围、类型与敏感程度，数据接收方保护数据安全的能力及其网络安全环境，数据再转移所带来的风险等。在非歧视方面，第四十三条强调我国采取禁止歧视性、限制或其他措施，若其他国家或地区采取歧视性措施，则我国将对其采取对等的措施。第四十四条则做出了关于个人参与的要求，个人对其个人信息的处理享有知情权、决定权等权利。由此可见，我国现阶段在维护网络安全与个人信息保护的领域中正在积极对接国际规则，但在透明度、数据质量等方面仍存在立法不足和监管不到位等问题。

（2）数字中小企业规则。DEPA 第 10 章中专门提出了中小企业合作的板块。第 10.2 条强调中小企业在数字经济中的合作以及增强中小企业在贸易投资机会。第 10.3 条强调数字信息的开放共享以及创新与数据监管沙盒。DEPA 相比"美式模板"下的数字贸易协定更加强调中小企业在数字经济中的作用。中小企业是我国数量最多的企业类型，也是国民经济持续健康发展的重要保障，加快中小企业数字化转型是我国发展数字贸易的重要环节。中国为了改变中小企业在数字贸易中的弱势地位，鼓励数字贸易领域中的平台型龙头企业与中小企业共享数据，在促进中小企业数字化转型同时数据价值得到充分体现。根据中国信息通信研究院发布的《云计算白皮书 2023》，近 10 年我国中小企业 SaaS 支出占其整体支出比重年均保持 10%，中小企业借助 SaaS 服务实现低成本用云、轻资产上云，SaaS 正在成为促进中小企业数字化转型的重要途径。

（3）数字包容规则。DEPA 在第 11 章中提出缔约方应承认数字包容性，保证所有人与企业都参与到数字经济之中并能从中获益。其中，主要强调农村人口、低收入人群等社会群体。我国想要实现共同富裕，最重要的任务仍在农村。就数字经济快速发展而言，一方面将带来更多发展机遇，即通过技术赋能来推动产业变革，数字经济独有的特性可以跨越时间、空间的界限，从而有助于缩小城乡收入差距。另一方面数字经济发展可能使得城乡之间出现数字鸿沟，数字鸿沟的出现会通过拉大城乡机会和技能差距，从而进一步加大城乡收入差距。因此，提升数字经济包容性，弥合数字鸿沟，是我国发展数字经济需要解决的主要问题之一。我国已经建成了全球规模最大的信息通信网络，通宽带比例达到 98%，基本实现城乡网络全覆盖。数字技术赋能农业产业，智慧农业得以快速发展；线上购物、智慧教育、远程医疗等服务得以落地，城乡基础公共服务差距不断缩小。

4. 新兴趋势和技术规则

在对接新兴趋势和技术规则时，DEPA 在第 8 章中提出了创新性数字贸易协定条款，是以往的数字贸易协定都未曾涉及的领域。中国在对接这些协定条款时所面临的新领域主要包括金融科技、人工智能、政府采购等规则。

（1）金融科技规则。DEPA 第 8.1 条提出在符合各自法律法规的情况下，促进金融科技部门间的企业合作与持续创新以及鼓励金融科技开展人才合作。在经济复苏的大环境下，宏观经济需求对金融科技发展产生了新要求。我国金融科技经历了长期发展和波动调整时期之后，行业发展将进入相对稳定的时期。金融科技投入增速放缓，国有六大行金融科技投入由 2021 年的 12.34% 下降至 2022 年的 8.42%，从"广撒网"式投入向具体业务和落地要求聚焦。随着科技不断创新，金融科技伦理问题也受到了广泛重视。一方面，我国金融科技伦理呈现出多维度框架，治理体系从通用到行业、从中央到地方、从监管层到机构个体。另一方面，"三法两意见"组成了我国金融科技行业规范的上层建筑，不断推动我国金融科技发展的良性循环，助力金融科技供给侧结构性改革。但在未来将强调金融科技的技术赋能，如智能算力、云计算、AI 原生、人工智能等新技术，将进一步有助于实现数据要素价值。

（2）人工智能规则。DEPA 第 8.2 条提出人工智能应用日益广泛，缔约方应为采取可信、安全和负责任的人工智能技术而制定伦理和治理框架。人工智能正在沿着"创新、工程、可信"三个方向继续前进。新算法不断涌现，如谷歌、华为、中科院、阿里巴巴等企业推出的超大规模预训练模型，人工智能已经可以处理文本、图像和语音三种数据模式；单点算力有所突破，如百度的昆仑 2、寒武纪的思元 370 算力较上一代产品都提升了 3~4 倍。人工智能的蓬勃发展，既增加了实现安全可信的人工智能技术的难度，也对人工智能治理框架提出更高的要求。就人工智能治理工作而言，一是人工智能持续深度赋能对现有的伦理和社会秩序带来了巨大的冲击；二是人工智能现有技术还不成熟，正在不断暴露风险隐患，人工智能发展具有不透明性和不确定性，将会导致一些不公平的决策现象出现；三是现在法律体系还不完善，人工智能的主体资格界定、隐私侵犯和责任划分等方面充满争议。根据《人工智能治理白皮书》，人工智能治理体系由政府、企业等多元主体参与，形成伦理原则等"软法"和法律法规等"硬法"相结合的治理方式。我国主张软法和硬法兼顾的原则，不断探索人工治理体系。

（3）政府采购。DEPA 第 8.3 条提出数字经济将会影响政府采购，缔约方应确认开放、公平和透明的政府采购市场。此外，彼此之间通过开展合作来进一步了解政府采购程序数字化对国际政府采购承诺所带来的影响。在 DEPA 提出政府采购数字化转型之前，WTO 发布的《政府采购协定》，强调了政府采购的非歧视、透明度、发展中国家优惠待遇性等原则。2015 年，《中共中央 国务院关于构建开放型经济新体制的若干意见》正式提出推动我国加入《政府采购协定》谈判。我国一直在努力提高政府采购透明度和采购效率，加快数字技术赋能政府采购，推进采购项目电子化实施过程。各个地区开展电子形式的采购活动，涉密采购项目除外，推动采购项目全程电子化交易，线上公开采购意向，发布采购公告、提供采购和投标文件等；完善电子采购平台信息查询功能，各主体可以及时的查询到供应商信息；完善采购融资业务办理，实现在线申请、审批和提款的全程电子化服务。2023 年，我国重申想要尽快加入 WTO《政府采购协定》的意愿，将会继续构建更加透明、开放和非歧视的采购环境，为加入该协定而努力。

第二节　数字贸易制度型开放的新内容

数字经济快速发展，正对社会生产方式、生活方式和治理方式产生深远的影响，是未来各经济体培养国际竞争新优势的重要方向，改变全球竞争结构的关键力量。根据 WTO 统计，2022 年，全球可数字化交付服务出口额 4.1 万亿美元，同比增长 3.4%。发达经济体数字服务出口 3.14 万亿美元，占全球市场的77.2%，发达经济体在全球数字贸易中占主导地位。为了在新一轮国际贸易竞争中取得优势地位，各国都在积极争取参与全球数字贸易规则制定的权利。目前，全球有超过 120 个贸易协定中包括了数字贸易规则，其中 DEPA、CPTPP、USMCA 等贸易协定中的数字贸易规则已经从贸易便利化议题转向"边境后开放"议题，在无纸化贸易、电子认证、电子支付等促进贸易便利化的议题上已经达成普遍共识，在跨境数据流动、知识产权保护、禁止源代码披露、数字产品非歧视待遇等议题上还存在分歧。现有国际数字贸易规则体系是发达国家围绕自身数字贸易竞争策略来主导构建，这对中国数字贸易发展与治理体系构建既是机遇也是挑战。

当前，我国数字贸易发展形势向好，数字产品贸易海外优势不断扩大，中国影视作品、网络文学等数字产品广受喜爱；数字技术贸易稳步发展，数字技术创新能力明显提高，人工智能、云计算、大数据、量子信息等新兴信息技术快速发展；数字服务贸易拓宽领域，金融服务、保险服务、知识产权服务、人民币跨境支付等领域进出口规模不断扩大。2022 年 1 月《国务院关于印发"十四五"数字经济发展规划的通知》指出，"十四五"时期，发展数字经济是新时代信息技术发展的战略选择，数据要素是数字经济发展的关键，数字化服务给人民生活提供极大的便利性，完善数字贸易治理体系是数字经济高质量发展的保障。同年，

《中共中央国务院关于加快建设全国统一大市场的意见》提出，加快建设高效规范、公平竞争、充分开放的全国统一大市场，强调数字技术赋能物流构建现代化物流网络，降低要素流动成本，提高要素流动效率，加快构建统一的技术和数据市场，完善知识产权评估与交易系统。我国数字贸易制度型开放围绕着数字贸易便利化、数据要素流动与统一数据市场构建、数字化转型、数字治理体系四个方面对标国际高规则、高标准。

一、数字贸易便利化

国际数字贸易规则中关于数字贸易便利化的议题已经达成普遍共识。2021 年《亚洲及太平洋跨境无纸贸易便利化框架协定》正式生效，该协定是联合国无纸化框架下第一个多边协定，强调国家单一窗口和无纸化贸易兼容、贸易数据和文件跨境互认。2022 年 RCEP 正式生效，数字化对国际贸易赋能效果显著，我国数字贸易便利化水平不断提高。根据我国"十四五"时期数字经济发展整体规划结合国际数字贸易高标准、高规则，我国在物流、电子认证和签名、无纸化贸易、原产地积累规则等领域通过数字化赋能提高效率，为国际贸易创造良好的营商环境。

2012 年，中国海关开始实施无纸化分类通关改革，在北京、上海、天津、南京、宁波、广州、深圳等 12 个海关进行第一批海关试点，实施简化单证、电子数据传输等措施。2014 年，中国海关基本实现对所有海关通关业务无纸化作业，承认电子单证和纸质单证具有同等法律效力。2017 年，中国加入《亚洲及太平洋跨境无纸贸易便利化框架协定》，想要推进电子贸易数据交换和文本跨境互认，进一步提高数字贸易便利化水平和透明度。2021 年，商务部印发《"十四五"对外贸易高质量发展规划》，强调提升贸易数字化水平，加快贸易数字化赋能。当前，我国通过自由贸易试验区和自由贸易港实施对接国际数字贸易规则压力测试，加快 5G、人工智能、大数据等信息技术赋能，推广智能审单、跨境支付等线上服务系统。海关实现企业注册和电子口岸入网全程无纸化，并且拓展了"单一窗口"功能，企业与直属海关和电子口岸数据签订电子数据应用协议之后，可以在全国适用无纸化通关，实现减环节、优程序、提效率、降成本。

我国无纸贸易、智慧口岸、智慧海关正在稳步推进，这对现代化物流体系也产生了更高的需求。2022 年，国家发展和改革委发布《"十四五"现代流通体系建设规划》，提出加强数字赋能现代物流，加快流通领域数字化转型升级，大力发展流通新技术、新业态、新模式。目前，我国正从以下四个方面实现数字技术赋能物流，一是构建现代化基础设施网络，我国正在打造"通道+枢纽+网络"物流运行体系，通过提高铁路、公路、机场等交通基础设施数字化水平来加强国内枢纽之间互联互通。二是拓展物流新领域和新模式，我国正在推广智慧绿色物流发展，应用新兴信息技术优化运输工具，集成储备、运输、仓储和配送一体化的物流服务，提升物流自动化、智能化水平。三是提升国际物流竞争力，整合国内外物流信息，提高区块链在国际航运中的应用程度，签发区块链电子提单，加强智慧口岸建设，深化"单一窗口"服务功能和构建全链条"一站式"服务平台。四是完善金融保障体系，在跨境支付体系中，循序渐进地推动我国金融基础设施与境外互联互通，支持企业在电子商务、大宗商品进出口贸易中使用人民币跨境结算。发展网络交付平台收费，进一步降低企业流通成本。

　　除传统的已形成普遍共识的贸易便利化措施外，我国在对接国际数字贸易规则的过程中，还涉及电子传输免征关税规则、数字产品非歧视待遇规则。关于免征数字税规则，各国仍存在较大分歧。我国在该领域也还未给出明确的规定，数字税涉及方面甚广，既要融合我国数字经济发展进程，又要考虑税负公平与国内市场主体发展活力问题。故我国将在应税服务、门槛、税率等方面审慎推进，一方面，可以在京津冀、珠三角、上海、贵州等国家大数据试验区开展试点；另一方面，可以探索数字税征收的门槛，主要面向电子商务、网络媒体等数字经济领域发展的头部企业，发挥再分配调节功能。数字产品非歧视待遇规则是CPTPP中较为先进的数字贸易条款，在RCEP中尚未涉及。我国在对接该规则时主要存在以下两个方面问题：一是在短时期内很难接受高开放水平的负面清单，现有代表我国较高开放水平的负面清单《海南自由贸易港跨境服务贸易特别管理措施》与国际开放水平仍存在较大差异。二是关于同类数字产品认定仍是难题，《中华人民共和国电子商务法》和《中华人民共和国民法典》都未明确给出数字产品的概念，在司法实践中存在数字产品内容和数字产品交付认定混淆等问题。因此，我国应尽快厘清"数字产品"的概念，对数字产品进行分级管理方法，在《互联网平台分类分级指南（征求意见稿）》中通过平台运营功能和连接对象的特征，将互联网平台分成六大类管理。

　　综上所述，我国数字贸易便利化程度在不断提高，传统数字贸易便利化议题已经取得较大进展，无纸化贸易程度不断提高，电子支付和电子认证、智慧物流和智慧海关在稳步建设中。新型数字贸易便利化议题对接也开始提上日程，我国将首先在自由贸易试验区、自由贸易港进行压力测试，并加强立法保护网络安全，为之后高水平对外开放奠定基础。

二、数据要素流动与统一数据市场构建

数据作为新时代新型核心生产要素，是数字经济发展的基础，正在快速融入社会生产生活和治理之中。在以 CPTPP、DEPA、RCEP、USMCA 等为代表的高标准数字贸易协定条款中，都对数据要素跨境自由流动做出相应规定。数据基础制度建设是国家未来发展和安全保障的关键。我国数据要素发展还处于起步阶段，数据要素自由流动限制比较高，数据质量标准不完善，安全监管不到位，故企业等主体对数据跨境自由流动中涉及的数据确权、收益分配等问题存在疑虑。2020 年，中共中央、国务院印发《关于构建更加完善的要素市场化配置体制机制的意见》明确将数据作为与传统要素并肩的第五大生产要素，强调加快培育数据要素市场。2022 年，中共中央、国务院印发《关于构建数据基础制度更好发挥数据要素作用的意见》为我国未来一段时间数据要素发展和加快构建全国统一的数据要素市场指明方向。该意见旨在以构建数据产权制度、数据要素流通和交易制度、数据要素收益分配制度、数据要素治理制度为核心，明确数据市场建设的基本框架。

数据要素产权制度旨在强化产权观念，弱化数据所有权观念，强调数据使用权的流通。提出建立数据资源持有权利、数据加工使用权和数据产品经营权"三权分置"的数据产权制度框架。持有权是权利主体"依法持有"的依据，以防其他主体非法获取和使用数据。数据资源持有权包括对数据自主管理、流转与持有权限等权利。数据加工使用权包括了对数据的加工权和使用权，即主体在满足"依法持有"的前提下，数据使用者可以采取加密、去标识化等措施来保障数据安全。数据产品经营权包括对数据的收益权和经营权，即认可数据以产品或服务形态流通和获得利益的权利。从数据持有主体来看，"数据二十条"将数据分为公共数据、企业数据和个人信息数据，分别推进各主体数据确权授权机制。公共数据强调加强开放共享和统筹授权，打破"数据孤岛"。在保证公共数据安全的前提下，按照"原始数据不出域，数据可用不可见"的要求，以产品或服务的形式向社会提供公共数据，从而推动公共数据赋能产业和行业发展。企业数据强调发展行业龙头企业、鼓励互联网平台龙头企业发挥带动作用，与中小微企业双向授权，促进中小微企业数字化转型升级。个人数据强调在保护个人隐私安全的前提下，有序推动个人授权范围内依法采集、持有、托管和使用数据。

　　我国旨在有序发展数字跨境自由流通和交易，建立合规高效、场内外结合的要素流通和交易制度。一方面要求构建高效的数据交易场所，分别包括国家级数据交易场所、区域级数据交易场所、行业级数据交易平台和场外交易机构。国家级数据交易场所强调提供公共服务，作为裁判员参与数据市场交易监管，并为数据流通提供基础服务。区域级数据交易场所强调支持数据质量高、基础设施配套完善的区域建立数据交易场所，通过地区优势带动地区上下游产业发展。行业级数据交易平台鼓励发挥行业头部企业和行业组织资源整合等优势，构建行业数据市场，促进行业数据流通。同时促进不同层级数据交易场所互联互通，构建更加集约高效的数据流通环境。另一方面要求构建高效的数据跨境流通机制，以《全球数据安全倡议》为基础，鼓励国内外企业积极依法开展数据交流，形成公平有序的国际数据市场。同时构建多渠道数据便利监管机制，反对数据保护主义，积极应对数据领域"长臂管辖"。

　　我国旨在建立既注重效率又体现公平的数据要素收益分配制度。由于数据要素无形性、易传播、易获取等特性，使得数据要素很难像其他传统生产要素一样按贡献参与分配，故数据要素在初次分配以"谁投入、谁贡献、谁受益"的原则，保护各个数据要素主体的收益。在第二次再分配阶段，关注公共利益和相对弱势群体。鼓励大型企业主动承担社会责任，帮扶弱势群体，平衡不同环节主体之间的收益分配。防止资本在数据要素市场无序扩张形成垄断的问题，增加各个主体数字素养，从而不断消除不同区域、人群之间的数字鸿沟，进一步促进社会公平。

　　我国旨在构建安全可控、弹性包容的数据要素治理制度。由于单一主体主导的市场治理体系，将会出现权责不分明、监管不到位等问题。因此，数据市场治理需要由政府、企业、社会多方协同治理。其中，政府治理要守住安全底线和明确监管红线，健全监管体制机制，制定数据流通和交易的负面清单。加强反不正当竞争和反垄断，打造公平有序的数据市场营商环境。强化企业责任意识，鼓励行业协会等市场主体参与数据市场建设，建立数据市场信用体系。提高数据质量、交易安全性，从而增强各数据市场主体参与数据流通的信心。

三、数字化转型

　　数据是数字经济发展的基础，以数据要素化为契机，数字产业化和产业数字化过程相互作用，将驱动数字化转型升级。在全球数字经济高速发展的大背景下，数字产业化是数字经济发展的核心，为数字经济发展提供技术支持、硬件设施和数字化平台。产业数字化为数字经济发展提供有效需求，应用新兴数字技术赋能传统产业，实现传统产业数字化转型升级。其中，数字产业化不仅包括完整的数据产业链条，还包括数字技术和直接提供的硬件服务等。数字产业化的发展需要市场需求、技术创新的共同支持，数字技术在各个领域的广泛应用为数字产业化提供了市场需求，数字技术创新和与之配套的网络化组织原则将不断推动数字产业化。产业数字化则强调新一代信息技术赋能传统行业，推动传统行业数字化转型升级。根据国家统计局发布《数字经济及其核心产业统计分类（2021）》，数字产业化部分主要包括数字产品制造业、数字产品服务业、数字技术应用业、数字要素驱动业、数字化效率提升业五大类。产业数字化则包括智慧农业、智能制造、数字金融等行业。

从新兴数字技术发展来看，以人工智能、区块链、大数据、5G 技术等为代表的新兴信息技术广受国际关注，各国都在积极争取数字经济新领域中的话语权。根据《中国数字经济发展研究报告 2023》统计，2022 年，我国数字产业化规模达到 9.2 万亿元，占数字经济比重分别为 18.3%，产业数字化规模达到 41 万亿元，占数字经济比重 81.7%。从数据价值创造来看，2012～2021 年，我国数字技术高质量专利数量不到美国的 1/7，我国数字技术发展专业化程度还不够高，数据要素价值还未得到充分释放，我国数字经济发展与以美国为代表的发达国家之间还存在较大的差距。在国际高标准数字贸易规则中，已经开始涉及人工智能、云计算、数据开放等新兴信息技术领域的贸易规则制定。我国"十四五"规划明确发展人工智能、云计算、区块链等产业，推动新兴信息技术赋能传统行业。2019 年，我国科技部宣布启动建设国家新一代人工智能开放创新平台，依托百度公司建设自动驾驶创新平台、依托阿里云建设城市大脑创新平台、依托腾讯公司建设医疗影像创新平台等。2020 年，全国批复了北京、上海、深圳、杭州、天津、重庆、成都等 11 个城市为第一批新一代人工智能创新发展试验区。其中，上海浦东新区带动中小企业数字化转型，天津滨海新区打造一系列应用场景，旨在依托中小企业数字化转型来建设国家算力枢纽等项目。此外，我国在软硬法兼顾的基础上，不断完善人工智能治理体系。2021 年，《新一代人工智能伦理规范》旨在将人工智能发展和伦理道德相融合，引导负责任的人工智能开发应用活动有序开展。

当前，各国都在加快推进云计算战略布局，全球云计算市场规模在持续扩大。2023 年，工业和信息化部等 8 部门联合发布《关于推进 IPv6 技术演进和应用创新发展的实施意见》，鼓励 IPv6 技术和云计算技术的融合创新。我国各地积极推动云计算和实体经济融合发展，其中，上海市和江苏省应用云计算推动跨境电商等数字贸易发展，北京市、重庆市应用云计算推动制造业转型升级，浙江省则应用云计算推动直播平台等企业转型升级。国内区块链正在持续完善产业布局，区块链企业主要集中分布在北京、广东、上海等数字经济发展较快的地区。截至 2023 年，国家相关标准化组织发布区块链技术国家标准 3 项、行业标准 8 项、团体标准 167 项、地方标准 31 项。其中，发布数量最高的团体标准主要涉及术语规范、技术规范、安全、性能指标、行业应用等领域。由此可见，国内区块链中技术、产业服务等领域的标准化程度更高，而基础、开发运营等领域的标准化程度还有待进一步提高。

此外，我国数字技术赋能正在向以金融业为代表的新兴服务业延伸。随着金融业数字化程度越来越深，金融科技跨境协作的需求日益提高，相关跨境治理规则也在不断完善，跨境数据流动是各国进行金融业跨境治理的主要方面。在 RCEP 等区域贸易协定中，强调成员国应允许金融机构出于"日常经营处理数据所需"的目的进行跨境数据流动。同时，G7、G20、OECD 等国际组织正在探索建立统一的金融业治理框架。目前，我国金融科技发展涌现出了两个新趋势：一方面金融业对智能算力的需求不断扩大，智能算力已经成为我国金融业数字化转型的新引擎。信息技术与金融业发展深度融合，增加金融业算力供给的多样性。另一方面在金融业安全治理中，2022 年，中国人民银行发布《关于开展深化金融科技应用推进金融数字化转型提升工程的通知》，强调加快数字技术设施建设，提高数字金融竞争力，提高金融服务的可得性与公共性。我国安全防护技术日益提高，量子计算成为当前发展密码体系防范金融风险的重要抓手，各大银行结合网络安全运营平台构建了多平台联动的安全保障体系。

综上所述，我国数字化转型程度正在不断提高，数字产业化主要表现在人工智能、云计算、区块链、大数据等新兴信息技术的创新发展，产业数字化主要表现在对三大产业的深度数字赋能。我国在逐步开放以金融业为代表的新兴服务业的同时，大力推动相关行业数字化转型升级，从而应用信息技术构建更加安全可靠的安全保障体系。

四、数字治理体系

新一代信息技术快速发展推动人类进入科技时代，也催生出一系列安全问题。各国对数据跨境流动、数字税、知识产权安全等问题持不同理念。各国在积极参与国际数字贸易规则制定的同时，也在不断完善国内数字经济治理体系，从而增强国际竞争力和保障国内数字贸易发展。当前，我国正从完善国内立法、增强数字政府建设等方面来构建国内数字经济治理体系。

从互联网立法情况来看，我国互联网法治工作已经初见成效。从2018年以来，《中华人民共和国电子商务法》《中华人民共和国数据安全法》《中华人民共和国个人信息保护法》陆续出台，不断扩充我国数字经济基础法律框架。其中在网络设施安全方面，2016年，我国出台《中华人民共和国网络安全法》明确了对网络设施安全保护的要求。自2023年以来，我国在现有网络安全法的基础上，更加注重金融、交通等重点行业的网络设施的保护。一是细化商用密码管理规则，2023年，国务院发布的《商用密码管理条例（2023年修订）》与《中华人民共和国电子签名法》相衔接，进一步促进密码技术创新和标准化；二是在重点行业出台具体的网络安全实施规则，如在金融行业要求保护投资者个人信息，在民用无人驾驶航空器生产行业要求设置唯一产品识别码、设备型号核准等。在数据安全方面，我国在强调维护国家数据安全与保护个人信息安全的基础上，进一步细分行业保障重要领域数据安全。一是制定个人信息出境标准合同，明确个人信息出境保护评估要素，保护中小型数据出境安全，并简化企业数据跨境流动流程，促进企业数据跨境自由合法流动；二是细分重点领域保护数据安全，对数据进行分级分类管理，细化金融领域数据安全问题，对数据收集、加工、流通等环节都提出明确的安全保护规则。在互联网平台责任方面，2023年，我国出台了数字贸易反垄断规则，禁止利用平台规则实现垄断，维护我国公平开放的数字贸易营商环境。在数字技术规范方面，我国针对信息技术发展对社会伦理道德所造成的挑战，一是推动人工智能立法，鼓励人工智能持续创新应用；二是建立科技伦理审查规则，2023年，科学技术部等10部门联合发布的《科技伦理审查办法（试行）》，明确了我国科技伦理审查范围和审查程序。

从增强数字政府建设来看，我国"十四五"规划提出构建数字政府的轮廓，强调加强公共数据开放共享、推动政务信息共建共享和提高数字政务服务水平等重要任务。一是加强公共数据开放共享。在全国统一数据市场逐步形成的基础上，推动公务数据有序开放。一方面，我国正在完善政务大数据平台，不断扩充相关数据库和数据资源的覆盖范围。推动各省级部门与国务院相关部门政务数据平台互联互通，促使各区域政务平台之间实现数据共享，政务数据按需调用。根据《数字政府一体化建设白皮书（2024 年）》报告，截至 2023 年，全国一体化服务平台接入国家级数据共享平台 52 个，地方级数据共享平台 31 个，累计调用数据 4847.07 万次。另一方面，我国致力于推动公共数据融合应用实践。截至 2023 年，成都市、杭州市、南京市、福建省等多个地区公开上线公共数据授权运营平台，推动公共数据与应急救援、高德地图开发等项目融合发展。二是推动政务信息共建共享，探索构建与数字经济健康发展相适应的监管机制。一方面我国需要明晰各部门监管职能，强调跨部门、跨层级、跨区域协同监管，实现对各市场主体的全链条监管。另一方面则是构建统一高效的监管规则，深化"放管服"改革，优化国内营商环境，以信用为基础，政府加强征信建设，并推动构建政企联动、行业联动的信用共享共治体系，进一步释放各市场主体创新应用活力。三是推动新一代数字技术赋能政府治理，提高数字政务服务水平。我国各地区正在集成多种数字技术，将云计算、大数据、物联网、人工智能等信息技术应用于政府管理服务，简化政府治理程序、提高治理效率，为政府具体场景治理提供相应的决策辅助。

我国正在从完善数字经济相关立法、增强数字政府建设两个方面来构建数字治理体系。我国主要从网络设施安全、数据安全、互联网平台责任、数字技术规范四个领域来完善国内立法。并通过加强公共数据开放共享、建立协同一致的监管机制和进一步应用新兴信息技术赋能政府治理，来推动我国数字政府一体化建设。从而实现我国数字经济治理体系覆盖内容不断扩充、各主体治理能力不断提高，为我国未来数字经济进一步对外开放提供保障。

第三节　数字贸易制度型开放的新挑战

当前，我国在积极对接国际数字贸易高标准、高规则的过程中，不断加快我国数字贸易发展进程，社会生产、生活正在发生深刻变化。然而，各国数字经济发展水平、法律法规健全程度等方面存在客观差异；现有国际经贸规则由"边境开放"向"境内开放"转移,"境内开放"议题数量明显增多,但在数据跨境自由流动、数字税、数字产品非歧视待遇、知识产权保护等领域还未达成统一共识。故在脱钩断链冲击下我国推进数字贸易制度型开放将面临规则、技术、监管治理与数字鸿沟等方面的挑战。

一、数字规则

当前,我国在国际数字贸易规则制定中暂时处于从属地位,高度重视构建开放包容的区域合作关系,其中包括加入 RCEP,并正式申请加入 DEPA 和 CPTPP 等高水平国际经贸协定。一方面,随着国际经贸规则不断向边境后延伸,对数据跨境自由流动、知识产权保护要求不断提高。我国开始在跨境数据传输、源代码、数字税、数字产品非歧视待遇、网络安全等与数字知识产权保护相关议题上提出中国策略,对"境内开放"议题持有序放开的态度。但由于数字贸易自身"超地域性""无形性"等特点,使得在推进知识产权议题中将存在"侵权行为地"难以捕捉和数字作品因不受版权制度约束而导致的财产权争议等问题。其中,放任数据完全自由跨境流动将会带来安全隐患,但过度保护也会影响资源配置效率,阻碍数据要素充分释放价值。故我国数字贸易开放领域仍然有限,在金融业、医疗业、航空业等新兴服务业领域限制较多,市场准入条件还需要进一步放宽。此外,知识产权保护与反垄断的关系更加微妙,若过度强调知识产权保护和数据安全问题,则数字市场主体之间将很容易出现垄断等不正当竞争的行为。

另一方面,由于现有高标准国际经贸规则中关于"境内开放"议题数量明显增加,并且各个规则之间存在兼容性不足的问题,这将导致数字贸易规则在国际中很难广泛适用。就争议较大的人工智能来说,关于人工智能生成内容是否享有著作权这一问题,根据现有的国际协定条款还无法得出定论。这根本在于各国数字贸易发展水平和监管机制的客观差异。其中跨境数据传输、数字身份、数字税、数字产品非歧视待遇等条款内容各国均尚未达成普遍共识。若国际各方诉求差异难以得到及时有效的弥合,全球数字治理难度进一步增加,这将使得我国多边数字贸易开放进程受阻。

二、数字技术

数字贸易发展具有明显的技术驱动性,信息技术成为全球研发创新投入最集中的领域,我国想要进一步提高数字贸易制度型开放离不开新兴数字技术的支持。当前，我国大数据、云计算、量子信息等新兴技术已经跻身全球科技创新的第一梯队，5G 技术实现全面领先，已经建成全球规模最大的网络基础设施。但我国数字产业关键核心技术存在短板，尤其是在互联网创新、基础设施建设、信息资源共享等领域与世界先进水平存在较大差距。核心数字技术受制于人是我国在数字技术发展中面临的最大挑战。此外，从全球数字技术发展水平来看，各国数字技术发展差距较大，对技术发展趋势与风险挑战评估各不相同，这将进一步增加国际数字贸易规则走向的不确定性。

三、数字治理

数字技术发展是一把"双刃剑"，一方面将会给人们生活带来更多便利，另一方面也会给公共利益带来更多的安全隐患。数字技术在改变人类社会生活和生产方式的同时，也对人们的价值观念和伦理道德造成冲击。例如，个人隐私保护、人工智能伦理道德问题等，这将对各国数字监管和立法提出更高的要求。网络安全和数据传输监管为各国数字贸易的有序开展提供了重要保障。从整体上看，各国国内数字贸易治理体系存在较大差距，寻求一个平衡的国际数字贸易治理框架，已经是一个重要的国际治理议题。当前，我国数字贸易监管体系尚未完善，数字贸易相关法律法规覆盖领域还需进一步扩充。数字贸易监管在数据跨境流动、知识产权保护、政府开放等新兴数字贸易领域存在缺少自律性监管组织，监管数字技术赋能较低，没有充分利用云计算、大数据、人工智能等数字技术来提高监管效率和能力等问题。同时技术规则治理能力和水平还有待提高，针对人工智能、无人驾驶等新技术领域，我国需要大力开展技术算法规制、伦理论证等工作，加快构建科技伦理治理体系。此外，数字贸易进一步开放也对我国网络空间内容治理提出了更高的要求。我国需要进一步推进公众数字身份管理体系建设，鼓励社会主体依法参与我国网络内容共治。

四、数字鸿沟

在全球数字化浪潮中，数字经济是拉动各国经济发展的主要动力，也是各国在新一轮国际贸易竞争中抢占竞争优势的重要领域。但不同国家、地区、企业之间由于数字技术发展水平、数字监管体系等客观差异，数字经济将会进一步拉大各国经济差距，部分数字经济水平落后的国家将无法充分享有数字贸易经济效益。从全球视角来看，在第一产业数字化方面，英国处于领先地位，其数字经济渗透率超过30%；在第二产业数字化方面，德国、韩国处于领先地位，其数字经济渗透率超过40%；在第三产业数字化方面，以英国、美国、德国等国家为主，渗透率达70%以上，超过其他国家的平均水平。当前，我国在全球服务业数字经济和工业数字经济占比较低，产业数字化规模较小且转型壁垒较高。其中，制造业转型面临较高固定成本、企业数字化转型观念不强等问题。服务业转型则面临数字技术水平不高和服务要素投入不足、数字监管和立法不完善、数字化相关人才缺失等问题。我国在推进数字制度型开放的过程中，国内市场将迎来更加激烈的竞争。中小企业作为拉动我国经济发展的主力军，在数字化转型升级过程中将会由于其规模、资金、数字技术和数据要素等方面的不足，而导致其数字化转型难度更大。此外，国内各地区也会存在数字鸿沟问题，数字贸易进一步开放会导致国内区域经济和城乡经济发展水平差距进一步拉大，这也对我国平衡国内区域、城乡经济发展，构建高质量数字经济网络和治理体系提出了更高的要求。

第四节　数字贸易制度型开放的新保障

一、理论分析

数字贸易规则是国际经贸规则重构的核心议题，也是我国推动数字贸易制度型开放的基石。在RCEP全面生效的背景下，我国申请加入DEPA、CPTPP带来了新的机遇也迎来了新的挑战。我国在理解和履行好RCEP数字贸易开放承诺的基础上，努力对接DEPA、CPTPP中更高标准的数字贸易规则，不断提升我国在全球数字贸易规则制定中的话语权。在开放过程中，正确把握好安全与开放的关系，继续完善跨境数字贸易治理体系，打造高质量自由贸易试验区网络和"数字丝绸之路"，促进国内外数字经济健康发展，充分释放数字贸易红利，助力我国数字贸易在全球价值链中地位攀升。

1. 加强规则博弈，提高我国国际话语权

当前，国际数字经贸规则由以美国为首的发达国家主导建立，与"美式模板"和"欧式模板"相比，我国尚未在国际数字规则谈判中提出完整的数字经贸规则议题。在全球数字贸易规则谈判中，我国应积极开展数字贸易多边、区域谈判，实现在对接国际高标准、高规则的同时，推广有利于我国数字贸易发展的"中国方案"。

（1）深度参与多边或双边数字贸易规则谈判。立足于 RCEP 协定内容，继续细化我国数字贸易发展规划，在以金融业为代表的重要领域实施符合我国国情的特定措施，提高包容性和可操作性。重点关注数据流动、数字税、源代码本地化、人工智能、金融科技等新兴领域。一方面，继续深化与发达经济体规则对接，以申请加入 CPTPP、DEPA 为契机，尽早融入国际高水平数据要素流动圈子。另一方面，也要推进与发展中国家之间的数字贸易规则对话，利用共建"一带一路"平台就数字贸易规则标准与沿岸国家达成共识，共同探索建立符合发展中国家利益诉求的数字贸易国际规则。在尊重各国客观差异、遵循数字贸易发展规律的基础上，推进制定符合各国协调发展、合作共赢的数字贸易新秩序。

（2）继续推进数字贸易规则落实。在数字贸易便利化、自由化方面，我国将继续推进电子签名、电子认证、电子支付、无纸化贸易等传统议题高质量落地实施，加快建立智慧港口、智慧物流、智慧城市，应用数字技术简化海关通关手续，将数字贸易纳入"单一窗口"管理，提高海关通关效率。在跨境数据流动和本地化规则方面，我国正在加快发展数据要素市场，发展数据型企业，提升金融服务水平，引导资本向数据要素型企业流入。支持有条件的地区、行业和企业先行先试，引导企业与科研机构合作推动数字技术应用创新。

2. 加强数据监管，构建跨境数字贸易治理体系

我国在推动数据要素市场流动的过程中，将安全贯穿始终，构建政府、企业、社会多主体协同治理模式，完善行业自律管理机制，形成有效市场和有为政府有机结合的数据要素治理体系。

（1）完善跨境数据流动监管机制。一方面，需要创新政府数据治理机制，进行跨行业联合治理，对数据要素流通全过程进行合规公证、安全和算法审查、监管预警等。制定数据流通负面清单，继续细化《中华人民共和国电子商务法》《中华人民共和国数据安全法》《中华人民共和国个人信息保护法》等司法实践，强化反垄断和反不正当竞争。加强对关乎国家安全和社会利益的特定行业数据监管力度，根据数据属性、出境风险和数据流入国安全评估指数，将达到我国数据保护标准的国家纳入数据自由流动"白名单"。另一方面，强化企业参与数据治理的责任。围绕数据来源、数据确权、数据质量等方面，推动企业积极依法自觉承担责任。同时规范企业参与政府数字化治理，健全数据要素披露机制，支持中

小微企业开展信用融资，强化企业社会责任。

（2）完善数字知识产权保护制度。加强对人工智能、大数据、云计算、量子技术等新领域创新成果的保护，及时修订《中华人民共和国著作权法实施条例》等法律法规内容，对人工智能生成作品实施保护措施。充分发挥现有区域合作优势，组织成员国之间开展知识产权保护合作，建立权威的知识产权数据库，实现各国信息共享，应用新兴信息技术实现线上线下知识产权保护机制融合发展。此外，针对美国对数据实施的"长臂管辖权"，2021年商务部发布的《阻断外国法律与措施不当域外适用办法》，为我国企业抵御美国经济制裁提供了法律依据，维护我国数据主权。

3. 加强基建支撑，提高我国数字贸易水平

跨境数字贸易发展对各国数字基础设施提出了更高的要求，我国顺应国际数字技术发展趋势，结合高标准数字经贸规则发展的客观需求，不断推动配套信息基础设施建设。其中数字基础设施主要包括四类：①以5G/6G通信、卫星互联网为代表的网络基础设施；②以云计算、大数据、物联网等为代表的信息服务基础设施；③以超级计算机、人工智能等为代表的科技创新支撑类基础设施；④以支撑社会治理、公共服务为代表的重要信息基础设施。在DEPA框架下，我国将适度超前部署数字基础设施建设，为数字经济发展提供保障。

（1）强化新型信息基础设施建设。从基础设施来看，我国运营商、基站设备表现较好，已经建成全球规模最大、技术领先的5G移动通信网络。根据中国信息通信研究院发布的《中国算力发展指数白皮书（2023年）》，截至2022年，我国数据中心规模大幅提高，数据中心机架规模超过650万标准机架。智能计算中心加快布局，为当地科研院所和企业提供普惠算力，同时结合当地产业需求，培育人工智能产业生态。从新型信息技术创新成果来看，我国正在持续突破基础软硬件设施，加速GPU芯片、AI芯片自研，并在量子纠错实现突破，延长了量子信息存储时间。

（2）加强新型信息基础设施互联互通。人工智能、大数据、区块链等新兴数字产业发展对区域算力发展水平提出了较高的要求。当前，数字基础设施发展较好的城市主要是以北京、杭州、深圳、上海、广州等经济发展水平较好的地区为主，大型数字基础设施分布不均衡。我国正在推动实施"东数西算"工程，依托京津冀、长三角、粤港澳大湾区、成渝城市群等国家算力枢纽节点，统筹规划全国大数据中心布局，从而促进各区域之间数字经济协同发展。

4. 加强国际合作共享，构建高质量数字贸易网络

我国将以继续深化国际经贸协定为主要目标，以加入 RCEP 为契机与各成员国和共建"一带一路"国家和地区共建新型基础设施和制定国际商务规则，构建涉及领域更广泛、更深层次的"数字丝绸之路"。并加强与金砖国家、中亚五国、南方共同市场等数字贸易交流合作。积极推动自由贸易试验区先行先试：

（1）进一步深化数字服务业开放程度。分级分类放开数字服务业准入限制，采用"准入前国民+最惠国"双重待遇，并附加例外条款准入方式。探索在自由贸易试验区实施负面清单管理制度，尤其对金融科技、服务型制造等新型数字贸易领域做出更高水平的承诺。在数字贸易治理方面，以地方法规形式，逐步放开对数据本地化储存、计算机设施地理位置、源代码披露等限制。

（2）继续推进智慧海关建设。应用 5G 通信、云计算、大数据、人工智能等新型信息技术，提高离岸贸易、通关报关便利性和跨境资金自由流动水平，并实施国际数字贸易税收优惠政策，对数字化赋能的头部企业和自贸区离岸金融业务减免税收，建立"数字贸易国际枢纽港"。

（3）对标国际高标准数字贸易规则，实施有竞争力的数字税收制度。制定重点数字发展产业"白名单"，对所涉及的数字产业实施增值税分级优惠征收，完善增值税专用发票开票端口数据共享制度。处理好国内外税收征收管理关系，应用大数据技术实现各数字贸易相关经济主体共享各类涉税数据。

（4）发挥自由贸易试验区辐射带动作用。一方面，强化自由贸易试验区金融服务辐射能力，推动优质数字贸易创新型企业在上海证券交易所、深圳证券交易所、北京证券交易所发行证券和股票。另一方面，加强数字自由贸易试验区与所在城市或地区之间数字市场资源共享，推进区域之间数字贸易互联互通，打造出高质量数字贸易发展网络。

二、实证分析

基于理论分析，本章就我国数字贸易制度型开放对中国全球价值链分工地位影响作用进行实证检验。随着数字贸易扩大开放，人工智能、大数据和 5G 通信等新型信息技术的广泛应用，为各要素自由流动提供更加便利、高效的数字贸易平台，企业间通过数字平台共享要素种类和价格信息，并精准定制符合消费者个性化需求的生产策略，从而进一步提高要素配置效率。因此，数字贸易制度型开放将通过提高要素配置效率，助力我国提升在全球价值链中的分工地位。

1. 计量模型

本章分析数字贸易开放对中国行业层面全球价值链分工地位的影响,构建基本回归模型如下:

$$GVC_{it} = \beta_0 + \beta_1 CDSTRI_{it} + x_{it} + \delta_i + \delta_t + \varepsilon_{it} \tag{6-1}$$

其中,i、t 分别表示行业、年份。GVC_{it} 表示中国 i 行业在 t 年的行业全球价值链分工地位;$CDSTRI_{it}$ 表示中国 i 行业在 t 年的数字贸易开放水平;x_{it} 表示一系列行业层面的控制变量;δ_i、δ_t 分别表示行业、时间固定效应;ε_{it} 是随机误差项。β_1 表示数字贸易开放水平对中国行业层面全球价值链分工地位的影响程度。若 $\beta_1 < 0$,表明数字贸易开放促进了中国行业层面在全球价值链分工中地位提升。

2. 变量说明

(1)被解释变量。采用 Wang 等(2017)的 GVC 参与指数来表示我国行业层面的 GVC 分工地位。将一国的总生产活动划分为纯国内生产活动、传统国际贸易、简单 GVC 活动和复杂 GVC 活动四部分。因此,前向 GVC 参与度和后向 GVC 参与度分别表示为:

$$GVCpt_f = GVCpt_{f_s} + GVCpt_{f_c} \tag{6-2}$$

$$GVCpt_{f_s} = \frac{VAsgvc}{SVA}, \quad GVCpt_{f_c} = \frac{VAcgvc}{SVA} \tag{6-3}$$

$$SVA = VApdp + VArtp + VAsgvc + VAcgvc \tag{6-4}$$

$$GVCpt_b = GVCpt_{b_s} + GVCpt_{b_c} \tag{6-5}$$

$$GVCpt_{b_s} = \frac{FVAsgvc}{FG}, \quad GVCpt_{b_c} = \frac{(DVAcgvc + FVAcgvc)}{FG} \tag{6-6}$$

$$FG = DVApdp + DVArtp + DVAcgvc + FVAsgvc + FVAcgvc \tag{6-7}$$

前向 GVC 参与度和后向 GVC 参与度分别由简单 GVC 活动和复杂 GVC 活动加总而得。其中,$VApdp$ 是国内生产和消费的附加值;$VArtp$ 是最终产品出口中的附加值;$VAsgvc$ 是进口商直接吸收的中间产品出口中的附加值;$VAcgvc$ 是中间产品出口中的附加值,进口商进一步用于生产出口产品。$DVApdp$ 是通过生产国内消费的最终产品直接创造的国内附加值;$DVArtp$ 是通过生产出口最终产品直接创造的国内附加值。$FVAsgvc$ 体现在国内消费产品的生产过程中由合作伙伴创造的附加值中;$FVAcgvc$ 体现在最终产品生产中创造的外国附加值中;$DVAcgvc$ 体现在国内增加值在国内返回和消费的部分。前向 GVC 参与度反映了一国某部门为全球生产提供中间品的能力;后向 GVC 参与度则是出口中由贸易伙伴提供的增加

值的部分，反映一国某部门通过进口中间品来参与全球分工的能力。本章选取
2014~2021 年中国各行业全球 GVC 参与度的数据来源于 UIBE，该数据库测算了
按照 ADB-MRIO（2022）投入产出表中 35 个行业分类的全球 GVC 参与度。

（2）核心解释变量。数字贸易开放就是不断减少对数字产业化、产业数字
化的人为限制。借鉴汪萍（2024）的方法构建数字贸易开放指标：

$$CDSTRI_{it} = DSTRI_t \times Digital_{it} \tag{6-8}$$

其中，$CDSTRI_{it}$ 表示中国 i 行业在 t 年的数字贸易开放水平，该指数越小则
数字贸易开放水平越高，反之则数字贸易开放水平越低。$DSTRI_t$ 表示 t 年中国国
家层面的数字贸易开放程度，数据来源于 OECD 发布的数字服务贸易限制性指
数。$Digital_{it}$ 表示采用完全消耗系数法计算的中国在 t 年 i 行业对数字部门的数字
化渗透率指标。参考汪萍（2024）的方法，使用 ADB-MRIO 公布的 2014~
2021 年投入产出将 c14 和 c27 作为狭义的数字化部门，计算公式如下：

$$Digital_{ij} = a_{ij} + \sum_{k=1}^{n} a_{ik} a_{kj} + \sum_{s=1}^{n} \sum_{k=1}^{n} a_{is} a_{sk} a_{kj} + \cdots \tag{6-9}$$

其中，$Digital_{ij}$ 表示 j 部门的投入数字化水平。等式右边第一项 a_{ij} 表示 j 对
数字部门的直接消耗系数，第二项和第三项分别表示第一次和第二次间接消耗，
依次类推算出 j 部门对数字部门的完全消耗系数。

（3）其他控制变量。选取赫芬达尔—赫希曼指数（HHI）表示行业竞争程
度，该指数越小表示行业竞争程度越高，反之则表示行业垄断程度更高。中国行
业工资水平（Wage），数据来源于《中国统计年鉴》中行业城镇单位就业人员平
均工资，参考汪萍（2024）的方法计算：制造业细分行业的人均工资水平=制造
业大类行业平均工资水平×（各两位码制造业行业人均主营业务收入/制造业大
类人均主营业务收入总体平均水平）。中国行业就业人数（Employ），数据来源
于王亚菲等（2021）计算的 2014~2018 年中国细分行业就业人数，2019~
2021 年的就业人数则以 2018 年行业就业人数为基础，通过国家统计局公布的
2019~2021 年城镇单位各行业就业人数的增长率外推而得。中国行业出口规模
（Export），数据来源于 ADB-MRIO 公布的中国 35 个行业进出口数据。

3. 实证结果分析

（1）基准回归结果。如表 6-2 所示，第（1）列是没有加入控制变量，而加
入行业和时间固定效应的回归结果；第（2）列是在第（1）列的基础上加入了
控制变量的回归结果；第（3）列是在第（2）列的基础上没有加入年份固定效

应的回归结果。可以看出，核心解释变量 CDSTRI 均对各行业 GVC 参与程度具有显著的负向影响，表明数字贸易开放对中国提升 GVC 分工地位有着显著的促进作用。并且 HHI 对各行业 GVC 参与程度也具有显著的负向影响，说明竞争越大的行业，在全球 GVC 中参与程度也越深。

表 6-2 数字贸易开放的基准回归结果

变量	(1) GVCpt	(2) GVCpt	(3) GVCpt
CDSTRI	−0.428 * (−1.88)	−0.373 ** (−2.29)	−0.127 *** (−7.48)
HHI		−0.220 *** (−2.88)	−0.220 *** (−2.85)
Export		0.012 *** (2.81)	0.010 ** (2.07)
Employ		−0.000 (−0.59)	−0.000 (−1.01)
Wage		0.000 (0.67)	0.000 (1.19)
_cons	0.355 *** (4.67)	0.365 *** (6.97)	0.282 *** (19.54)
行业固定效应	YES	YES	YES
年份固定效应	YES	YES	NO
N	264.000	264.000	264.000
R^2	0.970	0.972	0.962

注：*** 表示 $p<0.01$，** 表示 $p<0.05$，* 表示 $p<0.1$，括号内为 t 值。本章下同。

（2）稳健性检验。为了进一步验证基准结果的稳健性，稳健性检验结果如表 6-3 所示。第（1）列处理了可能存在的异常值，对所有变量进行 1% 的缩尾处理；列（2）调整样本时间，由于 2020 年全球生产分工受到新冠疫情的影响较为严重，剔除 2020 年样本数据进行回归分析；第（3）列和列（4）列分别将核心被解释变量替换成前向 GVC 参与程度和后向 GVC 参与程度。可以看出，第（1）~第（3）列中核心解释变量 CDSTRI 均仍对我国全球 GVC 参与程度有显著的促进作用，其中主要表现在对前向 GVC 参与程度的促进作用。这表明基准回归结果具有稳健性，数字贸易开放使得我国为全球生产分工提供中间品的能力在不断提高，在全球价值链中的地位不断攀升。

表6-3 数字贸易开放的稳健性检验

变量	(1) GVCpt	(2) GVCpt	(3) $GVCpt_f$	(4) $GVCpt_b$
CDSTRI	−0.368**	−0.388**	−0.188*	−0.186
	(−2.30)	(−2.16)	(−2.00)	(−1.20)
控制变量	YES	YES	YES	YES
行业固定效应	YES	YES	YES	YES
年份固定效应	YES	YES	YES	YES
_cons	0.361***	0.375***	0.178***	0.186***
	(7.00)	(6.61)	(5.96)	(3.63)
N	264.000	231.000	264.000	264.000
R^2	0.972	0.972	0.967	0.962

（3）机制检验。参考汪萍（2024）的方法进行机制检验。主要考察数字贸易开放所带来的要素配置效率提升效应。由于 ADB-MRIO 的数据可得性，主要从劳动要素配置的角度考察数字贸易开放对资源配置的影响。由表6-4所示，Eff 表示各行业劳动配置效率=行业总产值/各行业就业人员平均人数。其中，第（1）列将 Eff 作为被解释变量，CDSTRI 对其进行回归分析，发现两者之间有显著的负相关关系，即数字贸易开放对行业劳动资源配置存在提升效应。第（2）~第（4）列均引入各行业 Eff、CDSTRI 和两者的交互项进行回归分析，发现第（3）列和第（4）列的交互项系数显著为负，可以看出数字贸易开放将通过提高资源配置效率来促进行业前向 GVC 参与程度的提升。

表6-4 数字贸易开放的机制分析结果

变量	(1) lnEff	(2) GVCpt	(3) $GVCpt_f$	(4) $GVCpt_b$
CDSTRI	−3.617*	−0.398**	−0.198**	−0.199
	(−2.03)	(−2.14)	(−2.32)	(−1.11)
CDSTRI×lnEff		−0.023*	−0.011**	−0.012
		(−1.83)	(−2.15)	(−1.27)
lnEff		0.005	0.003	0.002
		(0.44)	(0.50)	(0.27)

变量	(1) lnEff	(2) GVCpt	(3) GVCpt_f	(4) GVCpt_b
控制变量	YES	YES	YES	YES
行业固定效应	YES	YES	YES	YES
年份固定效应	YES	YES	YES	YES
_cons	−1.344**	0.367***	0.180***	0.187***
	(−2.34)	(5.99)	(5.93)	(3.37)
N	264.000	264.000	264.000	264.000
R^2	0.967	0.973	0.967	0.962

（4）异质性分析。基于行业异质性，进一步分析不同属性表现下 CDSTRI 对行业 GVC 参与程度影响存在的差异性。如表6-5所示，第（1）～第（2）列是数字化渗透率较高的行业，第（3）～第（4）列是数字化渗透率较低的行业。分别对前向 GVC 参与和后向 GVC 参与做回归，发现对于数字化渗透率较高的行业来说，数字贸易开放对其前向 GVC 参与程度有显著的促进作用，对后向 GVC 参与则没有显著的影响；对于数字化渗透率较低的行业来说，数字贸易开放对其后向 GVC 参与程度的促进作用大于对其前向 GVC 参与程度的促进作用。这是因为数字化渗透率高的行业，在新一轮全球价值链分工中的竞争力更大，主要以出口贸易中间品的供应者的身份参与到全球价值链分工当中。而数字化渗透率较低的行业，主要通过进口中间品来参与全球价值链分工。第（5）列和第（6）列是基于行业显性比较优势进行分组检验。其中，选取 NRCA 来衡量行业在 GVC 中的比较优势，数据来源于 UIBE。第（5）列是 NRCA≥1 的比较优势组，第（6）列是 NRCA<1 的比较劣势组。可以看出，具有显性比较优势的行业，数字贸易开放对其 GVC 参与程度具有显著的促进作用，而对于比较劣势组，数字贸易开放对其 GVC 参与程度的影响不大。

表6-5　数字贸易开放的异质性检验结果

变量	(1) GVCpt_f	(2) GVCpt_b	(3) GVCpt_f	(4) GVCpt_b	(5) GVCpt	(6) GVCpt
CDSTRI	−0.247**	0.000	−0.403**	−1.118***	−0.411**	−0.384
	(−2.60)	(0.00)	(−2.71)	(−3.63)	(−2.28)	(−1.54)

续表

变量	(1) $GVCpt_f$	(2) $GVCpt_b$	(3) $GVCpt_f$	(4) $GVCpt_b$	(5) $GVCpt$	(6) $GVCpt$
控制变量	YES	YES	YES	YES	YES	YES
行业固定效应	YES	YES	YES	YES	YES	YES
年份固定效应	YES	YES	YES	YES	YES	YES
_cons	0.200***	0.103***	0.225***	0.457***	0.391***	0.377***
	(5.21)	(4.40)	(5.42)	(5.82)	(5.67)	(5.10)
N	132.000	132.000	129.000	129.000	82.000	177.000
R^2	0.991	0.986	0.956	0.969	0.988	0.967

综上所述，本章实证分析结果进一步验证了数字贸易开放将促进我国要素市场配置效率提升，从而持续助力我国在全球价值链分工地位的攀升。在进行变量缩尾和调整样本时间的处理之后结果仍然稳健。其中，数字贸易开放对数字渗透率更高和具有显性比较优势的行业的前向 GVC 参与程度的促进作用更加显著。因此，我国应继续加强数字贸易国际合作、规则博弈，不断提升在国际数字贸易中的话语权；加强数字基础设施建设和跨境数据要素流动监管，助力我国产业数字化和数字产业化水平进一步提升。

第五节　本章小结

新一代信息技术革命使数字经济得以快速发展，数字贸易正在成为引领全球跨境贸易发展的新兴贸易模式。当前，中国数字经济正在快速发展，数字经济规模持续扩大，展现出强大的韧性和活力。从数字产业结构来看，数字产业化和产业数字化总体规模都在增加，但产业数字化规模明显大于数字产业化规模，数字产业化发展较为缓慢，将成为未来拉动我国经济发展的重要领域。数字贸易发展离不开规则驱动，以 RCEP、CPTPP、DEPA、USMCA 为代表的数字贸易相关协定议题已经从"边境开放"向"境内开放"转移。本章主要从贸易便利化、数字产品待遇和数据跨境流动、数字经济消费者信任和中小企业合作以及新兴趋势和技术发展四个方面介绍了国际数字贸易规则核心内容。其中数字贸易便利化主要包括电子支付、电子认证、无纸化贸易、物流和快运货运等领域的高质量发展。数字产品待遇和数据跨境流动强调电子传输免征关税、跨境数据自由流动、数字产品非歧视待遇和禁止源代码披露等议题。数字经济消费者信任和中小企业合作规则包括个人信息保护、数字包容、数字中小企业等议题。新兴趋势和技术发展包括金融科技、人工智能、政府采购等新型议题。

基于国际数字贸易和数字贸易规则的发展现状，中国想要继续推动数字贸易发展新优势，需要进一步深化数字贸易制度型开放邻域。在对接国际数字贸易高标准、高规则时，催生出中国数字贸易发展新内容。我国数字贸易制度型开放正围绕着数字贸易便利化、数据要素流动与统一数据市场构建、数字化转型、网络安全与数字治理体系构建四个方面展开。在数字贸易便利化方面，中国无纸贸易、智慧海关、现代化物流正在稳步实施。就电子传输免征关税、跨境数据自由流动等新兴议题，由于关乎国家安全问题，中国还未做出明确规定，将在自由贸易试验区和数字经济发展水平较好的地区进行压力测试。从数据要素流动与统一数据市场构建来看，2022 年，中共中央、国务院印发的《关于构建数据基础制度更好发挥数据要素作用的意见》指出，中国将从数据产权、数据要素流动和交易、数据收益分配以及数据治理四个方面推动数据要素发展和加快构建全国统一的数据要素市场。从数字化转型来看，中国将继续深化人工智能、云计算、区块链、大数据等新兴信息技术赋能传统行业，持续推动以金融业为代表的新兴服务业数字化转型升级。从数字治理体系来看，中国互联网立法工作初见成效。2018年以来，《中华人民共和国电子商务法》《中华人民共和国数据安全法》《中华人民共和国个人信息保护法》陆续出台，构成我国数字经济基础法律框架。2023 年，科学技术部等 10 部门联合发布《科技伦理审查办法（试行）》，就人工智能等新兴科技伦理方面做出规定。

然而，在脱钩断链冲击下我国推进数字贸易制度型开放将面临规则、技术、监管治理与数字鸿沟等方面的挑战。由于各国数字经济发展存在客观差异，国际数字规则在数据跨境自由流动、数字税等领域难以达成统一共识，数字经贸规则缺乏广泛适用性。就中国而言，在对接高标准的"境内开放"规则时也存在客观压力。同时国际间和国内各区域之间的数字鸿沟问题也是数字经济持续健康发展的重要挑战之一。

因此，我国在理解和履行好 RCEP 数字贸易开放承诺的基础上，努力对接 DEPA、CPTPP 中更高标准的数字贸易规则，积极开展与不同发展水平经济体之间的合作共享，不断提升我国在全球数字贸易规则制定中的话语权。在开放过程中，正确把握好安全与开放的关系，继续完善跨境数据流动、知识产权保护等跨境数字贸易治理体系。加强数字基础设施建设，通过"东数西算"工程实现国内区域数字经济协同发展。同时打造高质量自贸试验区网络和"数字丝绸之路"，促进国内外数字经济健康发展，充分释放数字贸易红利，助力我国数字贸易在全球价值链中的地位攀升。

第七章

稳步扩大贸易领域制度型开放的
实施路径与效果评估

针对我国贸易领域制度型开放的现状，本章首先探讨稳步扩大贸易领域制度型开放的可能实施路径，其次结合数据构建制度型开放指标，分析制度型开放对我国的经济影响，最后模拟评估在不同情境下中国稳步对接国际高标准经贸规则所产生的经济效应，进而提出在紧密依托经济双循环发展格局下中国稳步扩大贸易领域制度型开放的思路。

第一节　稳步扩大贸易领域制度型开放的实施路径

一、对接高标准国际贸易规则，实现国内制度升级

制度型开放的重要内容即为通过实现国内基本制度框架和行政管理体系的国际接轨，完成与高标准国际贸易规则的对接、协调与兼容，最终达成从以往的降低关税和非关税壁垒的"边境开放"向降低制度和规则壁垒的"境内开放"的转变。当前，RCEP、CPTPP 与 DEPA 等高标准国际经贸协定已成为当前全球各大经济体制定国际贸易规则、推动区域经贸合作的经贸规则主流，也代表着未来国际经贸规则变革创新的方向，因此，稳步扩大我国贸易领域制度型开放首先需要以 RCEP、CPTPP 及 DEPA 等高标准国际经贸规则为路径参考，在努力实现与

高标准国际经贸规则对接的同时为当下仍存在空白的议题领域贡献中国智慧，构建中国在未来国际经贸规则变革潮流中的话语主导权。当前，我国已加入RCEP，并同时在积极申请加入CPTPP与DEPA，积极落实RCEP的约束性义务，在完成与RCEP的国际经贸规则对接与落实的同时，明确我国的国际经贸规则与CPTPP等更高标准国际经贸规则的差异是实现稳步扩大我国贸易领域制度型开放的重要实施路径。

1. 在货物贸易方面

互相开放更大程度的产品市场准入始终是各类国际经贸协定努力的方向，各缔约国间不断扩大零关税的产品范围，降低协定范围内产品的交易成本，削弱非关税壁垒，推动营商环境的优化与贸易便利性的提高也将是我国扩大贸易领域制度型开放所努力的方向。

在提升贸易便利化方面，为提升通关速度、降低交易成本，RCEP规定各缔约方需尽可能在90天内向申请人做出预裁定，如有延迟需有合理理由并应通报申请人，而CPTPP则强制性规定各缔约方在任何情况下不迟于收到请求后150天做出预裁定，相较于RCEP的规则进一步提升了贸易申请方对交易完成的可预见性，这为我国优化货物通过流程提供了很好的规则方向参考。

在简化通关程序与手续方面，RCEP明确了企业自主原产地声明制度，即原产地证明文件除可以从专门的签证机构获取外，RCEP将允许经核准的出口商，以及货物的出口商或生产商自主声明，将原本由指定机构签发证书的认证模式拓展至同时允许企业自主声明的信用担保模式，而CPTPP在原产地程序上规定，进口商可根据出口商、生产商或进口商填写的原产地证书提出优惠关税待遇请求，且原产地证书无需遵循统一的规定格式，并允许以电子的形式提供。

可以看出，尽管我国在2022年已遵循RCEP关于原产地程序的规定施行了原产地声明制度，允许经核准的出口商开具原产地声明，但相关数据显示，截至2021年底，全国进出口企业注册登记和备案的数量有160万家左右，而申请经核准的出口商所必备的条件之一——海关高级认证企业的数量为4281家，占比0.2676%，即仅有极少数的进出口企业可以享受到由企业自主原产地声明制度带来的通关便利。同时，我国当下施行的原产地声明制度与CPTPP的原产地程序相比也在声明开具主体、声明格式等方面仍存在可进一步简化通关程序、节约企业出口成本的空间。

在技术标准与竞争中性方面，我国与高标准的国际经贸制度仍存在一定的差距，从技术标准方面来看，全面促进我国的技术标准认定与国际接轨，以制度规则的"进口"倒逼我国相关的行业规则与行业标准优化与升级，同时在跨国合作的项目中促进中国制定的相关技术标准的应用，以共建"一带一路"、RCEP为发展契机，尝试并推动与中国的合作缔约方就技术性法规、技术标准与技术评定结果实现相互承认，扩大中国技术标准在国际上的认可度，为中国技术标准建立国际权威性奠定基础。

从竞争中性方面来看，进一步优化我国的市场竞争环境，加快并深化国有企业改革，提升规章制度的透明度，打造公平便捷的营商环境是促进货物贸易开放度提升的有效途径。当下，我国应首先完成与 RCEP 约束性义务的对接，积极推进 RCEP 国际经贸协定的落实，并尝试对 RCEP 中的软性义务进行约束性试点应用，加快实现我国与高标准国际经贸制度的对接。

2. 服务贸易方面

从开放制度来看，中国采用的是正面清单承诺模式，并将于协定生效后 6 年内转化为负面清单，而日本、韩国、澳大利亚、新加坡、马来西亚、澳大利亚、文莱、印度尼西亚这 8 个 RCEP 成员采用的则是负面清单模式，此外，CPTPP 对服务贸易采用的全部为负面清单模式。OECD 指出，尽管正面清单与负面清单在理论上产生的投资自由化程度是相同的，但在实践过程中发现负面清单所带来的投资自由化程度相较于正面清单更高，且负面清单的开放模式相较于正面清单更具透明度与可见性，但我国在服务贸易方面采用的正面清单承诺模式仍在一定程度上限制了服务贸易的开放程度，服务贸易的开放水平整体低于 RCEP 采用负面清单模式的缔约国。且根据 OECD 发布的 2022 年服务贸易限制指数的数据来看，在受统计的 50 个国家中，中国 2022 年平均服务贸易限制指数为 0.1255，是 50 个国家中服务贸易限制程度最高的前 5 个国家之一，其余 4 个服务贸易限制指数高于中国的国家分别为印度尼西亚（0.1389）、印度（0.1408）、泰国（0.1553）以及俄罗斯（0.1583），说明我国在服务贸易的开放程度上仍存在很大的拓展空间。

为推进我国服务贸易自由化程度的提高，我国在海南自由贸易港实施了跨境服务贸易负面清单，图 7-1 展示了海南自由贸易港实施的服务贸易负面清单措施数量与 RCEP 实施了负面清单的成员国的数量对比，可以看出尽管当前在自由贸易港做出了更高开放程度的努力，但从负面清单的禁止或限制措施的总数来看，距离发达国家的服务贸易自由化程度仍存在一定的差距。此外，分别从禁止措施与限制措施的数量来看，海南自由贸易港在有关服务业的外资准入负面清单方面禁止类措施有 16 条，占比 73%，集中在文化、体育和娱乐业，科学研究和技术服务业以及批发零售业三个部门行业，限制措施有 6 条，集中在信息传输、软件和信息技术服务业，卫生和社会工作业，电信业以及教育业等部门行业。而在跨境服务贸易的负面清单措施则主要以限制类措施为主，限制措施共 54 条，占比 77%，主要集中在部分交通运输业，信息传输、软件和信息技术服务业，部分金融业以及部分文化、体育和娱乐业等部门行业，禁止措施同样为 16 条，占比 23%，主要集中在文化、体育和娱乐业，租赁和商务服务业，金融业，交通运输、仓储和邮政业，批发零售业等。可以看出海南自由贸易港在对设计研发、信息传输、交通运输、物流及金融等位于产业链高端且盈利能力性很强的产业限制程度很高，无论是在外资准入方面还是在跨境贸易方面，海南自由贸易港的负面清单均对这些行业进行了一定程度上的禁止与限制，而这在很大程度上阻碍了我国服务贸易国际竞争力的提升，也是当前我国与各发达国家在服务业产生发展差距的主要部分。

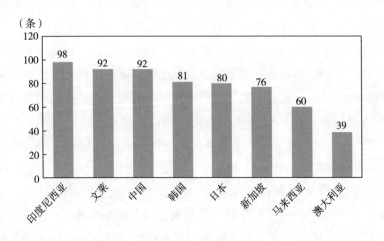

图7-1　服务贸易负面清单措施数量

因此，在推动负面清单在国内更多的自由贸易区开展试点的同时也要对负面清单的限制领域进行更多的放松尝试，对涉及国家安全与社会公共服务相关等敏感行业谨慎评估，限制或禁止开放，而对位于产业链高端且盈利能力较强的非敏感行业加大鼓励开放的力度。同时，推动国内服务部门分类与国际服务部门分类对接，削弱因国际分类与国内分类不一而导致的信息壁垒与成本，借鉴其他开放水平较高国家的管理措施，在服务贸易开放水平向国际平均水准靠拢的同时，对各国仍在加强保护的敏感性服务行业进行细分，以评估在当下竞争强度较弱且同样具有较高盈利能力的服务行业抢占市场高地并最终实现服务贸易开放度反超的可能性。另外，完成国内的相关规章制度与国际高标准规章制度结构与内容上的整合，可通过借鉴 CPTPP 在负面清单的措施描述中详细列明法律来源的方式，提高我国负面清单的透明度，确保服务贸易制度型开放实施的稳定性与权威性，为国内服务贸易的制度型开放提供充足的法律依据支撑。同时，在进行规章制度的更新或出台前给予市场充分的调整时间或提供意见征集的渠道，提高营商环境的稳定性与可预见性。

3. 在数字贸易方面

《数字贸易发展与合作报告 2023》的数据显示，2022 年中国数字服务进出口总值 3710.8 亿美元，而同期全球数字服务贸易规模为 3.82 万亿美元，中国贡献了其中 9.71% 的贸易体量，是全球重要的数字贸易大国。根据 OECD 发布的 2022 年数字贸易限制指数的数据来看，在受统计的 85 个国家中，中国 2022 年平均数字贸易限制指数为 0.1025，而同期世界平均数字贸易限制指数为 0.0670，反映出我国的数字贸易仍有较大的开放空间，数字贸易的规章制度与国际标准仍存在较大的差距，我国对数字贸易的规章制度仍停留在对优化电子商务营商环境等传统议题的探讨上，而对于数据的跨境传输与管理、数字产品的非歧视待遇及数字知识产权保护等高标准数字贸易议题仍较少或未涉及。具体表现为，UJD-TA、CPTPP 与 DEPA 均对数字传输免关税进行了强制性规定，而该项制度在我国加入的 RCEP 的协定中仍处于软性义务范围，即相关条款不具有强制性的约束力。在关于支持跨境数据自由流动与计算设施非强制本地化方面，UJDTA 与 CPTPP 对该项条款均达成了强制执行的约束，而 DEPA 与 RCEP 未就该项条款对缔约国进行强制约束。在关于给予数字产品非歧视待遇与加密技术的保护条款方面，UJDTA 与 CPTPP 对该项条款均达成了强制执行的约束，DEPA 则将该项条款归类为软性义务，未对缔约国做强制执行的要求，而 RCEP 的相关规章制度中未涉及给予数字产品非歧视待遇与加密技术的保护。对于源代码非强制本地化方面，UJDTA 与 CPTPP 同样均对该项条款达成了强制执行的约束，而 DEPA 则未涉及该条款，RCEP 则表示将对该项条款承诺进一步开展对话。此外，从图 7-2 世界各国构建的涉及数字贸易条款的合作平台来看，中国位于边缘化位置，这也是导致中国数字贸易的规章制度与国际标准仍存在较大差距的原因之一。

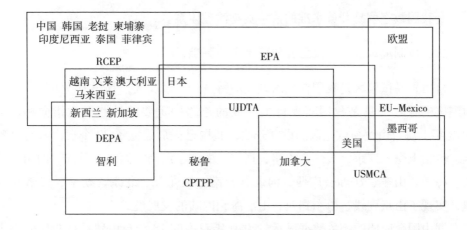

图 7-2 世界各国构建的涉及数字贸易条款的合作平台

因此，在高标准数字贸易规则体系上，我国一方面需要对标美国、日本等发达经济体在数字贸易领域重点关注的议题，形成具有中国特色的且可与国际已有规则具备一定融合条件的高标准数字贸易谈判规则与谈判议题；另一方面也要在落实 RCEP 关于数字贸易的约束性义务的前提下对 CPTPP、DEPA 及 UJDTA 等高标准数字贸易协定做出强制性约束而 RCEP 仍未涉及或仅做软性约束的条款规则开展国内的试点，推动国内数字贸易规则的升级，放宽企业的经营约束，从规则与制度层面提升我国数字贸易的自由度与开放度。此外，在遵循数字贸易国际公认准则的基础上我国也需要进一步发展适应高标准数字贸易规则的基础设施，尤其是在降低贸易成本、简化跨国交易手续并提升企业跨国经营效率上具有重要作用的跨国支付系统，可通过借鉴发达经济体在跨国支付系统上的建设与推广经验，在提升与现有国际跨国支付体系融合度的基础上发展安全、可靠、高效的跨境支付系统，并对国内的数字支付平台进行一定的规则整合，提升我国数字支付平台的统一性与互操作性，同时积极推动数据跨境流动的国际合作，为提升中国在高标准数字贸易规则的话语权，融入全球数字贸易圈奠定基础。我国还可对标现有高标准数字贸易规则中的数字贸易便利化条款，在发展与完善中国数字贸易基础设置的基础上鼓励构建数字化供应链，实现供应链各环节的数字化升级，以数字化通道促进跨境贸易的精准调配，提升贸易便利化水平。高标准数字贸易规则的对接与实施也需要我国在海关系统上做出数字化的适配努力，建设数字贸易服务单一窗口，完善针对数字贸易的各项通关规则，构建适应国际数字贸易环境与提升我国数字贸易开放水准的数字贸易治理体系。

二、以制度试点为制度型开放奠定实施基础

自由贸易试验区是我国在境内设立的特殊经济试验区，其作为政策试点、压力测试的重要工具是我国实现自主开放的道路中重要的道路探索指向标。自2013年上海自由贸易试验区的设立开始，我国已先后设立了22个自由贸易试验区，包括上海、广东、天津、福建、辽宁、浙江、河南、湖北、重庆、四川、陕西、海南、山东、江苏、广西、河北、云南、黑龙江、北京、湖南、安徽与新疆，实现了由点到线、由东到西、由沿海到内陆的发展模式。

据中国政府网的相关数据显示，2020年我国前18个自由贸易试验区的进出口额为4.7万亿元，占全国总进出口额的14.59%，2021年我国22个自由贸易试验区的进出口额为6.4万亿元，占全国总进出口额的16.52%，2022年，22家自由贸易试验区的进出口额为7.5万亿元，贡献了我国17.8%的货物进出口贸易量，可以看出我国的自由贸易试验区的进出口额呈现出逐年增加的趋势，其占我国贸易额的比重也同样呈现出逐年增加的趋势，说明自由贸易试验区正逐渐成为助力我国扩大贸易自由度的重要支柱。在服务贸易方面，自由贸易试验区在过去10年中为提升服务贸易自由度、推动服务贸易规则与制度的创新性发展同样贡献了重要的力量；其中，在贸易规模方面，天津自由贸易试验区在2022年服务贸易跨境收入24.4亿美元，支出29.9亿美元，为当地服务贸易的发展给予了极大的推动力，而在服务贸易规章制度方面，海南自由贸易试验区在2021年发布了《海南自由贸易港跨境服务贸易特别管理措施（负面清单）（2021年版）》，首次尝试对接高标准国际经贸规则，为负面清单在我国服务贸易开放中的应用积累了宝贵的试点经验；负面清单制度发布后，海南自由贸易试验区知识密集型服务进出口同比增长81.7%，占跨境服务贸易总额的59.9%。在数字贸易方面，浙江自由贸易试验区通过打造数字自由贸易试验区的"浙江样板"以完善从平台搭建到生态改善，再到加快对标DEPA等高标准国际经贸规则以实现自由贸易试验区相关制度与监管体系的改革全面推动了浙江省数字经济的发展，体现为2022年浙江省数字经济核心产业的增加值达到了8977亿元，占浙江省GDP的比重提升至11.6%。江苏自由贸易试验区以医疗行业为中心，积极推动医疗行业的数字化发展，通过构建健康医疗大数据"存、管、算、用"标准化一站式转化应用平台，极大程度地助力了当地生物医药产业链的建设。

当前，我国自由贸易试验区政策试点的涉及部门涵盖了我国经济制度框架中的几乎所有的行政管理部门，既承担了探索与更高开放水平相适应的海关监管措施，也包含了对促进地区经济发展的投资制度、金融制度的政策改革与政府职能转变的探索，同时在吸引全球优质资源禀赋、推动产业链高端产业的集聚发展发挥着重要的引领作用，且每个自由贸易试验区也会有基于自身定位与地区发展需求相结合的独特的制度创新与探索任务，充分发挥我国改革开放试验田的重要作用。截至 2023 年 9 月，我国自由贸易试验区已累计向全国或特定区域复制推广了 302 项制度创新成果，其中经国务院批准推广的自由贸易试验区改革试点经验共 7 批 167 项，联席会议办公室印发 4 批共 61 个 "最佳实践案例" 供各地参考借鉴，联席会议成员单位等自行发文复制推广 74 项在自由贸易试验区探索形成的改革经验。按制度创新成果的领域分类来看，302 项制度创新成果中最多的为金融开放创新，其相关成果共 91 项，包括结售汇、资金池、涉外资金、融资模式、金融综合服务、金融数据共享、边境地区跨境人民币使用等；其次为涉及投资自由便利化的制度创新成果，共 85 项，包括外资准入、投资管理、商事制度、工程建设、涉税事项、国资国企改革、不动产登记、公证、企业标准等；涉及推动贸易便利化的成果共 76 项，包括国际贸易 "单一窗口"、通关、贸易新业态新模式、海关相关税收、贸易无纸化、原产地证、海关涉企服务等；涉及要素资源保障的成果有 40 项，包括土地、人才、知识产权、技术等；涉及全过程监管的成果有 34 项，包括社会信用体系、智慧监管、多元共治监管、行政执法体制、涉外纠纷解决、海洋治理、财产执行、机场管理、长江生态环境保护等；涉及产业开放发展的成果有 34 项，主要围绕具体产业解决制度性障碍形成的制度创新成果；涉及区域协同发展的成果有 2 项，包括自由贸易试验区间联动形成的制度创新成果。可见，在实现与高标准国际贸易规则对接的道路上，自由贸易试验区作为制度创新与政策试点地，其在提升货物、服务与数字贸易开放度中所扮演的试验田角色将为我国推动制度型开放发挥重要的积极作用，但中国自由贸易试验区在对标高水平国际经贸规则、推动我国制度型开放方面仍存在着一定的改善空间。

首先，从我国自由贸易试验区的空间布局来看，东部地区共 10 个省市，每个省市均设有自由贸易试验区，中部地区共包括 6 个省，其中江西与山西未设有自由贸易试验区，西部地区共包括 12 个省区，其中仅有一半的地区设有自由贸易试验区，东北地区共包括 3 个省份，其中吉林省未设有自由贸易试验区。而从地区经济发展状况与贸易开放度来看，近 10 年来东北地区的 GDP 占全国的比重从6.5%下降至4.81%；东部地区的GDP占全国的比重始终在51%～52%波动；中部地区的GDP占全国的比重始终维持在21%～22%；西部地区的GDP占全国的比重从20.19%上升至21.46%。而从区域贸易开放度来看，近10年来东北地区的进出口占GDP的比重从2014年的26.12%下降至2022年的21.27%；东部地区进出口占GDP的比重从2014年的64.69%下降至2022年的53.69%；中部地区进出口占GDP的比重从2014年的10.92%上升至2022年的14.60%；西部地区进出口占GDP的比重从2014年的15.68%下降至2022年的15.01。可以看出，无论是从发展水平还是从开放程度上来看，中部、西部与东北部地区较东部地区仍具有一定的差距，我国地域间固有的发展差异与开放度差异仍稳定存在，而实现各地区稳步协同发展是我国扩大开放力度促进经济高质量发展的最终目标，但从自由贸易试验区的区位设置来看，东部仍是聚焦的重点区域。一方面，在经济欠发达的地区实行力度更大的开放政策、执行强度更高的开放制度，让中西部及东北地区同样平等的享受制度型开放所带来的发展红利对促进我国经济的高质量发展具有重要意义；另一方面，地区的发展程度不同也带来了同样的政策在不同地区执行所面临的困境及制约点有所差异的问题，进而导致政策执行后可能会产生的差异化结果。此外，生产力发展水平的不同也会导致不同地区自贸试验区发展诉求与市场需求对接的不同。因此，对不同地区的自由贸易试验区设置差异化的试点方案，结合地区特色与产业特点推动深层次的区域差异化政策试点对于实现深层次的制度型开放具有重要意义。

其次，从自由贸易试验区的制度对标方面来看，由于各自由贸易试验区所处的地区发展步调不一，因此可能会出现为了急切迎合国家层面的发展意愿而制定部分不符合自身发展阶段的战略，进而导致自由贸易试验区成果形式化、资源错配与制度衔接困难等难以真正对地区经济发展与开放产生实质性促进作用的制度。此外，在对接高标准国际贸易规则上，在简化通关程序与手续方面，我国当下施行的企业原产地自主声明制度在声明开具主体、声明格式等方面仍存在可进一步简化通关程序、节约企业出口成本的空间。在技术标准方面，我国的技术标准认定与国际规则间仍存在隔阂，实现我国技术性法规、技术标准与技术评定结果与其他国家间的相互承认仍存在难度。在竞争中性方面，加速推进国有企业改革、提升我国营商环境的透明度与公平度也是未来政策试点的重要内容。在服务贸易方面，海南自由贸易试验区进行的负面清单试点工作仍存在很大的提升空间，负面清单的禁止或限制措施的总数距离发达国家的服务贸易自由化程度仍存在一定的差距，且我国自由贸易试验区所实施的负面清单的规范性与完整度较CPTPP 同样存在较大的提升空间。在数字贸易方面，我国的自由贸易试验区对于数据的跨境传输与管理、数字产品的非歧视待遇及数字知识产权保护等高标准数字贸易议题仍较少或未涉及。此外，我国自由贸易试验区的条例内容系统性相对不足，部分当前被各发达经济体认可的重要议题在我国自由贸易试验区的条例中呈现出碎片化分布，与高标准国际经贸规则对于重点议题集中于同一章节做出详细规定不同，我国自由贸易试验区的重点议题分散于各个章节中，且部分规定标准在条例中的表述较为模糊，未落实到约束性强制义务的深度。

最后，从我国自由贸易试验区成果的性质来看，我国存在部分自由贸易试验区创新动力不足与突破性成果较少的问题，这些自由贸易试验区大多仅用于承接其他自由贸易试验区试点成功的政策转移实施平台，并未主动汲取所属地区的市场需求与产业特色进行自发式制度创新与改革；且各自由贸易试验区在关于创新性政策的挖掘经验与政策试点的成功经验中联动较少，各地区间存在一定的知识流通壁垒，也缺乏与承接相同改革创新任务或地域邻近的自由贸易试验区进行集体攻坚式创新的联动。

三、积极拓展、把握对外合作开放平台，构筑贸易规则话语主导权

制度型开放的实现离不开国际合作，一方面国际合作平台可以为我国制度型的开放路径提供灯塔指引与经验参考，另一方面国际合作平台也是推动我国规章与制度国际化的重要路径。当前，我国加入的 RCEP 协定与共建"一带一路"倡议既为促进我国制度型开放，对接高标准国际贸易规则的重要国际合作平台。

RCEP 是全球体量最大的自由贸易区，其成员国包括中国、日本、韩国、澳大利亚、新西兰 5 个国家以及除 2022 年刚加入东盟的东帝汶外的东盟 10 国；2022 年这 15 个成员国的贸易总量为 14 万亿美元，占世界贸易总量的 27.73%，其中 15 个成员国的进口额为 6.58 万亿美元，占世界进口总额的 25.7%，出口额为 7.42 万亿美元，占世界出口总额的 29.82%。RCEP 被认为是当前全球覆盖人口最多、成员结构最多元化、发展潜力最大的自贸协定，RCEP 以与 CPTPP 相近的国土面积涵盖了超过 CPTPP 近 5 倍的人口总量，其对成员国带来的机遇与红利将为更多的人口提升福利。2022 年，中国向其余 14 个成员国的贸易总量为 1.94 万亿美元，占中国贸易总量的 30.76%；其中中国向其余 14 个成员国的进口额为 0.95 万亿美元，占中国总进口额的 34.99%；出口额为 0.99 万亿美元，

占中国总出口额的 27.57%。到 2030 年，RCEP 预计带动成员国出口净增加 5190 亿美元，国民收入净增加 1860 亿美元，且 RCEP 生效后，中国近 30% 的出口产品可以享受零关税待遇，涵盖了中国 1.4 万亿美元的贸易额，由此可见，RCEP 作为涵盖东亚地区主要国家的自贸协定，其协定的生效将对东亚地区的经济、贸易与投资的增长带来深远的促进影响，是我国重要的国际合作平台之一。

从货物贸易规则来看，RCEP 的成员国采取的关税减让模式分为两种：一是对所有成员国采用一张统一的关税承诺表；二是对不同的缔约国使用不同的关税承诺表。而 CPTPP 的成员国采取的关税减让模式则为统一采用对所有成员国采用一张统一的关税承诺表的方式。我国当前采用的是对不同的缔约国使用不同的关税承诺表，在加快制度型开放的道路上，RCEP 协定为我国对所有成员国采用统一的关税承诺表提供了很好的路径与风险管控经验参考；同时，RCEP 在原产地程序方面做出的原产地声明规定也为我国在未来进一步降低外贸企业的经营成本，对接 CPTPP 实行进口商、出口商和生产生自主声明制度提供了充分的制度缓冲。从服务贸易来看，RCEP 在服务贸易的开放模式上，部分成员国采用的是正面清单的模式，在协定生效后 6 年内转为负面清单模式，而也有部分成员国直接采用负面清单的模式对服务贸易的开放进行管控，这同样为我国推进以负面清单的模式扩大服务贸易开放度提供了良好的政策参考平台。在数字贸易方面 RCEP 规定维持不对电子传输征收关税的做法，且不强制要求计算设置本地化，不得阻止通过电子方式跨境传输信息等，这些制度的引进将在很大程度上促进我国数字贸易壁垒的减少与数字贸易开放度的提升，是我国政策引进与参考的重要国际合作平台。充分利用 RCEP 提供的高标准国际贸易规则参考与引进平台，在落实 RCEP 规定的约束性义务的基础上积极对 RCEP 协定中定义为软性义务的部分进行政策本土化尝试与推进，将是推动我国实现制度型开放的重要机遇与力量。

作为标志着中国"走出去"的代表性战略，2015 年发布的《推动共建丝绸之路经济带和 21 世纪海上丝绸之路的愿景与行动》标志着共建"一带一路"这一对中国的对外开放与深化国际合作的历史性战略进入全面推进建设阶段。共建"一带一路"旨在促进经济要素有序自由流动、资源高效配置和市场深度融合，推动开展更大范围、更高水平、更深层次的区域合作，共同打造开放、包容、均衡、普惠的区域经济合作架构，以"和平合作、开放包容、互学互鉴、互利共赢"为合作理念，以"共商、共建、共享"为原则，以"政策沟通、设施联通、贸易畅通、资金融通、民心相同"为合作重点，是我国拓展区域合作，为经济全球化贡献中国力量，带动亚洲乃至世界的经济增长的重要国际合作平台。截至2023 年 1 月，中国已同 151 个国家和 32 个国际组织签署了 200 余份共建"一带一路"的合作文件，在当前逆全球化趋势抬头与中美关系紧张的国际局势下，把握共建"一带一路"国际合作平台，深化与共建"一带一路"各国的合作水平，提高共建"一带一路"倡议的国际影响力是中国在推进制度型开放的道路中扩大中国制度与规则的国际权威性、提升中国制度与规则的国际认可度、传播中国在参与高标准国际贸易规则的构建与改革中的声音的重要平台。

共建"一带一路"倡议可以为中国提供新型贸易便利化制度的试点平台，以共建"一带一路"为发展契机，尝试并推动与中国的合作缔约方就高标准贸易便利化制度开展合作，与共建"一带一路"国家共同探索新型贸易规则的建设路径对深化共建"一带一路"倡议的国际影响，积累中国在对接高标准国际贸易规则中的宝贵经验具有重要意义。在服务贸易方面，共建"一带一路"也可以为中国提供实行面向共建国家统一负面清单压力测试、探索部分服务行业部门合理化开放的良好平台。在数字贸易方面，中国已与共建"一带一路"国家开展了跨境数字基础设施建设合作，与共建"一带一路"国家共同探索对接高标准国际经贸规则的制度改革路径，为全球数字化治理积累规则构建经验，创新高标准数字贸易规则，形成具有中国特色的数字贸易规则的"中式模板"，提升中国规则在国际中的权威性与认可度，扩大中国在数字贸易领域的话语权。充分利用共建"一带一路"国际合作平台对促进中国在制度型开放的重要议题中建立更多的国际规则领导权具有重要意义，有助于中国巩固与世界各国合作关系的同时不断深化中国制度型开放的改革路径，推动区域与世界经济发展。

第二节　稳步扩大贸易领域制度型开放的经济效果评估

为进一步对扩大贸易领域制度型开放的经济效果进行评估，本章参考李平等（2023）的做法，分别从规则、管理与标准三个方面构建省份层面的中国制度型开放水平的评估指标；并进一步探讨了制度型开放水平的提高对中国地区经济发展水平、进口贸易、出口贸易、居民收入及企业利润额五个方面的影响。

一、计量模型设定与变量说明

1. 实证模型

本章的计量模型设定如下：

$$\ln Y_{it} = \beta_0 + \beta_1 Inst_{it} + \beta_2 X_{it} + \mu_i + \theta_t + \varepsilon_{it} \tag{7-1}$$

其中，i 表示省份，t 表示年份；被解释变量 $\ln Y_{it}$ 分别表示 i 省份在第 t 年的经济变量；核心解释变量为 $Inst_{it}$，表示 i 省在第 t 年的制度型开放水平；X_{it} 为一系列省份层面的控制变量；μ_i 为省份固定效应；θ_t 为年份固定效应；ε_{it} 为误差项。

2. 变量说明

（1）被解释变量。包括地区的经济发展水平（$\ln Gdp$）、进口额（$\ln Import$）、出口额（$\ln Export$）、居民收入水平（$\ln City\_Income$）及企业利润（$\ln Sale\_profit$）5 个变量。

（2）核心解释变量。分别从中国各省份在规则、管理与标准三个方面的发展水平构建了衡量中国各省份制度型开放水平的综合指标。其中，规则方面分别从知识产权、环境保护及政府规制三类在国际各类规则中被重点关注的指标对各省份的规则水平进行评估；标准方面分别从服务贸易与数字贸易两个方面就我国与高标准国际贸易规则差距较大的层面上进行评估；管理方面则针对高标准国际经贸规则中所广泛强调的竞争中性，分别从国有企业及非国有企业在省份经济中的贡献份额进行评估。制度型开放指标的具体变量选取如表 7-1 所示。本章使用熵权法计算各一级维度的权重占比，其中，规则制度评估的权重为 0.3829、标准制度评估的权重为 0.5053、竞争管理评估的权重为 0.1118。

经测算，2022 年中国各省份的制度型开放水平，东部沿海地区的各省制度型开放水平较中西部及东北部地区各省平均较高，南方地区各省制度型开放水平较北方地区各省平均较高；从具体的省份来看，北京市、江苏省与广东省在 2022 年制度型开放水平最高，黑龙江省、吉林省、辽宁省、内蒙古自治区、新疆维吾尔自治区、宁夏回族自治区、山西省与江西省在 2022 年制度型开放水平较低。

表 7-1　制度型开放指标选取

一级维度	二级维度	变量选取
规则制度评估 （0.3829）	知识产权	技术市场份额/地区生产总值
	环境保护	碳排放量
		二氧化硫排放量
		氮氧化物排放量
		化学需氧量排放量
		氨氮排放量
		总氮排放量
		总磷排放量
		工业污染治理投资完成额/第二产业增加值
	政府规制	财政透明度指数
		地区官员腐败数据
标准制度评估 （0.5053）	服务贸易	国际旅游（外汇）收入/地区生产总值
		服务业 FDI/地区生产总值
	数字贸易	互联网宽带接入端口数
		互联网域名数
		长途光缆线路长度
		手机产量
		集成电路产量
		微型计算机设备产量
		电信业务总量
		移动电话年末用户
		移动电话交换机容量
		软件业务收入
		信息传输、软件和信息技术服务业城镇单位就业人数
竞争管理评估 （0.1118）	国有企业	国有控股工业企业单位数
	非国有企业	非国有经济在工业总产值中的比重
		非国有经济固定资产投资/全社会固定资产投资
		非国有经济就业人数/城镇总就业人数

（3）控制变量。包括贸易开放度（*Open*），采用进出口总额占地区生产总值的比重衡量；人均 GDP（ln*Gdp_per*）；人力资源水平（ln*Labor_input*），采用每十万人口高等学校平均在校生人数并取对数衡量；就业率（*Emp_rate*）；城镇化水平

（*City_rate*）；采用城镇人口数占总人口数的比重来衡量；产业结构（*Ind_constru*），采用第三产业产值与第二产业产值的比值来衡量。

3. 描述性统计

表 7-2 展示了本章所使用的主要变量的描述性统计。被解释变量所使用的数据均来源于国家统计局；构建制度型开放水平综合指标的各变量分别来源于国家统计局、《中国检察年鉴》与中国研究数据服务平台（CNRDS）；控制变量的数据来源于国家统计局。对于存在缺失值的数据主要采用线性插值法进行数据上的补足。

表 7-2　我国各省份制度型开放水平的描述性统计

变量	样本数	平均值	标准差	最小值	最大值
lnGdp	713	9.0964	1.2757	4.7690	11.7715
lnImport	713	16.0064	2.0669	9.2629	20.0255
lnExport	713	16.2790	1.9083	11.3037	20.4989
lnCity_income	713	9.8233	0.6908	8.4585	11.3390
lnSale_profit	554	6.0328	1.8317	0.2070	9.2590
Inst	713	3.6029	0.8706	1.4644	7.8894
Open	713	0.4185	0.4873	0.0111	2.2999
lnGdp_per	713	1.0031	0.8804	-1.2939	2.9455
lnLabor_input	465	7.8236	0.3363	6.8763	8.8173
Emp_rate	676	96.5278	0.7170	93.5000	99.2000
City_rate	558	0.5541	0.1469	0.2071	0.8958
Ind_constru	713	1.2198	0.6447	0.5182	5.2440

二、制度型开放的经济效果实证分析

1. 基准回归

基于前文所构建的计量模型，下面探讨制度型开放水平的提高对中国地区经济发展水平、进口及出口贸易、居民收入及企业利润额五个方面的影响，回归结果展示在表 7-3 中。

从表 7-3 第（1）列的回归结果来看，核心解释变量 *Inst* 的回归系数为正且在 1% 的水平上显著，说明地区制度型开放水平的提高有助于促进地区生产总值的提升；从经济显著性来看，地区制度型开放水平每提升 1 个单位，地区生产总值将增加3.23个百分点。从第（2）列的回归结果来看，核心解释变量 *Inst* 的回归系数为正且在1%的水平上显著，说明地区制度型开放水平的提高有助于促进地区进口额的增加；从经济意义来看，地区制度型开放水平每提升1个单位，地区的进口额将增加25.86个百分点。从第（3）列的回归结果来看，核心解释变量 *Inst* 的回归系数同样为正且在1%的水平上显著，说明地区制度型开放水平的增加同样有助于促进地区出口额的增加；从经济意义来看，制度型开放水平每提高1个单位，地区的出口额将增加44.24个百分点，由此也可以看出制度型开放水平的提升对地区出口额的促进力度大于对进口额的促进力度。从第（4）列的回归结果来看，核心解释变量 *Inst* 的回归系数同样为正且在1%的水平上显著，说明地区制度型开放水平的提高有助于促进地区人均收入水平的增加；从经济意义来看，制度型开放水平每提升1个单位，地区人均收入水平将增加3个百分点。从第（5）列的回归结果来看，核心解释变量 *Inst* 的回归系数仍为正且在1%的水平上显著，说明地区制度型开放水平的提升有助于促进企业盈利空间的增加；从经济意义来看，地区制度型开放水平每增加1个单位，企业的营业利润将增加37.93个百分点。整体来看，制度型开放水平的提高所带来的隐性制度壁垒的削弱不仅有助于进一步扩大国内的市场需求规模，同样有助于鼓励中国企业走出去，便利中国企业开拓国际市场，提升企业的盈利空间，并进而反哺地区经济发展水平的提高与居民收入水平的提升，助力中国经济的高质量发展。

表7-3　我国各省份制度型开放水平的基准回归结果

变量	(1) lnGdp	(2) lnImport	(3) lnExport	(4) lnCity_income	(5) lnSale_profit
Inst	0.0323*** (0.0100)	0.2589*** (0.0785)	0.4424*** (0.1172)	0.0300*** (0.0105)	0.3793*** (0.1298)
Open	-0.1646*** (0.0488)	1.4386*** (0.3195)	1.4164*** (0.5078)	-0.0450* (0.0239)	-0.5874* (0.3080)
lnGdp_per	0.9772*** (0.0666)	1.5373*** (0.3158)	1.8944*** (0.4907)	0.2040*** (0.0337)	2.5809*** (0.5135)
lnLabor_input	-0.0763 (0.0645)	0.0097 (0.4076)	0.4449 (0.4420)	-0.0689 (0.0465)	-0.3643 (0.6928)
Emp_rate	-0.0115 (0.0166)	-0.0365 (0.0794)	-0.0328 (0.1045)	-0.0077 (0.0092)	-0.1206 (0.1350)

变量	(1) lnGdp	(2) lnImport	(3) lnExport	(4) lnCity_income	(5) lnSale_profit
City_rate	0.6446 (0.5000)	−6.6636*** (2.2061)	−3.8676 (2.3686)	0.5899** (0.2310)	−3.2923 (2.6933)
Ind_constru	−0.0935** (0.0379)	0.1134 (0.2096)	0.4240 (0.3620)	0.0478** (0.0215)	−0.7376** (0.3339)
地区固定效应	是	是	是	是	是
年份固定效应	是	是	是	是	是
N	433	433	433	433	306
R^2	0.9976	0.9821	0.9732	0.9437	0.9624

注：***、**、*分别表示1%、5%、10%的显著性水平。括号内的数值为聚类到省层面的聚类标准误。本章下同。

2. 稳健性检验

进一步通过使用剔除发展水平较高的省份样本、使用主成分分析法重新构建核心解释变量以及使用工具变量法解决可能存在的内生性问题检验基准回归结果的稳健性。

（1）剔除发展水平较高的省份样本。由于地区未来的经济发展方向与经济发展进程在很大程度上受地区以往经济基础的影响，因此本章的回归结果可能存在的一个问题，就是制度型开放水平的提高对地区各经济变量的促进影响可能是由于地区良好的经济基础导致的，而非制度型开放水平提升的作用，为解决这一可能存在的问题，剔除北京与上海两个经济基础良好的直辖市，并对剩余样本进行了重新回归，表7-4展示了剔除发展水平较高的地区后的回归结果。从回归结果中可以看出，核心解释变量 Inst 的回归系数仍保持正向且在不低于5%的水平上显著，与基准回归结果一致，说明本章的基准回归结果并未受到地区经济基础的影响，基准回归结果具有稳健性。

表7-4　剔除发展水平较高的省份样本

变量	(1) lnGdp	(2) lnImport	(3) lnExport	(4) lnCity_income	(5) lnSale_profit
Inst	0.0323*** (0.0107)	0.3070*** (0.0801)	0.4915*** (0.1275)	0.0311** (0.0113)	0.3744*** (0.1151)

续表

变量	(1) lnGdp	(2) lnImport	(3) lnExport	(4) lnCity_income	(5) lnSale_profit
Open	−0.1535 **	1.9057 ***	2.1019 ***	−0.0523	−0.2612
	(0.0581)	(0.3448)	(0.5189)	(0.0357)	(0.3270)
lnGdp_per	0.9336 ***	1.3728 ***	1.4401 ***	0.2048 ***	1.9606 ***
	(0.0571)	(0.3233)	(0.4709)	(0.0345)	(0.5354)
lnLabor_input	−0.0206	−0.0161	0.4485	−0.0807	0.2200
	(0.0647)	(0.4126)	(0.4274)	(0.0507)	(0.6762)
Emp_rate	−0.0194	−0.0707	−0.0450	−0.0097	−0.1289
	(0.0193)	(0.0810)	(0.1212)	(0.0108)	(0.1324)
City_rate	0.9978 **	−7.1859 ***	−3.4740	0.6758 **	0.2778
	(0.4840)	(2.2858)	(3.0814)	(0.2534)	(2.5676)
Ind_constru	−0.1268 ***	−0.0292	0.2152	0.0499 *	−1.0898 ***
	(0.0339)	(0.2269)	(0.4199)	(0.0267)	(0.3839)
地区固定效应	是	是	是	是	是
年份固定效应	是	是	是	是	是
N	405	405	405	405	286
R²	0.9978	0.9801	0.9741	0.9311	0.9666

（2）主成分分析法。为解决采用熵权法对地区制度型开放水平的估算所可能产生的误差，进一步采用了主成分分析法对地区制度型开放水平进行了重新测算。具体而言，对选取评估地区制度型开放水平指标的变量进行 KMO 检验与 Bartlett 球形检验，其中 KMO 值为 0.831，Bartlett 球形检验的 P 值为 0.000，具有显著性，说明本章的数据适合使用主成分分析。经主成分分析后特征值大于 1 的特征变量共 7 个，其主成分之和为 75.2%，说明指标构建的解释力度为 75.2%，经主成分分析构建的综合性指标能够较好地反映地区的制度型开放水平。本章使用主成分分析法构建的地区制度型开放水平指标（Inst_pca）作为核心解释变量对计量模型进行了重新回归，回归结果如表 7-5 所示。

表 7-5　主成分分析法

变量	(1) lnGdp	(2) lnImport	(3) lnExport	(4) lnCity_income	(5) lnSale_profit
Inst_pca	0.0927 ***	0.5887 ***	0.8735 ***	0.0565 **	0.7357 ***
	(0.0278)	(0.1634)	(0.3016)	(0.0267)	(0.2564)

变量	(1) lnGdp	(2) lnImport	(3) lnExport	(4) lnCity_income	(5) lnSale_profit
Open	−0.1090*	2.0933***	2.3466***	−0.0359	−0.0229
	(0.0627)	(0.4338)	(0.6710)	(0.0285)	(0.3675)
lnGdp_per	0.8772***	0.9352***	0.7628	0.1615***	1.7035***
	(0.0471)	(0.3250)	(0.4766)	(0.0365)	(0.5768)
lnLabor_input	−0.0067	0.1530	0.7278	−0.0632	0.4877
	(0.0564)	(0.3982)	(0.4916)	(0.0502)	(0.6721)
Emp_rate	−0.0138	−0.0273	0.0224	−0.0054	−0.1171
	(0.0196)	(0.0771)	(0.1268)	(0.0108)	(0.1234)
City_rate	1.0483**	−6.5551**	−2.4288	0.7414***	0.1576
	(0.4721)	(2.4913)	(3.0373)	(0.2576)	(2.3544)
Ind_constru	−0.1194***	0.0268	0.3014	0.0554*	−0.9716**
	(0.0327)	(0.2492)	(0.4374)	(0.0284)	(0.3811)
地区固定效应	是	是	是	是	是
年份固定效应	是	是	是	是	是
N	405	405	405	405	286
R²	0.9978	0.9792	0.9712	0.9308	0.9667

从回归结果中可以看出，重新测算后的地区制度型开放水平指标对地区的经济发展水平、进口额、出口额、居民收入及企业盈利空间仍具有正向且显著的影响，且对于出口的促进作用仍大于对进口的促进作用，与本章的基准回归结果保持一致，说明本章的基准回归结果具有稳健性。

（3）工具变量。地区的制度型开放水平与本书所探讨的地区的各经济变量间可能存在内生性问题。即一个省份制度型开放水平的高低并非随机决定的，而是与各个地区的战略地位与经济发展进程高度相关，而地区的战略地位与经济发展进程同时也与本章所探讨的地区生产总值、进口额、出口额、居民收入水平及企业利润均具有很强的相关性，由此存在的内生性是可能会导致本章基准回归结果有偏的不可忽视的问题。为解决这一可能存在的内生性问题，参考李平等（2023）及冯正强和荆梦（2021）的做法，将各地区间的经济距离作为制度型开放水平的工具变量，经济距离的计算公式如下：

$$Eco\_dis_{it} = | Gdp\_per_{it} - Gdp\_per_t^{max} |$$

其中，Eco_dis_{it} 表示 i 省份在第 t 年的经济距离，Gdp_per_{it} 表示 i 省份在第 t 年的人均 GDP 增长率，$Gdp\_per_t^{max}$ 表示第 t 年人均 GDP 增长率的最大值，经济距离即为各省份的人均 GDP 增长率与人均 GDP 增长率最高的省份之间差值的绝对值，Eco_dis 的数值越大，地区的经济发展速度与发展速度最快的地区间的距离越远，制度型开放水平越低。使用工具变量后的回归结果如表 7-6 所示。

表 7-6 工具变量回归结果

变量	第二阶段				
	（1）	（2）	（3）	（4）	（5）
	lnGdp	lnImport	lnExport	lnCity_income	lnSale_profit
Inst	0.1651***	1.1772***	1.2486*	0.2123*	1.3325**
	(0.0758)	(0.3345)	(0.7007)	(0.1242)	(0.6542)
Open	−0.0770	2.0442***	1.9481***	0.0752	−0.2999
	(0.0633)	(0.3471)	(0.5285)	(0.1355)	(0.3556)
lnGdp_per	1.0907***	2.3223***	2.5836***	0.3598***	3.5864***
	(0.0888)	(0.4467)	(0.6820)	(0.1200)	(0.8839)
lnLabor_input	−0.1639**	−0.5961	−0.0869	−0.1891	−0.9644
	(0.0698)	(0.3793)	(0.5350)	(0.1193)	(0.6406)
Emp_rate	−0.0166	−0.0722	−0.0642	−0.0148	−0.0778
	(0.0152)	(0.0663)	(0.0637)	(0.0174)	(0.1057)
City_rate	0.3062	−9.0038***	−5.9222**	0.1255	−4.1180
	(0.3807)	(2.2670)	(2.4457)	(0.7428)	(2.7343)
Ind_constru	−0.0933*	0.1149	0.4254***	0.0481	−0.5419*
	(0.0514)	(0.1783)	(0.1607)	(0.0655)	(0.3172)
	第一阶段				
Eco_dis	−0.1628***	−0.1628***	−0.1628***	−0.1628***	−1.3648***
	(0.0369)	(0.0369)	(0.0369)	(0.0369)	(0.3126)
Kleibergen-Paap rk LM statistic	3.815**	3.815**	3.815**	3.815**	6.132**
Kleibergen-Paap rk Wald F statistic	19.459	19.459	19.459	19.459	19.067
10%maximal IV size	16.38	16.38	16.38	16.38	16.38

变量	第二阶段				
	（1） lnGdp	（2） lnImport	（3） lnExport	（4） lnCity_income	（5） lnSale_profit
地区固定效应	是	是	是	是	是
年份固定效应	是	是	是	是	是
N	433	433	433	433	306
R^2	0.9754	0.3523	0.4593	0.9055	0.3656

从第一阶段的回归结果来看，工具变量的回归系数始终为负且显著，说明地区的经济距离与制度型开放水平之间存在负相关关系，满足工具变量的相关性要求；从第二阶段的回归结果来看，核心解释变量的回归系数均正向且显著，且Kleibergen-Paap rk LM statisti 统计量的 P 值均具有5%以上的显著性，Kleibergen-Paap rk Wald F statistic 值均大于 10% maximal IV size，说明选择的工具变量拒绝了不可识别的原假设，且工具变量不是弱工具变量，工具变量的选择具有合理性。因此，在排除可能存在的内生性问题后本章的基准回归结果仍具有稳健性，地区制度型开放水平的提高确实可以促进地区生产总值、进口额、出口额、居民平均收入及企业利润的增加。

3. 影响机制

进一步探讨地区制度型开放水平的提高在促进地区经济发展进程中的影响机制。具体而言，分别探讨地区制度型开放水平的提高在促进第二产业、第三产业产值、外资企业数量、单位成本、创新水平及平均工资水平并进而促进地区生产总值、进口额、出口额、居民平均收入及企业利润提升的影响。

首先，从地区生产总值来看，由于制度型开放水平的提高可以有效削弱资本与商品流动的隐性制度型壁垒，降低境内外企业的信息成本，提升进出口贸易的通关速度，因此这种国际市场需求的拓展与中国企业走出去成本的降低将在很大程度上激励国内产值的增加；同时与高标准国际经贸规则的对接也在很大程度上促进了国内外规则与程序的一体化，降低了外资流入的信息壁垒，提升了地区吸引外资的力度，并进而促进了地区生产总值的提升。因此，分别从国家统计局收集了各省份第二产业产值（lnSec_ind）、第三产业产值（lnThird_ind）与外资企业数量（lnFor_firm），并将其作为被解释变量探讨地区制度型开放水平的提高对提升地区产值与外资吸引力的影响。其次，从地区进出口规模来看，扩张的市场需求同样促进了地区对于生产中间品的进口，由制度型开放水平提升带来的货物通关速度的提升与贸易成本的降低在极大程度上提升了中国产品在国际市场中的竞争优势，技术标准的国际对接也在很大程度上降低了中国产品所面临的很多技术性贸易壁垒，有助于促进地区出口额的增加，而这同样有助于促进地区平均工资的提升，并进而对地区居民平均收入呈现出正向且显著的促进影响。最后，从企业利润来看，市场需求的增加扩大了企业的盈利空间，为企业提高研发经费加强自主创新奠定了基础；外资企业的流入也会为地区的本地企业带来一定的知识溢出效应，为企业构建国际研发合作平台提供便利，削弱中国企业参与国际竞争的信息成本，带动地区专利产出量的增加。因此，从国家统计局收集地区的企业单位营业成本（$Cost\_per$）、平均工资水平（$\ln Avg\_wage$）与已授权的发明专利（$\ln Innovation$）的数据，并将其作为被解释变量进行了回归，回归结果展示如表 7-7 所示。

表 7-7 影响机制回归结果

变量	(1) lnThird_ind	(2) lnSec_ind	(3) lnFor_firm	(4) Cost_per	(5) lnInnovation	(6) lnAvg_wage
Inst	0.0582***	0.0490**	0.1022**	−0.5714**	0.1521**	0.0549**
	(0.0158)	(0.0187)	(0.0478)	(0.2553)	(0.0696)	(0.0209)
Open	0.0222	−0.2152***	−0.1939*	0.4334	0.1239	0.2119**
	(0.0518)	(0.0749)	(0.1006)	(0.5592)	(0.2260)	(0.0993)
lnGdp_per	0.7710***	1.2222***	0.3803*	−0.5940	0.7339*	0.3199***
	(0.0912)	(0.0980)	(0.2083)	(1.5371)	(0.4068)	(0.1037)
lnLabor_input	−0.0284	−0.1562	−0.1273	−0.0402	−0.0871	0.2064**
	(0.0590)	(0.1117)	(0.1444)	(1.1338)	(0.3068)	(0.0875)
Emp_rate	0.0031	0.0284	0.0632	0.2927	0.0921**	−0.0238
	(0.0121)	(0.0173)	(0.0423)	(0.2375)	(0.0382)	(0.0241)
City_rate	1.2491***	−0.5483	0.1657	5.6549	1.2291	−1.3181*
	(0.4053)	(0.4603)	(0.9150)	(8.9337)	(1.8867)	(0.7313)
Ind_constru	0.1842***	−0.5493***	0.0013	0.1959	−0.0850	0.1232***
	(0.0554)	(0.0886)	(0.0710)	(1.3729)	(0.1043)	(0.0236)
地区固定效应	是	是	是	是	是	是

变量	(1) lnThird_ind	(2) lnSec_ind	(3) lnFor_firm	(4) Cost_per	(5) lnInnovation	(6) lnAvg_wage
年份固定效应	是	是	是	是	是	是
N	433	433	433	309	433	433
R^2	0.9987	0.9852	0.9929	0.1732	0.9881	0.9281

表7-7的第（1）列为地区制度型开放水平对地区第三产业产值的回归结果，核心解释变量 Inst 的回归系数为正且在1%的水平上显著，说明地区制度型开放水平的提高有助于促进地区第三产业产值的增加；从经济意义来看，地区制度型开放水平每提高1个单位，地区第三产业产值将提高5.82%。第（2）列为地区制度型开放水平对地区第二产业产值的回归结果，核心解释变量 Inst 的回归系数为正且在5%的水平上显著，说明地区制度型开放水平的提高同样有助于促进地区第二产业产值的增加；从经济意义来看，地区制度型开放水平每提高1个单位，地区第二产业产值将提升4.9%。第（3）列为地区制度型开放水平对地区外资企业数量的回归结果，核心解释变量 Inst 的回归系数为正且在5%的水平上显著，说明地区制度型开放水平的提高有助于提升地区的外资吸引力，提升地区的外资企业数量；从经济意义来看，制度型开放水平每提高1个单位，地区外资企业数量将提升10.22个百分点。第（4）列为地区制度型开放水平对地区企业单位营业成本的回归结果，核心解释变量 Inst 的回归系数为负且在5%的水平上显著，说明地区制度型开放水平的提高有助于降低企业的单位营业收入；从经济意义来看，制度型开放水平每提高1个单位，企业的单位营业收入将降低57.14个百分点。第（5）列为地区制度型开放水平对发明专利产出数量的回归结果，核心解释变量 Inst 的回归系数为正且在5%的水平上显著，制度型开放水平的提高对地区发明专利的产出具有正向的促进作用；从经济意义来看，制度型开放水平每提高1个单位，地区发明专利的产出数量将提升15.21个百分点。第（6）列为制度型开放水平对地区平均工资的回归，核心解释变量 Inst 的回归系数为正且在5%的水平上显著，说明制度型开放水平的提高有助于促进地区平均工资的增加，地区制度型开放水平每提升1个单位，地区平均工资将提升5.49个百分点。综上，制度型开放主要通过促进地区的产值增加、促进地区外资吸引力度的增加、促进地区企业单位营业成本的降低以及促进地区创新水平的提升与平均工资的降

低来助力地区生产总值、进出口额、居民收入及企业营业利润的提升。

4. 异质性分析

（1）省份是否有自由贸易试验区。自由贸易试验区作为承担政策试点与压力性测试的重要功能区，其对地区的经济发展起着重要的导向与促进作用。当前，很多与高标准国际经贸规则对接的新型制度均在各地开展不同力度不同侧重点的试验，通过结合当地的产业特色与战略地位为高标准制度的落地与创新提供了重要的实施经验与政策借鉴；由此存在的一个问题是设立了自由贸易试验区的省份可能相较于未设立自由贸易试验区的省份有更为便捷的推进制度型开放的途径与试错经验，其高标准规则在当地的推进与落实难度更小，而未设立自由贸易试验区的省份由于缺少与地区产业发展阶段相结合的政策试点过程，制度型开放与地区经济发展阶段不匹配的可能性更大，从而导致制度型开放水平的提升在当地实际产生的经济促进效果有所折扣。为探讨这一地区异质性问题可能导致的差异性结果，本书依据各省份是否设立了自由贸易试验区进行了分样本回归，回归结果展示在表7-8与表7-9中，其中，表7-8为省份设立了自由贸易试验区的分样本回归结果，表7-9为省份未设立自由贸易试验区的分样本回归结果。

表7-8 省份设立了自由贸易试验区的回归结果

变量	(1) lnGdp	(2) lnImport	(3) lnExport	(4) lnCity_income	(5) lnSale_profit
Inst	0.0253*	0.1094*	0.1950**	0.0243**	0.3523**
	(0.0129)	(0.0580)	(0.0737)	(0.0089)	(0.1474)
Open	-0.1392**	1.2668***	0.7765*	-0.0176	-0.4945
	(0.0629)	(0.2951)	(0.4203)	(0.0115)	(0.3604)
lnGdp_per	0.9116***	1.5641***	2.2626***	0.2347***	1.9583***
	(0.0833)	(0.3381)	(0.4743)	(0.0460)	(0.6419)
lnLabor_input	-0.1055	0.0701	0.1479	-0.1156**	-0.6208
	(0.0777)	(0.3875)	(0.3931)	(0.0432)	(0.8887)
Emp_rate	-0.0120	-0.0312	-0.0328	0.0047	0.0684
	(0.0242)	(0.0657)	(0.0731)	(0.0048)	(0.1496)
City_rate	0.3468	-4.5387**	-1.9248	0.1918	-4.9153
	(0.6630)	(1.9758)	(1.9276)	(0.1543)	(3.3704)
Ind_constru	-0.1384***	0.0503	-0.2413	0.0029	-1.0656**
	(0.0431)	(0.1594)	(0.3527)	(0.0220)	(0.3928)

续表

变量	(1) lnGdp	(2) lnImport	(3) lnExport	(4) lnCity_ income	(5) lnSale_ profit
地区固定效应	是	是	是	是	是
年份固定效应	是	是	是	是	是
N	308	308	308	308	220
R²	0.9949	0.9840	0.9752	0.9846	0.9469

表7-9　省份未设立自由贸易试验区的回归结果

变量	(1) lnGdp	(2) lnImport	(3) lnExport	(4) lnCity_ income	(5) lnSale_ profit
Inst	−0.0487	0.0874	0.6432	0.3118	−0.6321
	(0.0311)	(0.5993)	(0.4716)	(0.2520)	(0.5930)
Open	0.0521	1.8896	6.5192***	−0.4570**	−1.4499
	(0.0472)	(1.2581)	(0.9252)	(0.1967)	(1.1956)
lnGdp_ per	1.0275***	0.4280	1.0901	0.1136	3.2933**
	(0.1107)	(0.5951)	(1.0250)	(0.1762)	(1.1698)
lnLabor_ input	−0.1144	0.5033	0.0293	0.0110	1.0301
	(0.0635)	(0.7048)	(0.5526)	(0.1052)	(1.0188)
Emp_ rate	0.0038	−0.2139	−0.1067	−0.0236	−0.7312
	(0.0121)	(0.2227)	(0.3080)	(0.0271)	(0.4029)
City_ rate	2.0527***	−5.3743	−0.5469	0.4154	−4.3280
	(0.3753)	(3.4219)	(3.1885)	(0.7491)	(4.0453)
Ind_ constru	−0.1155**	−0.6470	0.4066	0.0077	−0.2748
	(0.0382)	(0.4162)	(0.3409)	(0.0719)	(0.6693)
地区固定效应	是	是	是	是	是
年份固定效应	是	是	是	是	是
N	125	125	125	125	86
R²	0.9996	0.9574	0.9616	0.8365	0.9647

从表7-8的第（1）~第（5）列的回归结果来看，核心解释变量对设立了自由贸易试验区省份的地区生产总值、进出口额、居民收入水平及企业营业利润的回归系数均表现为正且分别在10%与5%的水平上具有显著性；从经济意义来

看，设立了自由贸易试验区省份的地区制度型开放水平每提升 1 个单位，地区生产总值将提升 2.53 个百分点，进口额将提升 10.94 个百分点，出口额将提升 19.5 个百分点，居民收入水平将提升 2.43 个百分点，企业营业利润将提升 35.23 个百分点。而从表 7-9 的第（1）~第（5）列的回归结果来看，核心解释变量对未设立自由贸易试验区省份的地区生产总值、进出口额、居民收入水平及企业营业利润的回归系数均表现不显著。综上，说明地区是否设立自由贸易试验区确实在一定程度上影响了制度型开放水平的提升给地区所带来的经济效果，自由贸易试验区作为能结合当地产业特色与经济发展进程、因地制宜地为高标准国际经贸规则的推进与落地贡献试点经验与政策创新的试验田，其在制度型开放的路径中为地区经济发展的贡献不可忽视。

（2）是否有共建"一带一路"国际贸易支点城市。国际贸易支点城市作为在共建"一带一路"经济规模和国际贸易额较大，具备区位优势、开放特征，带有杠杆、撬动、集聚、辐射等功能的重点城市，其在推动我国实现与高标准国际经贸规则的对接中兼具着衔接国内与国际制度创新、应用与推广的重要作用，由此则可能会导致制度型开放的推动在是否有共建"一带一路"国际贸易支点城市的省份间存在差异化的经济效果。为进一步探讨这种可能会存在的差异化结果，依据各省份中是否有被定义为共建"一带一路"的国际贸易支点城市将样本进行了划分，分样本回归结果展示在表 7-10 与表 7-11 中；其中表 7-10 为省份中有被定义为共建"一带一路"国际贸易支点城市的分样本回归结果，表 7-11 为省份中没有被定义为共建"一带一路"国际贸易支点城市的分样本回归结果。

表 7-10　省份中有被定义为共建"一带一路"国际贸易支点城市的分样本回归结果

变量	(1) lnGdp	(2) lnImport	(3) lnExport	(4) lnCity_income	(5) lnSale_profit
Inst	0.0326 ***	0.1505	0.4138 ***	0.0279 *	0.2890
	(0.0081)	(0.1202)	(0.1140)	(0.0127)	(0.1922)
Open	0.0053	1.1199 **	1.0562 *	−0.0335	−0.1748
	(0.0277)	(0.3506)	(0.4747)	(0.0498)	(0.3540)
lnGdp_per	0.8149 ***	3.1250 ***	4.2540 ***	0.3486 **	3.0380 ***
	(0.0841)	(0.5292)	(0.9347)	(0.1518)	(0.8878)

变量	(1) lnGdp	(2) lnImport	(3) lnExport	(4) lnCity_income	(5) lnSale_profit
lnLabor_input	−0.0494	−1.1339**	−1.4359**	−0.1685	−2.2392***
	(0.0512)	(0.3942)	(0.4549)	(0.1128)	(0.3335)
Emp_rate	0.0144	−0.0218	0.1652	0.0061	−0.3941**
	(0.0108)	(0.1289)	(0.1539)	(0.0118)	(0.1480)
City_rate	−0.3994	−6.4005*	−4.6844*	0.2963	−7.1866***
	(0.3523)	(3.2663)	(2.3272)	(0.4275)	(1.5199)
Ind_constru	−0.0624	−0.5162	−0.3583	−0.0092	−1.2689***
	(0.0510)	(0.4949)	(0.2732)	(0.0706)	(0.3319)
地区固定效应	是	是	是	是	是
年份固定效应	是	是	是	是	是
N	140	140	140	140	99
R²	0.9990	0.9876	0.9872	0.9751	0.9700

表 7-11　省份中没有被定义为共建"一带一路"国际贸易支点城市的分样本回归结果

变量	(1) lnGdp	(2) lnImport	(3) lnExport	(4) lnCity_income	(5) lnSale_profit
Inst	0.0319**	0.2748**	0.3547**	0.0342	0.3062*
	(0.0139)	(0.1138)	(0.1406)	(0.0207)	(0.1627)
Open	−0.2650**	1.5259**	2.4512*	−0.1768	−0.8522
	(0.1099)	(0.6227)	(1.2474)	(0.1104)	(0.6611)
lnGdp_per	0.9692***	1.1051***	1.2762**	0.1749***	2.1018***
	(0.0510)	(0.3236)	(0.4833)	(0.0394)	(0.5990)
lnLabor_input	−0.0148	0.3660	0.8221	−0.0220	0.7482
	(0.0853)	(0.4680)	(0.5273)	(0.0745)	(0.8462)
Emp_rate	−0.0247	0.0025	−0.1172	−0.0009	−0.0079
	(0.0224)	(0.1083)	(0.1425)	(0.0182)	(0.1430)
City_rate	1.2602*	−8.1594***	−4.2802	0.6951**	0.7395
	(0.6342)	(2.6897)	(3.8690)	(0.2830)	(3.8980)
Ind_constru	−0.1137***	0.0865	0.3254	0.0592**	−0.7160*
	(0.0358)	(0.2438)	(0.4412)	(0.0256)	(0.3808)
地区固定效应	是	是	是	是	是

续表

变量	(1) lnGdp	(2) lnImport	(3) lnExport	(4) lnCity_income	(5) lnSale_profit
年份固定效应	是	是	是	是	是
N	293	293	293	293	207
R²	0.9975	0.9781	0.9657	0.9169	0.9677

从表7-10的第（1）列的回归结果来看，有共建"一带一路"国际贸易支点城市的地区其制度型开放水平的提高对地区生产总值具有正向且显著的促进作用；从经济意义来看，制度型开放水平每提升1个单位，有共建"一带一路"国际贸易支点城市的地区生产总值将提高3.26个百分点。从第（2）列的回归结果来看，有共建"一带一路"国际贸易支点城市的地区其制度型开放水平的提高对地区的进口额不具有显著的促进影响，但从第（3）列的回归结果来看，制度型开放水平的提高对共建"一带一路"国际贸易支点城市地区的出口额具有显著的促进作用；从经济意义来看制度型开放水平每提升1个单位，地区出口额将提升41.38个百分点。从第（4）列的回归结果来看，制度型开放水平的提升对有共建"一带一路"国际贸易支点城市地区的居民收入也具有显著的正向促进作用，表现为制度型开放水平每提升1个单位，居民收入将提升2.79个百分点。从第（5）列的回归结果来看，制度型开放水平的提升对有共建"一带一路"国际贸易支点城市地区的企业营业利润不具有显著的促进影响。

从表7-11的第（1）列的回归结果来看，没有共建"一带一路"国际贸易支点城市的地区其制度型开放水平的提高对地区生产总值同样具有正向且显著的促进作用；从经济意义来看，制度型开放水平每提升1个单位，没有共建"一带一路"国际贸易支点城市的地区生产总值将提高3.19个百分点。从第（2）列的回归结果来看，没有共建"一带一路"国际贸易支点城市的地区其制度型开放水平的提高对地区的进口额同样具有显著的促进影响，具体而言，制度型开放水平每提高1个单位，进口额将增加27.48个百分点。从第（3）列的回归结果来看，制度型开放水平的提高对没有共建"一带一路"国际贸易支点城市地区的出口额同样具有显著的促进作用；从经济意义来看，制度型开放水平每提升1个单位，地区出口额将提升35.47个百分点。从第（4）列的回归结果来看，制度型开放水平的提升对没有共建"一带一路"国际贸易支点城市地区的居民收入反而不具有显著的正向促进作用。从第（5）列的回归结果来看，制度型开放水平的提升对没有共建"一带一路"国际贸易支点城市地区的企业营业利润具有显著的促进影响，具体表现为制度型开放水平每提升1个单位，地区企业营业利润将提升30.62个百分点。

综上所述，从地区生产总值来看，制度型开放水平在两个分样本地区间的促进效果差异性不大；但制度型开放水平的提高仅促进了没有共建"一带一路"国际贸易支点城市地区的进口额的提升，而对有共建"一带一路"国际贸易支点城市地区的进口额不具有显著影响。从出口额来看，制度型开放水平的提升同样在两个分样本地区间均表现出了显著的正向促进作用，但对有共建"一带一路"国际贸易支点城市地区的出口额的促进效应略大于没有共建"一带一路"国际贸易支点城市的地区；从居民收入来看，制度型开放水平的提高仅促进了没有共建"一带一路"国际贸易支点城市地区的居民收入的提升，而对有共建"一带一路"国际贸易支点城市地区的居民收入不具有显著影响。从企业的营业利润来看，制度型开放水平的提高仅促进了没有共建"一带一路"国际贸易支点城市地区的企业营业利润的提升，而对有共建"一带一路"国际贸易支点城市地区的企业营业利润不具有显著影响。由此在一定程度上说明了共建"一带一路"国际贸易支点城市在一定程度上对在制度型开放的过程中促进地区出口额的增加具有更为重要的作用。

第三节 稳步扩大贸易领域制度型开放的经济效果模拟

本节进一步使用 GTAP 模型对中国扩大贸易领域制度型开放的经济效果进行了模拟。

一、理论模型

1. 地区及产业部门划分

在地区划分方面，根据 RCEP 的成员国、CPTPP 的成员国、DEPA 的成员国组成将数据库中的 140 个国家（地区）重新归类为 7 个地区，概括为中国，仅加入了 RCEP 的国家，仅加入了 CPTPP 的国家，仅加入了 DEPA 的国家，同时加入了 RCEP 与 CPTPP 的国家，同时加入了 RCEP、CPTPP 与 DEPA 的国家，以及其他地区。各组所包含的国家或地区如表 7-12 所示。

表 7-12 经济效果模拟地区组划分

代码	中文名称	所包含的国家或地区
China	中国	中国
EPA_only	仅加入了 EPA 的国家	欧盟
CPTPP_only	仅加入了 CPTPP 的国家	秘鲁、加拿大、智利
RC_CP_EP	同时加入了 RCEP、CPTPP 与 EPA 的国家	日本
RC_CP	同时加入了 RCEP 与 CPTPP 的国家	越南、文莱、澳大利亚、日本、马来西亚、新西兰、新加坡
RCEP_only	仅加入了 RCEP 的国家	韩国、老挝、柬埔寨、印度尼西亚、泰国、菲律宾
RestofWorld	其他地区	前 6 个地区组外的其他国家

在产业划分方面，将 GTAP10.0 数据库中的 65 个产业划分为 10 大类，分别为农业、畜牧业、采掘业、食品加工业、纺织业、轻工业、重工业、数字业、公共服务业与其他服务业，各产业组具体划分内容如表 7-13 所示。

表 7-13 经济效果模拟产业组划分

产业组名称	所包含的产业
农业	水稻、小麦、谷物类制品、蔬菜、水果、坚果、油料作物、其他农作物及加工产品
畜牧业	牛羊马猪鸡等牲畜、动物及相关产品、生乳、羊毛蚕丝、其他肉制品
采掘业	林渔业、煤炭、原油、天然气、其他矿产
食品加工业	动植物油脂、奶制品、糖、其他食品、饮料与烟草
纺织业	纺织、服装
轻工业	皮革、木材、纸及印刷品、金属制品、汽车及零件、其他运输设备、其他制造业产品
重工业	石油、煤炭、化学制品、橡胶和塑料制品、有色金属及其制品、黑色金属及其制品、运输设备
数字业	电子设备、通信
公共服务业	水、电、气
其他服务业	建筑、旅游、金融、保险等

由于 GTAP10.0 数据库的基准年份为 2011 年，而 2011 年的各项经济数据在预测当下政策冲击所造成的经济效果上会具有较大的误差，并不能很好地反映当下世界各国经济变化的问题，因此，借鉴 Walmsley 和 Strutt（2010）的方法，通过使用动态递归的方式对 GTAP 数据库中各国的 GDP、人口、资本、劳动力等数据进行外推升级至 2021 年。

2. 模拟情景设计

为探讨中国实现与高标准国际经贸规则对接后所带来的经济效果，针对中国对接高标准国际经贸规则设计了五种政策情景，如表 7-14 所示。

表 7-14 经济效果模拟情景设计

情景设定	关税壁垒削减	非关税壁垒削减
中国基于 RCEP 国际合作平台进一步加深自身的开放水平	RCEP 缔约国间削减为 0	中国对 RCEP 其余缔约国间的服务贸易壁垒与数字贸易壁垒削减 5%
中国加入 CPTPP	CPTPP 缔约国间削减为 0	中国对 CPTPP 其余缔约国间的服务贸易壁垒与数字贸易壁垒削减 5%
RCEP 与 CPTPP 合并发展	RCEP 与 CPTPP 缔约国间削减为 0	中国对 RCEP 与 CPTPP 其余缔约国间的服务贸易壁垒与数字贸易壁垒削减 5%
中国加入 EPA	EPA 缔约国间削减为 0	中国对 EPA 其余缔约国间的服务贸易壁垒与数字贸易壁垒削减 5%
RCEP 与 EPA 合并发展	RCEP 与 EPA 间削减为 0	中国对 RCEP 与 EPA 其余缔约国间的服务贸易壁垒与数字贸易壁垒削减 5%

二、模拟结果分析

1. 情景设定一

情景设定 S1 的模拟结果展示了中国未加入 CPTPP 与 DEPA，但基于 RCEP 这一现有的国际合作平台，进一步扩大自身贸易开放水平的经济结果。当 RCEP 缔约国间关税壁垒削减为 0，且中国对其他 RCEP 缔约国的服务贸易壁垒与数字贸易壁垒均下降 5%之后，中国的 GDP 将预期增加 0.29 个百分点，福利将增加 24537.65 百万美元，进口将增加 4.02 个百分点，出口将增加 3.01 个百分点，整体来看中国的贸易条件将恶化约 0.19 个百分点。

从分产业部门的进出口情况来看，基于 RCEP 这一现有的国际合作平台进一步扩大自身贸易开放水平将使中国以 CIF 价格进口服务产业的进口额提升 1.83 个百分点，进口数字产业的进口额提升 7.65 个百分点，进口其他产业的进口额将提升64.46个百分点。从出口情况来看，基于RCEP这一现有的国际合作平台进一步扩大自身贸易开放水平将使得中国以FOB价格出口服务产业的出口额提升1.06个百分点，出口数字产业的出口额提升6.23个百分点，出口其他产业的出口额将提升59.34个百分点。

　　从进出口来源地区来看，基于RCEP这一现有的国际合作平台，进一步扩大了自身贸易开放水平，促进了中国从RCEP缔约国的进出口情况，具体而言，从出口的变动来看，中国对同时加入了RCEP、CPTPP与DEPA的国家出口额提升得最多，分别提升了24.14%的服务产业出口额、37.69%的数字产业出口额；对同时加入了RCEP与CPTPP的国家提升了14.33%的服务产业出口额、29.54%的数字产业出口额；对仅加入RCEP的国家提升13.99%的服务产业出口额、30.94%的数字产业出口额；对仅加入了CPTPP的国家减少4.95%服务产业的出口额和2.57%的数字产业的出口额；对仅加入了DEPA的国家减少4.7%的服务产业的出口额和2.88%的数字产业的出口额；对世界其他国家减少4.73%的服务产业的出口额和1.66%的数字产业的出口额。从进口的变动来看，中国对同时加入了RCEP、CPTPP与DEPA的国家减少了15.7%的服务产业的进口额，增加了12.69%的数字产业进口额；对同时加入了RCEP与CPTPP的国家提升6.2%的服务产业进口额、29.54%的数字产业进口额；对仅加入了RCEP的国家提升5.6%的服务产业进口额和28.18%的数字产业进口额；对仅加入了CPTPP的国家增加了2.38%服务产业的进口额、减少13.06%的数字产业的进口额；对仅加入了DEPA的国家增加1.96%的服务产业的进口额，减少了14.33%的数字产业的进口额；对世界其他国家增加2.93%的服务产业的进口额并减少13.58%的数字产业的进口额。

　　从产出来看，基于RCEP这一现有的国际合作平台进一步扩大自身贸易开放水平将促使中国的服务产业产出增加1.44个百分点，促进中国的数字产业产出增加0.47个百分点。

　　2. 情景设定二

　　情景设定S2的模拟结果展示了中国加入CPTPP后的经济结果。当中国与CPTPP缔约国间关税壁垒削减为0，且中国对其他CPTPP缔约国的服务贸易壁垒与数字贸易壁垒均下降5%之后，中国的GDP将预期增加0.22个百分点，福利将增加15074.43百万美元，进口将增加2.33个百分点，出口将增加1.8个百分点，整体来看中国的贸易条件将恶化约0.09个百分点。

从分产业部门的进出口情况来看，加入 CPTPP 将使得中国以 CIF 价格进口服务产业的进口额提升 1.5 个百分点，进口数字产业的进口额提升 4.39 个百分点，进口其他产业的进口额将提升 48.98 个百分点。从出口情况来看，加入 CPTPP 将使得中国以 FOB 价格出口服务产业的出口额提升 0.75 个百分点，出口数字产业的出口额提升 3.64 个百分点，出口其他产业的出口额将提升 21.64 个百分点。

从进出口来源地区来看，加入 CPTPP 促进了中国从 CPTPP 缔约国的进出口情况，具体而言，从出口的变动来看，中国对同时加入了 RCEP、CPTPP 与 DE-PA 的国家出口额提升得最多，分别提升了 22.64% 的服务产业出口额与 34.57% 的数字产业出口额；对同时加入了 RCEP 与 CPTPP 的国家提升 14.31% 的服务产业出口额与 28.96% 的数字产业出口额；对仅加入了 CPTPP 的国家提升 10.82% 的服务产业出口额与 19.29% 的数字产业出口额；对仅加入了 RCEP 的国家减少 3.9% 服务产业出口额和 0.08% 的数字产业出口额；对仅加入了 DEPA 的国家减少 3.29% 的服务产业出口额和 2.53% 的数字产业出口额；对世界其他国家减少 3.31% 的服务产业出口额和 1.74% 的数字产业出口额。从进口的变动来看，中国对同时加入了 RCEP、CPTPP 与 DEPA 的国家减少了 11.58% 的服务产业进口额，增加了 30.38% 的数字产业进口额；对同时加入了 RCEP 与 CPTPP 的国家提升 7.75% 的服务产业进口额、32.89% 的数字产业进口额；对仅加入了 CPTPP 的国家提升 13.79% 的服务产业进口额和 33.63% 的数字产业进口额；对仅加入了 RCEP 的国家增加 2.78% 服务产业进口额、减少 7.06% 的数字产业进口额；对仅加入了 DEPA 的国家增加 0.93% 的服务产业进口额，减少了 6.66% 的数字产业进口额；对世界其他国家增加 1.54% 的服务产业进口额并减少 6.18% 的数字产业进口额。

从产出来看，加入 CPTPP 将促使中国的服务产业产出增加 0.13 个百分点，促进中国的数字产业产出增加 0.87 个百分点。

3. 情景设定三

情景设定 S3 的模拟结果展示了 RCEP 与 CPTPP 合并发展的经济结果。当中国与 RCEP、CPTPP 缔约国间关税壁垒均削减为 0，且中国对其他 RCEP、CPTPP 缔约国的服务贸易壁垒与数字贸易壁垒均下降 5% 之后，中国的 GDP 将预期增加 0.36 个百分点，福利将增加 27700.4 百万美元，进口将增加 4.19 个百分点，出口将增加 3.12 个百分点，整体来看中国的贸易条件将恶化约 0.15 个百分点。

从分产业部门的进出口情况来看，RCEP 与 CPTPP 合并发展将使得中国以 CIF 价格进口服务产业的进口额提升 2.09 个百分点，进口数字产业的进口额提升 7.83 个百分点，进口其他产业的进口额将提升 66.98 个百分点。从出口情况来看，RCEP 与 CPTPP 合并发展将使得中国以 FOB 价格出口服务产业的出口额提升 1.11 个百分点，出口数字产业的出口额提升 6.4 个百分点，出口其他产业的出口额将提升 57.82 个百分点。

从进出口来源地区来看，RCEP 与 CPTPP 合并发展促进了中国从 RCEP 与 CPTPP 缔约国的进出口情况，具体而言，从出口的变动来看，中国对同时加入了 RCEP、CPTPP 与 DEPA 的国家出口额提升得最多，分别提升了 23.91% 的服务产业出口额与 37.57% 的数字产业出口额；对同时加入了 RCEP 与 CPTPP 的国家提升 14.08% 的服务产业出口额与 29.27% 的数字产业出口额；对仅加入了 CPTPP 的国家提升 9.25% 的服务产业出口额与 18.92% 的数字产业出口额；对仅加入了 RCEP 的国家提升 13.77% 服务产业出口额和 30.63% 的数字产业出口额；对仅加入了 DEPA 的国家减少 5.05% 的服务产业出口额和 3.27% 的数字产业出口额；对世界其他国家减少 5.09% 的服务产业出口额和 1.97% 的数字产业出口额。从进口的变动来看，中国对同时加入了 RCEP、CPTPP 与 DEPA 的国家减少了 15.95% 的服务产业进口额，增加了 12.48% 的数字产业进口额；对同时加入了 RCEP 与 CPTPP 的国家提升 6.02% 的服务产业进口额与 21.41% 的数字产业进口额；对仅加入了 CPTPP 的国家提升 14.36% 的服务产业进口额和 25.42% 的数字产业进口额；对仅加入了 RCEP 的国家增加 5.34% 服务产业进口额与 28.03% 的数字产业进口额；对仅加入了 DEPA 的国家增加 1.92% 的服务产业进口额，减少了 14.12% 的数字产业进口额；对世界其他国家增加 2.98% 的服务产业进口额并减少 13.26% 的数字产业进口额。

从产出来看，RCEP 与 CPTPP 合并发展将促使中国的服务产业产出增加 1.48 个百分点，促进中国的数字产业产出增加 0.56 个百分点。

4. 情景设定四

情景设定 S4 的模拟结果展示了中国加入 DEPA 的经济结果。当中国与 DEPA 缔约国间关税壁垒均削减为 0，且中国对其他 DEPA 缔约国的服务贸易壁垒与数字贸易壁垒均下降 5% 之后，中国的 GDP 将预期增加 0.91 个百分点，福利将增加 65941.27 百万美元，进口将增加 4.79 个百分点，出口将增加 3.53 个百分点，整体来看中国的贸易条件将改善约 0.28 个百分点。

从分产业部门的进出口情况来看，中国加入 DEPA 将使得中国以 CIF 价格进口服务产业的进口额提升 3.28 个百分点，进口数字产业的进口额提升 5.57 个百分点，进口其他产业的进口额将提升 55.55 个百分点。从出口情况来看，中国加入 DEPA 将使得中国以 FOB 价格出口服务产业的出口额提升 1.9 个百分点，出口数字产业的出口额提升 5.89 个百分点，出口其他产业的出口额将提升 31.99 个百分点。

从进出口来源地区来看，中国加入 DEPA 促进了中国从 DEPA 缔约国的进出口情况，具体而言，从出口的变动来看，中国对同时加入了 RCEP、CPTPP 与 DEPA 的国家出口额提升得最多，分别提升了 19.42% 的服务产业出口额与 31.88% 的数字产业出口额；对仅加入了 DEPA 的国家提升 9.34% 的服务产业出口额与 28.12% 的数字产业出口额；对同时加入了 RCEP 与 CPTPP 的国家减少了 5.44% 的服务产业出口额与 3% 的数字产业出口额；对仅加入了 CPTPP 的国家减少 6% 的服务产业出口额与 4.78% 的数字产业出口额；对仅加入了 RCEP 的国家减少 6.15% 服务产业出口额和 1.85% 的数字产业出口额；对世界其他国家减少 5.65% 的服务产业出口额和 3.77% 的数字产业出口额。从进口的变动来看，中国对同时加入了 RCEP、CPTPP 与 DEPA 的国家减少了 9.96% 的服务产业进口额，增加了 36.9% 的数字产业进口额；对仅加入了 DEPA 的国家提升了 12.56% 的服务产业进口额与 47.61% 的数字产业进口额；对同时加入了 RCEP 与 CPTPP 的国家提升 1.85% 的服务产业进口额，减少了 4.85% 的数字产业进口额；对仅加入了 CPTPP 的国家提升 1.62% 的服务产业进口额，减少了 1.42% 的数字产业进口额；对仅加入了 RCEP 的国家增加 2.48% 服务产业进口额，减少了 4.24% 的数字产业进口额，对世界其他国家增加 1.6% 的服务产业进口额并减少 2.82% 的数字产业进口额。

从产出来看，RCEP 与 CPTPP 合并发展将促使中国的服务产业产出增加 0.12 个百分点，促进中国的数字产业产出增加 1.28 个百分点。

5. 情景设定五

情景设定 S5 的模拟结果展示了 RCEP 与 DEPA 合并发展的经济结果。当中国对 RCEP 与 DEPA 缔约国间关税壁垒均削减为 0，且中国对其他 RCEP 与 DEPA 缔约国的服务贸易壁垒与数字贸易壁垒均下降 5% 之后，中国的 GDP 将预期增加 1.07 个百分点，福利将增加 85132.5 百万美元，进口将增加 7.2 个百分点，出口将增加 5.27 个百分点，整体来看中国的贸易条件将改善约 0.23 个百分点。

从分产业部门的进出口情况来看，RCEP 与 DEPA 合并发展将使得中国以

CIF 价格进口服务产业的进口额提升 4.33 个百分点，进口数字产业的进口额提升 10.6 个百分点，进口其他产业的进口额将提升 102.8 个百分点。从出口情况来看，RCEP 与 DEPA 合并发展将使得中国以 FOB 价格出口服务产业的出口额提升 3.03 个百分点，出口数字产业的出口额提升 10.47 个百分点，出口其他产业的出口额将提升 60.63 个百分点。

从进出口来源地区来看，RCEP 与 DEPA 合并发展促进了中国从 RCEP 与 DEPA 缔约国的进出口情况，具体而言，从出口的变动来看，中国对同时加入了 RCEP、CPTPP 与 DEPA 的国家出口额提升得最多，分别提升了 20.64% 的服务产业出口额与 34.84% 的数字产业出口额；对仅加入了 DEPA 的国家提升 7.55% 的服务产业出口额与 27.47% 的数字产业出口额；对同时加入了 RCEP 与 CPTPP 的国家增加了 11.48% 的服务产业出口额与 26.8% 的数字产业出口额；对仅加入了 RCEP 的国家增加 11.98% 的服务产业出口额与 27.8% 的数字产业出口额；对仅加入了 CPTPP 的国家减少 8.54% 的服务产业出口额与 6.02% 数字产业出口额；对世界其他国家减少 8.13% 的服务产业出口额和 4.57% 的数字产业出口额。从进口的变动来看，中国对同时加入了 RCEP、CPTPP 与 DEPA 的国家减少了 15.12% 的服务产业进口额，增加了 14.71% 的数字产业进口额；对仅加入了 DE-PA 的国家提升了 12.64% 的服务产业进口额与 35.71% 的数字产业进口额，对同时加入了 RCEP 与 CPTPP 的国家提升 5.26% 的服务产业进口额与 20.94% 的数字产业进口额，对仅加入了 RCEP 的国家提升 3.18% 的服务产业进口额与 26.58% 的数字产业进口额，对仅加入了 CPTPP 的国家增加 2.98% 服务产业进口额，减少了 10.46% 的数字产业进口额；对世界其他国家增加 3.52% 的服务产业进口额并减少 11.83% 的数字产业进口额。

从产出来看，RCEP 与 CPTPP 合并发展将促使中国的服务产业产出增加 0.12 个百分点，促进中国的数字产业产出增加 1.28 个百分点。

第四节　本章小结

本章分别对稳步扩大贸易领域制度型开放的实施路径、经济效果评估以及经济效果模拟展开了探讨与分析。

在探讨稳步扩大贸易领域制度型开放的实施路径方面，主要从对接高标准国际贸易规则，实现国内制度升级、以制度试点为制度型开放奠定实施基础以及积极拓展、把握对外合作开放平台，构筑贸易规则话语主导权三个方面展开分析。其中，在对接高标准国际贸易规则实现国内制度升级方面，分别从货物贸易、服务贸易及数字贸易三种贸易模式对我国现有的贸易规则与 RCEP 及 CPTPP、DEPA 等高标准国际贸易规则进行了比较与分析，指出了当前我国国际贸易规则与这些高标准国际贸易规则仍存在的差距，并基于提升贸易便利化、优化服务贸易开放清单模式以及对标高标准数字贸易议题升级数字贸易的规章制度三个方面为我国高标准国际贸易规则的改善与提升提供了方向。在以制度试点为制度开放奠定实施基础方面，分别从我国自由贸易试验区的空间布局、制度对标以及成果的性质三个方面对我国自贸区存在的不足与提升空间进行了总结。在积极拓展、把握对外合作开放平台，构筑贸易规则话语主导权方面，以我国加入 RCEP 协定与共建"一带一路"倡议为促进我国制度型开放，对接高标准国际贸易规则的重要合作平台为基础，探讨了如何基于这两个对外合作开放平台构筑起我国的贸易规则话语主导权。

在稳步扩大贸易领域制度型开放的经济效果评估方面，分别从规则、管理与标准三个方面构建了中国省份层面的制度型开放水平的评估指标，并进一步探讨了制度型开放水平的提高对中国地区经济发展水平、进口及出口贸易、居民收入及企业利润五个方面的影响。发现制度型开放水平的提高所带来的市场隐性制度壁垒的削弱不仅有助于进一步扩大国内的市场需求规模，同样有助于鼓励中国企业走出去，便利中国企业开拓国际市场，提升企业的盈利空间，并进而反哺地区经济发展水平的提高与居民收入水平的提升，助力中国经济的高质量发展。这一回归结果在经过了一系列稳健性检验后仍表现出了稳健性。在影响机制方面，分别探讨了地区制度型开放水平的提高在促进第二产业、第三产业产值、外资企业数量、单位成本、创新水平及平均工资水平并进而促进地区经济发展与福利提升的影响。在异质性分析方面，分别基于省份是否有自由贸易试验区以及省份是否有共建"一带一路"国际贸易支点城市展开，探讨了制度型开放水平的提升给不同开放程度的地区所带来的异质性经济效果。

在稳步扩大贸易领域制度型开放的经济效果模拟方面，设计了 5 种模拟情景，分别为中国基于 RCEP 国际合作平台进一步加深自身的开放水平；中国加入 CPTPP；RCEP 与 CPTPP 合并发展；中国加入 DEPA 以及 RCEP 与 DEPA 合并发展。并基于这5种模拟情景即对中国，仅加入了 RCEP 的国家，仅加入了 CPTPP 的国家，仅加入了 DEPA 的国家，同时加入了 RCEP 与 CPTPP 的国家，同时加入了 RCEP、CPTPP 与 DEPA 的国家以及其他国家（地区）的 GDP、福利、进出口额以及贸易条件的变化进行了模拟与分析。

第八章

稳步扩大贸易领域制度型开放的
政策建议与未来展望

第一节　稳步扩大贸易领域制度型开放的政策建议

我国正在构建以国内大循环为主体、国内国际双循环相互促进的新发展格局，推进贸易领域制度型开放是我国高水平开放的核心任务和战略着力点。贸易领域制度型开放有利于我国对接国际高水平开放的规则、制度、标准，增强我国全球资源配置能力，营造良好的制度环境。为更好地促进我国贸易领域制度型开放，推动货物贸易规则优化升级，提升服务贸易开放水平，创新服务贸易发展机制，明确发展方向，弥补数字贸易产业竞争力短板，优化数字治理水平，促进数字贸易自由流动。提出如下政策建议：

一、打造国际一流营商环境，对接高标准国际经贸规则，推动形成全面开放新格局

在对外贸易改革中推进实施"零关税、零壁垒、零补贴"作为其核心内容和主要目标，有利于推进我国全面开放新格局，还可以增强我国对外贸易综合竞争力，在国际贸易竞争中获取新优势。此外，当前国际高标准经贸规则如 CPT-PP、DEPA、RCEP 等，还涉及竞争中性、政府采购、劳工标准、国有企业改革、环境保护、透明度等边境后规则，通过主动对接高标准国际经贸规则，优化市场准入环境，率先推动规则、规制、管理、标准等制度型开放，加大高水平对外开放压力测试。推进跨境服务贸易和投资高水平开放，扩大数字产品等市场准入，积极引进国际优质资本和智力资源，促使我国完善立法，转变政府职能，加强市场监管，进而打造国际一流营商环境，健全统筹规则、规制标准统一和管理开放的市场机制，形成更加公平有序的市场交易秩序。

二、加快建设全国统一大市场，打通国内国际双循环"堵点"，实现商品和生产要素的有序自由流动

当前国民经济循环在生产、分配、流通和消费环节还存在不少的"堵点"，有碍于商品和生产要素的有序自由流动。在构建全国统一大市场过程中，一方面，要积极整合要素市场包括劳动、资本、数据要素，增强劳动力、资本和平台经济的数据等要素的自由流动与配置效率，吸引海外高端人才、资本、技术等要素聚集，提高全要素生产率，畅通国内大循环。另一方面，通过对接高标准国际经贸规则，能够协助国内统一大市场经济制度体系建设，包括协调统一的市场准入制度、产权保护制度、市场交易制度、反垄断制度、反不正当竞争制度等，消除市场存在的壁垒，鼓励更多企业走出去，保证资源配置的合理与公平。此外，针对国内市场制度存在的问题，促进主要行业的标准与国际接轨，推进制度融通，打破影响对外开放的制度障碍和规则壁垒，为建设全国统一大市场提供重要制度保障。

三、积极参与国际经贸规则制定，构建公正合理的国际经济新秩序

长期来看，伴随着制度优势的完善有利于我国参与并完善国际贸易规则，在与发达国家的合作博弈中更好地维护发展中国家的自身利益。当前的国际经贸规则在对外开放、投资贸易、竞争政策、电子商务、争端解决等议题方面构建起高标准规则体系，而且逐步延伸至劳工标准、知识产权保护、国企改革、环境治理等影响各国可持续发展的重要议题，也带来了网络安全、数字主权、数据流动等新的治理议题。在经济全球化和贸易一体化的大背景下，对接和加入高标准经贸规则可以增强我国参与和引领国际经贸规则制定的能力，有利于提升谈判权和主导权。中国要以攀登全球价值链中高端环节为载体，争取在全球治理体系中的话语权；要以更加开放合作姿态参与亚太经合组织、金砖国家等国际交流与合作，形成更为广泛的经贸合作关系，积极提出具有建设性的中国方案，推动大国的协调与合作。特别是在国际金融领域的合作中，要提高参与国际金融治理的能力。准确把握全球经济的发展方向，在新兴领域中参与治理规则的制定，为下一个百年中国的经济高质量发展与世界经济增长创造更为有利的外部环境。要积极参与全球治理体系改革和建设，参与制定以国际法为基础的国际新秩序，推动全球治理体系朝着更加公平合理的方向发展。我国在参与国际经贸规则重塑时要坚决维护发展中国家的利益和关切，同时可以为其他发展中国家提供经验借鉴，促进不同经济体的利益平衡，为世界经济均衡发展以及构建公正合理的国际经济新秩序贡献更多力量。

四、发挥自由贸易试验区（港）先行先试和引领作用，助力贸易领域制度型开放

自由贸易试验区（港）作为制度创新"试验田"的作用，对我国稳步扩大高水平制度型开放发挥先行先试和引领作用。通过自由贸易试验区的数十年建设，已设立 22 个自由贸易试验区和海南自由贸易港，覆盖东南西北中，形成一个错位发展、相互支撑、相互补充的自由贸易试验区建设格局。然而，自由贸易试验区的建设仍存在跨领域、跨行业、跨部门、跨地区的涉及体制机制的集成创新空间受限、地方部分之间的协同创新效率较低、制度集成创新带来的收益所需要的周期长、市场化不足等问题，需要赋予自由贸易试验区（港）更多的改革自主权，建立健全政府部门之间的协调配合和容错纠错机制，调动各方的积极性，激发制度创新的内生动力。自由贸易试验区是服务国家战略的重要载体，在对接高标准国际经贸规则、形成新发展格局过程中发挥了重要作用。需进一步加强自由贸易试验区内部及与其他经济功能区的协同联动作用，促进资源共享与功能互补。同时，提升自由贸易试验区与共建"一带一路"、双边自由贸易协定等条约的契合度，探索建立互利互赢机制，围绕自身战略定位与产业优势，加强与沿线国家制度、规则的有效对接，推进贸易领域制度型开放。

五、统筹贸易开放和经济安全，构建更高水平开放的安全保障体系

面对日趋复杂的国际环境和构建新发展格局的战略任务，必须贯彻总体国家安全观，构筑更高水平开放安全保障体系。基于统筹好开放发展和经济安全的要求，一是要把握好开放节奏与秩序。中国改革开放能够取得巨大成就的重要经

验，就是走了一条符合本国实际的"渐进式开放"道路，它能将开放带来的冲击限制在本国可以承受的范围内，使国内经济主体有一个适应调整的过程，再随着本国企业竞争力的提高逐步扩大开放。二是要健全国家贸易安全监测预警体系。主要包括产业损害监测预警、全球供应链风险监测预警、对外资产负债监测预警等，要借助体系化的制度安排、组织安排和技术安排，对开放条件下的国家经济安全现状进行监测和对未来可能危及国家经济安全的风险因素进行预警。三是要提升中国对外贸易的国际竞争力。在新发展格局下，中国将依托国内市场规模优势，通过强大的需求引致创新、诱发高端价值链向国内转移、虹吸全球高端要素向国内集聚及扩大进口产生的溢出效应等，推动传统的低成本比较优势向创新发展竞争优势转变。当下的国际经济竞争不只是企业之间产品与服务的竞争，更是企业背后的产业链供应链竞争，建立起本国安全稳定的产业链、供应链，是增强国际竞争力的关键。提高我国产业链、供应链现代化水平需要培育共生发展的产业生态体系，形成"链主"企业和其他企业融通发展局面，以推进传统产业转型升级、新兴产业健康发展。提升我国产业链、供应链的安全性和竞争力，迫切需要解决"卡脖子"技术问题我们需要平衡好科技自立自强和开放合作的关系，从内外两手着力化解面临的挑战。对内坚持科技创新自强，对外坚持开放合作共赢。四是要建立保障公平竞争的法律，高标准经贸规则要求国内市场体系和产业竞争行为向更高水平、更符合国际相关规则的方向推进，建立稳定、透明、可预期的法制化环境，建设高标准的市场体系，纠正要素市场上的种种制约和扭曲，为各类企业创造平等的竞争环境和法治环境。

第二节　稳步扩大贸易领域制度型开放的未来展望

对标高标准国际规则，逐步扩大贸易领域的制度型开放，是我国建立高水平开放型经济新体制的内在要求。在国际经贸规则重塑的背景下，推动制度型开放是一个由简单到复杂、由学习到引领的逐步过程。面对新形势，需要深刻理解国际经贸投资规则发展演变的客观规律，与国际高标准制度规则相一致，及时调整和完善国内开放的制度体系，提升配置和利用全球要素的能力，积极融入全球产业链和供应链的循环发展。

一、优化国内的制度供给以对接国际经贸规则重塑

深化市场经济体制改革是推进制度型开放的起点，而打造良好的营商环境至关重要。在政府与市场的协调互动中，需要确保市场在资源配置中的主导作用得以充分发挥，政府也要在必要时提供支持，以促进有效市场和有为政府之间的协调。在政府职能转变方面，应着重厘清政府与市场的职责边界，深化"放管服"改革；应充分认识政府在制度建设中的重要作用，将市场经济实践经验转化为制度设计的具体举措。为激发各类所有制企业的活力，既需要深化国有企业改革，通过"混改"实现国有企业的资本结构优化、经营机制变革和公司治理提升，又要确保对内外资企业一视同仁，进一步完善市场准入和公平竞争等方面的制度安排，以营造公平竞争的市场环境。在不同领域的制度建设中，既应完善出口、外资引入、货物贸易等领域的制度安排，也要加强进口、对外投资、服务贸易等领域的制度建设。在国际经贸规则重塑的过程中，需要与高标准国际经贸规则相衔接，加强与国际市场的连接，推动中国规则国际化。在参与国际经济合作的过程中，要积极加入多边合作组织，积极参与高标准自由贸易协定和区域贸易协定制定，不仅要学习规则，也要积极参与规则的制定。此外，要积极参与国际相关议题的谈判，维护新兴领域的多边治理机制，为新一轮经济全球化贡献中国智慧与中国方案。

二、增强国际规制与国内经济的关联效应

强化国际规范与国内经济的互动效应，通过规范开放和国际合作，有效提升我国对外贸易的规模和质量。逐步将我国主要经济体和重点产业与新兴经济体的经贸规则相融合，分阶段进行对接。例如，在传统的全球经济治理议题领域，可以参考高水平自由贸易规则，逐步取消对成员国采取特殊和差别待遇的规则，并按照 RCEP 规则先设立原产地规则、竞争中性规则等，再逐步与 CPTPP 等更高水平的国际区域贸易协定规则对齐。对于新经贸规范的趋势和特点，有序推进我国服务业的开放，围绕制造业服务化和数字化目标，逐步放开金融服务业，提升我国生产性服务业水平，促进其与制造业的深度融合。完善国有企业信息披露和补贴标准，建立统一的公共财政补贴标准，加强国有企业的规范化管理，创造公平竞争的营商环境。借鉴高标准区域贸易协定的开放规则，推动国内市场的全方位、多领域标准开放，促进区域经济协调发展，减少大企业的垄断和地方行政保

护，逐步推广制度性的开放。逐步放宽跨境数字贸易和数字商品的自由流动限制，明确国家安全和个人信息保护范围，积极改善数字营商环境。积极融入国际规则制定，提升中国标准的国际影响力，根据国际规则调整国内经济政策和法律，重塑 RCEP 协定与规则的优势地位。通过参与国际事务和全球治理，提升中国在规则变革中的话语权，将符合国内发展要求的经验和规则推广为国际规则。在推进共建"一带一路"的同时，将其规则与全球高标准区域规则对接，促进国内制度的国际化，提升中国在全球价值链中的规则影响力。

三、加强国际规制开放与合作

在新一轮国际经贸规则的改革和创新中，中国需要准确把握国际规制合作的发展特征和趋势，构建更加开放的经济新体制。借鉴世界先进地区的国际规制标准，加速推进国内市场的规制改革，为商品和要素跨境交易创造良好条件。促进国内外规制在中高端制造业等领域的共建共享，推动区域供应链的经贸合作，应对中美经贸关系调整等地缘政治冲突，为重构全球供应链动态做好中长期准备。提升和完善国内行业标准，逐步增加中国行业标准被 ISO 等组织纳入国际标准的比例，积极推广国内标准到国际市场。统筹"流动型"和"制度型"开放，形成新型标准开放模式。以共建"一带一路"为引领，拓展我国与其他国家的标准开放实践。推广中欧班列在共建"一带一路"国家中促进互联互通的标准共建成果。在遵循 WTO 规则的基础上，制定相关行业的对外开放标准。参考高水平区域贸易协定，不断完善国内标准开放制度，缩小我国新兴行业标准与发达国家之间的差距。例如，《技术性贸易壁垒协定》和《实施卫生与植物卫生措施协定》要求各国制定法规时应参考国际标准，我们应当根据这些标准逐步改进国内现行标准体系，并注意统筹不同区域和部门实施的差异性，确保标准的实施符合地区和行业的实际情况，同时兼顾行业和区域发展的平衡性。

四、进行有效的顶层设计，实现管理开放的一体化和差异化结合

根据我国各个地区产业需求和发展环境的不同，注重分阶段和差异化的平衡推进。立足全面履行 WTO 承诺以及促进制造业开放发展的要求，从制造业服务化需求出发，加速与国际新经贸规则、规制、管理和标准的对接。特别是在若干重点区域和关键产业，有重点地推进管理开放，有序地深入推进服务业开放和营商环境优化。随着国内自由贸易区试验和海南自由贸易港示范效应的形成，还要

加快向内陆地区的拓展。建立具有功能性的管理开放载体，营造具备一流竞争力的营商环境。政府层面应制定与国际更加接轨的法律环境、劳动标准和知识产权保护条约；市场层面要不断深化改革开放，构建平等竞争的市场环境，确保国有企业和民营企业的公平竞争。在此基础上，借鉴国内 22 个自由贸易试验区和海南自由贸易港的经验，进一步缩短负面清单，消除隐性壁垒，通过管理开放，打造国际一流的营商环境。在具体实践中，需要在环境保护方面加强生物安全预警机制的执行，并稳步执行 WTO 卫生与植物卫生措施协定（SPS）规则。在产权认定方面，要对标国际数字知识产权保护和在线消费者权益保护等规则，探索管理创新举措，确保不同所有制企业间的公平竞争环境。还要形成扩大跨国产能合作和本国产业自主可控相协调的管理配套措施。推动在汽车引擎、通信技术、工程机械、航空航天、船舶和海洋工程等产业链较长的制造业领域开展国际合作，带动关键技术、重大装备和核心零部件的出口，持续扩大产业内贸易，深化产业垂直分工关系，促进国内产业结构升级。要确保本土产业链的自主安全可控，加强对薄弱环节的持续跟踪和研判，加强汽车芯片等短缺芯片技术的自主攻坚，促进产业链的稳定运行。健全统筹规则、规制标准统一和管理开放的市场机制，形成更加公平有序的市场交易秩序。通过推动各要素市场的跨区域定价和监管标准统一，规范市场行为，促进各区域市场的互联互通，形成完整的产业链、供应链、创新链体系，实现本土化有效供给，释放超大规模市场内需潜力。畅通内循环市场，促进经济发展动能转换，提升经济发展活力和韧性，形成双循环高水平互动的发展模式。

参考文献

[1] Cheong I, Tongzon J. Comparing the Economic Impact of the Trans-Pacific Partnership and the Regional Comprehensive Economic Partnership [J]. Asian Economic Papers, 2013, 12 (2): 144-164.

[2] Hofmann C, Osnago A, Ruta M. Horizontal Depth: A New Database on the Content Olpreferential Trade Agreements [R]. World Bank Policy Research Working Paper No. WPS7981, 2017.

[3] Horn H, Mavroidis P C, Sapir A. Beyond the WTO? An Anatomy of EUand USpreferential Trade Agreements [J]. The World Economy, 2010, 33 (11): 1565-1588.

[4] Kohl T, Brakman S, Garretsen H. Do Trade Agreements Stimulate International Trade Differently? Evidence from 296 Trade Agreements [J]. The World Economy, 2016, 39 (1).

[5] Orefice G, Rocha N. Deep Integration and Production Networks: An Empirical Analysis [J]. The World Economy, 2014, 37 (1): 106-136.

[6] Walmsley T, Strutt A. Trade and Sectoral Impacts of the Financial Crisis: A Dynamic CGE Analysis [R]. The 13th Annual Conference on Global Economic Analysis, 2010.

[7] Wang Z, Wei S J, Yu X, et al. Measures of Participation in Global Value Chains and Global Business Cycles [R]. National Bureau of Economic Research, 2017.

［8］安宁．"80条"推进上海自贸区高水平制度型开放［N］．中国经济导报，2023-12-09（02）．

［9］白洁，苏庆义．《美墨加协定》：特征、影响及中国应对［J］．国际经济评论，2020（6）：7+123-138．

［10］白洁，严风坤，邢洁．RCEP服务贸易开放度的测算及中国应对［J］．国际经贸探索，2022，38（9）：83-95．

［11］白舒婕．探索推动货物贸易高质量发展新路径［N］．国际商报，2023-12-18（02）．

［12］宾建成，高波．中国参与世贸组织工业补贴议题谈判研究［J］．国际贸易，2022（1）：4-10．

［13］蔡昉，都阳，高文书．劳动经济学：理论与中国现实［M］．北京师范大学出版社，2009．

［14］常娱，钱学锋．制度型开放的内涵、现状与路径［J］．世界经济研究，2022（5）：92-101．

［15］车春鹏，乔琛．RCEP与CPTPP货物贸易自由化规则比较研究［J］．科技中国，2022（8）：95-99．

［16］陈靓，武雅斌．全球价值链下服务贸易规则的新发展——美墨加协定（USMCA）的视角［J］．国际贸易，2019（2）：87-96．

［17］陈梓睿．环境、理念、内涵与空间：新时代中国对外开放特征的四维审视［J］．华南师范大学学报（社会科学版），2020（3）：39-49．

［18］崔日明，郭贞贞，陈永胜．区域贸易协定的数字贸易规则对出口国内增加值的影响［J］．国际贸易问题，2024（5）：54-69．

［19］崔卫杰．以制度型开放推动全方位对外开放［N］．中国经济时报，2019-02-27（005）．

［20］代中强，李之旭，高运胜．知识产权保护与企业全球价值链位置——基于中间产品供需的视角［J］．国际贸易问题，2021（5）：96-108．

［21］戴翔．要素分工新发展与中国新一轮高水平开放战略调整［J］．经济学家，2019（5）：85-93．

［22］戴翔．要素分工、制度型开放和出口贸易高质量发展［J］．天津社会科学，2021（3）：93-98．

［23］戴翔，张二震．"一带一路"建设与中国制度型开放［J］．国际经贸

探索，2019，35（10）：12.

[24] 戴翔，张二震. "一带一路"建设与中国制度型开放 [J]. 国际经贸探索，2019，35（10）：4-15.

[25] 戴翔，张雨. 制度型开放：引领中国攀升全球价值链新引擎 [J]. 江苏行政学院学报，2019（5）：45-52.

[26] 东艳. 国际经贸规则重塑与中国参与路径研究 [J]. 中国特色社会主义研究，2021（3）：14.

[27] 东艳. 制度摩擦、协调与制度型开放 [J]. 华南师范大学学报（社会科学版），2019（2）：79-86.

[28] 东艳，冯维江，邱薇. 深度一体化：中国自由贸易区战略的新趋势 [J]. 当代亚太，2009（4）：110-136.

[29] 樊纲. 中国经济短期波动与长期增长 [J]. 开放导报，2023（2）：7-11.

[30] 方瑞安. CPTPP 电信服务贸易规则对中国的挑战 [J]. 对外经贸实务，2019（10）：18-20.

[31] 方晓丽，朱明侠. 中国及东盟各国贸易便利化程度测算及对出口影响的实证研究 [J]. 国际贸易问题，2013（9）：68-73.

[32] 封安全. 新发展格局下中国加入 CPTPP 的策略思考 [J]. 经济纵横，2021（7）：79-84.

[33] 冯德连. 双循环发展战略的对外开放特征与路径 [J]. 学术界，2021（10）：87-93.

[34] 甘露. 对接 RCEP、CPTPP、DEPA 规则推进海南自由贸易港服务贸易制度型开放 [J]. 南海学刊，2023，9（3）：32-43.

[35] 高疆，盛斌. 贸易协定质量会影响全球生产网络吗？[J]. 世界经济研究，2018（8）：3-16.

[36] 高翔，黄建忠. 政府补贴对出口企业成本加成的影响研究——基于微观企业数据的经验分析 [J]. 产业经济研究，2019（4）：49-60.

[37] 关秀丽. 制度型开放的内涵与实践抓手 [J]. 开放导报，2022（2）：28-36.

[38] 郭贝贝，董小君. 新发展格局下制度型开放的逻辑、内涵和路径选择 [J]. 行政管理改革，2022（4）：76-84.

[39] 郭澄澄. 制度型开放引领高质量发展——基于规则、规制、标准和管

理开放的视角［J］．理论探索，2024（1）：121-128.

［40］郭力生，刘昕，王力舟，等．标准与国际贸易［J］．中国标准化，2006（2）：19-22.

［41］郭若楠．自贸试验区推动制度型开放的实现路径研究［J］．齐鲁学刊，2022（5）：119-129.

［42］国家发展改革委对外经济研究所课题组．中国推进制度型开放的思路研究［J］．宏观经济研究，2021（2）：125-135.

［43］韩剑．以制度型开放引领高水平对外开放［J］．群众，2023（2）：34-35.

［44］郝身永．制度型开放与加快构建新发展格局：影响机制与提升路径［J］．兰州财经大学学报，2022，38（6）：8-16.

［45］何立胜．全方位对外开放呼唤制度型开放［J］．小康，2019（19）：24-25.

［46］何曜．聚焦自贸区（港）战略提升，建设更高水平开放型经济新体制［J］．世界经济研究，2023（9）：127-133.

［47］胡贝贝，靳玉英．限制性贸易壁垒对企业出口产品范围的影响效应研究［J］．财贸经济，2020，41（9）：146-161.

［48］黄建忠．中国对外贸易概论［M］．北京：高等教育出版社，2021.

［49］黄先海，周禄松．全球数字贸易规则比较、挑战与中国应对策略——基于CPTPP、DEPA与RCEP比较视角［J］．社会科学战线，2024（1）：44-53.

［50］黄新华，赵荷花．制度型开放中政府规制变革的动因、挑战与路径［J］．北京社会科学，2022（3）：119-128.

［51］季剑军．国家发展改革委宏观经济研究院对外经济研究所课题组，季剑军．全球产业链和货物贸易格局演变及中国应对策略［J］．亚太经济，2023（6）：1-10.

［52］江小涓．从结构优先到效率优先：论吸收外商直接投资的标准［J］．财贸经济，1993（9）：5.

［53］江小涓，孟丽君．内循环为主、外循环赋能与更高水平双循环——国际经验与中国实践［J］．管理世界，2021，37（1）：1-19.

［54］江小涓，孟丽君，魏必．以高水平分工和制度型开放提升跨境资源配置效率［J］．经济研究，2023，58（8）：15-31.

［55］缴翼飞．中国正式申请加入DEPA积极扩大数字贸易治理话语权

[N].21世纪经济报道，2021-11-03（01）.

[56] 孔祥利，张倩. 市场准入负面清单制度引导规范民营经济发展的价值导向、制度安排与施策重点 [J]. 南开经济研究，2023（12）：65-80.

[57] 黎峰. 国内自由贸易试验区制度型开放的实践探索及推进思路——基于CPTPP规则的比较 [J]. 经济体制改革，2023（3）：53-62.

[58] 黎伟，刘海军. 全球数字贸易规则制定：主要内容、风险挑战与中国应对 [J]. 贵州省党校学报，2023（5）：108-116.

[59] 李计广，张娟. 我国负面清单开放水平评估及提升对策——与RCEP、CPTPP的比较研究 [J]. 开放导报，2023（4）：73-86.

[60] 李佳倩，叶前林，刘雨辰，等. DEPA关键数字贸易规则对中国的挑战与应对——基于RCEP、CPTPP的差异比较 [J]. 国际贸易，2022（12）：9.

[61] 李凯杰，刘冰，董丹丹. 贸易自由化如何影响制造业企业就业质量？[J]. 产业经济研究，2024（3）：59-73.

[62] 李猛. 我国对接DEPA国际高标准数字经济规则之进路研究——以参与和引领全球数字经济治理为视角 [J]. 国际关系研究，2023（3）：20-42+155-156.

[63] 李墨丝. CPTPP+数字贸易规则、影响及对策 [J]. 国际经贸探索，2020，36（12）：13.

[64] 李平，乔友群，张静婷. 制度型开放如何促进技术创新——来自中国省际面板的证据 [J]. 南开经济研究，2023（7）：108-125.

[65] 李杨，任财君. 跨境服务贸易负面清单国际比较及对中国的启示 [J]. 国际贸易，2023（1）：74-80+96.

[66] 李昭怡. "双循环"格局下服务贸易开放赋能经济高质量发展的研究 [J]. 中国商论，2024（3）：111-114.

[67] 李忠远，孙兴杰. 全球化分裂背景下制度型开放的内在逻辑与中国策略选择 [J]. 国际经贸探索，2023，39（3）：103-116.

[68] 连润. 扩大市场准入提高外商投资自由化水平 [N]. 中国证券报，2024-03-20（A01）.

[69] 梁丹，陈晨. 我国推进制度型开放的现实逻辑与路径选择 [J]. 学习论坛，2023（1）：111-118.

[70] 林创伟，白洁，何传添. 高标准国际经贸规则解读、形成的挑战与中

国应对 [J]，国际经贸探索，2022（11）：95-112.

[71] 林毅夫，李永军．比较优势、竞争优势与发展中国家的经济发展 [J]．管理世界，2003（7）：9.

[72] 刘彬，陈伟光．制度型开放：中国参与全球经济治理的制度路径 [J]．国际论坛，2022，24（1）：62-77+157.

[73] 刘斌，刘一鸣．国际经贸规则重构与中国自贸试验区发展：对接与联动 [J]．中国特色社会主义研究，2023（3）：52-61.

[74] 刘凌，黄建忠，汪建新．扩大金融领域制度型开放的运行机理、现实风险和实施路径 [J]．国际贸易，2024（1）：77-86.

[75] 刘凌，孔文茜．"一带一路"国内节点城市高质量发展路径——基于改进模糊综合评判法的实证 [J]．国际商务研究，2023，44（2）：29-40.

[76] 刘璐，熊思宇．对标CPTPP：中国跨境服务贸易负面清单实践与展望 [J]．中国外资，2023（23）：44-49.

[77] 刘晓宁．对接高标准国际经贸规则的重点领域、现实差距与路径选择 [J]．经济体制改革，2023（6）：14-23.

[78] 刘晓宁，宣亚丽．我国推进制度型开放的现实背景、重点领域与策略选择 [J]．理论学刊，2023（5）：109-118.

[79] 罗珊珊．全国版和自贸试验区版跨境服务贸易特别管理措施发布 [N]．人民日报，2024-03-24（02）.

[80] 茅伯科．新时期我国港口改革开放的政策突破 [J]．中国港口，2014（11）：4-6.

[81] 聂新伟，薛钦源．中国制度型开放水平的测度评价及政策优化 [J]．区域经济评论，2022（4）：101-111.

[82] 牛旭霞．RCEP货物贸易条款的解读及蕴含的商机 [J]．广西社会科学，2022（8）：81-88.

[83] 裴长洪．"十四五"时期推动共建"一带一路"高质量发展的思路、策略与重要举措 [J]．经济纵横，2021（6）：1-13.

[84] 裴长洪．我国设立自由贸易试验区十周年：基本经验和提升战略 [J]．财贸经济，2023，44（7）：5-21.

[85] 裴长洪，倪江飞．我国制度型开放与自由贸易试验区（港）实践创新 [J]．国际贸易问题，2024（3）：1-14.

［86］裴长洪，彭磊．中国开放型经济治理体系的建立与完善［J］．改革，2021（4）：1-14.

［87］彭德雷，孙安艺．跨境服务贸易制度型开放：趋势、特征与策略［J］．开放导报，2024（1）：51-59.

［88］彭星，鲜果，李卓果．双循环新发展格局下成都推动制度型开放建议［J］．经济导刊，2022（9）：79-84.

［89］齐俊妍，高明．服务贸易限制的政策评估框架及中美比较——基于OECD-STRI 数据库的分析［J］．国际经贸探索，2018，34（1）：4-18.

［90］钱克明．更加注重制度型开放［J］．对外经贸实务，2019（12）：4-6.

［91］全毅．中国高水平开放型经济新体制框架与构建路径［J］．世界经济研究，2022（10）：13-24.

［92］桑百川，李玉梅，田丰．中国对外贸易体制百年变迁与前景展望［J］．世界经济与政治论坛，2021（5）：49-64.

［93］邵志媛．5 个自贸试验区和海南自贸港试点对接国际高标准经贸规则［N］．国际商报，2023-07-03（01）．

［94］沈国兵．构建高水平经纬式对外开放新格局［J］．开放导报，2022（4）：28-37.

［95］盛斌，果婷．亚太地区自由贸易协定条款的比较及其对中国的启示［J］．亚太经济，2014（2）：94-101.

［96］盛斌，果婷．亚太区域经济一体化博弈与中国的战略选择［J］．世界经济与政治，2014（10）：4-21.

［97］盛斌，黎峰．以制度型开放为核心推进高水平对外开放［J］．开放导报，2022（4）：15-20.

［98］宋泓．CPTPP 国有企业和指定垄断条款及其影响分析［J］．国际贸易，2022（1）：26-32.

［99］孙军．制度型开放畅通双循环新发展格局的基本思路与推进策略［J］．学术论坛，2024，47（3）：89-99.

［100］谈晓文．WTO 诸边倡议的制度成因、发展路径与中国因应［J］．太平洋学报，2022，30（10）：13.

［101］谭娜，周先波，林建浩．上海自贸区的经济增长效应研究——基于面板数据下的反事实分析方法［J］．国际贸易问题，2015（10）：12.

[102] 谭莹，李昕，杨紫，等．加征关税如何影响中国劳动力市场 [J]．世界经济，2022，45（9）：32-56.

[103] 唐宜红，符大海．经济全球化变局，经贸规则重构与中国对策——"全球贸易治理与中国角色"圆桌论坛综述 [J]．经济研究，2017，52（5）：4.

[104] 滕永乐，沈坤荣．中国（上海）自由贸易试验区对江苏经济的影响分析 [J]．江苏社会科学，2014（1）：8.

[105] 汪萍．数字贸易开放对中国全球价值链分工地位的影响 [J]．统计与决策，2024，40（3）：139-144.

[106] 汪戎，李波．贸易便利化与出口多样化：微观机理与跨国证据 [J]．国际贸易问题，2015（3）：33-43.

[107] 王宝珠，王琳，王利云．新型国际经济关系：理论逻辑与中国贡献 [J]．经济学家，2020（4）：48-56.

[108] 王方宏，李振．我国自贸试验区制度创新回顾与展望 [J]．南海学刊，2024，10（2）：58-69.

[109] 王刚，胡小杉，张继明，等．自由贸易区、自由贸易园区、中国自贸试验区、海关监管区、海关特殊监管区域"五区"辨析 [J]．中国海关，2021（11）：36-37.

[110] 王金波．日本—欧盟 EPA 的影响与中国的应对之策 [J]．中国发展观察，2018（22）：57-59.

[111] 王金波．《数字经济伙伴关系协定》的内涵、特征与中国参与国际数字治理的政策建议 [J]．全球化，2022（3）：52-61.

[112] 王晶晶，余斌．以制度型开放推进服务贸易高水平便利化 [N]．中国经济时报，2023-09-04（01）．

[113] 王晓红，郭霞．以制度型开放推动服务贸易高质量发展 [J]．中国外汇，2020（19）：66-68.

[114] 王晓红，李锋，夏友仁，等．对"三零"国际经贸规则的认识 [J]．国际贸易，2019（6）：33-40.

[115] 王一栋．数字贸易规则体系独立论：传统的延续还是全新的框架 [J]．国际贸易，2024（2）：18-27.

[116] 魏浩，卢紫薇，刘缘．中国制度型开放的历程、特点与战略选择 [J]．国际贸易，2022（7）：13-22.

[117] 魏桥. 共建"一带一路"为全球经济复苏作出实质性贡献 [N]. 国际商报, 2022-09-30 (02).

[118] 吴超, 高戈, 顾可隽, 等. 例析 RCEP 原产地规则之原产地标准 (上) [J]. 中国海关, 2024 (2): 28-31.

[119] 武力超, 林澜, 陈凤兰, 等. 服务贸易开放对服务企业出口的影响研究 [J]. 国际经贸探索, 2020, 36 (11): 20-34.

[120] 谢瑜宇. 加快发展离岸贸易提高国际循环质量水平全力打造国际开放枢纽之都 [J]. 宁波经济 (三江论坛), 2023 (3): 11-13.

[121] 熊芳, 童伟伟. 新时代我国制度型开放变革的进展与进路 [J]. 经济学家, 2024 (1): 99-107.

[122] 许德友, 王梦菲. 新中国成立以来的开放体制及其演变: 从反封锁到制度型开放 [J]. 中共南京市委党校学报, 2019 (3): 8-13.

[123] 闫志俊, 于津平. 中间品贸易自由化与制造业出口国内附加值: 基于价值链延伸的视角 [J]. 国际贸易问题, 2023 (1): 124-141.

[124] 杨连星. 进博会推动开放型世界经济建设 [N]. 光明日报, 2023-11-10.

[125] 叶辅靖. 我国高水平开放若干重要问题辨析 [J]. 开放导报, 2022 (2): 7-12.

[126] 易小准: 全球服务贸易仍然壁垒高筑应推动 WTO 重启多边市场准入谈判 [J]. 中国对外贸易, 2022 (10): 30-31.

[127] 殷华, 高维和. 自由贸易试验区产生了"制度红利"效应吗? ——来自上海自贸区的证据 [J]. 财经研究, 2017, 43 (2): 12.

[128] 尹晨, 周思力, 王祎馨. 论制度型开放视野下的上海自贸区制度创新 [J]. 复旦大学学报 (社会科学版), 2019, 61 (5): 175-180.

[129] 余淼杰, 蒋海威. 从 RCEP 到 CPTPP: 差异、挑战及对策 [J]. 国际经济评论, 2021 (2): 129-144.

[130] 余淼杰, 袁东. 贸易自由化、加工贸易与成本加成——来自我国制造业企业的证据 [J]. 管理世界, 2016 (9): 33-43.

[131] 袁沙. 稳步扩大制度型开放 [J]. 前线, 2023 (4): 29-32.

[132] 袁星. RCEP 争端解决机制及对中国的意义 [J]. 对外经贸, 2021 (8): 51-54.

［133］张季风，王厚双，陈新，等．关于日欧 EPA 的深度分析：内容、诉求及影响［J］．日本学刊，2018（5）：1-17.

［134］张磊．新技术条件下上海发展新型国际贸易业态模式和制度瓶颈突破［J］．科学发展，2022（2）：41-49.

［135］张茉楠．《外商投资法》：面向制度型开放的中国［J］．金融与经济，2019（4）：1.

［136］张乃根．涉华经贸协定下知识产权保护相关国际法问题［J］．河南财经政法大学学报，2021，36（3）：44-54.

［137］张晓静．亚太区域合作深度一体化与生产网络的关联性［J］．亚太经济，2015（1）：3-8.

［138］张亚军．高技术产业创新、贸易开放度与经济高质量发展［J］．技术经济与管理研究，2022（12）：55-60.

［139］张永安．区域经济一体化理论与实践［M］．上海人民出版社，2010：30-83.

［140］赵爱玲．对接国际高标准经贸规则北京服务业扩大开放再升级［J］．中国对外贸易，2024（1）：62-63.

［141］赵爱英，蒲璠，陈莹．开放型经济高质量发展：动能维度与制度型开放［J］．陕西行政学院学报，2022，36（1）：30-37.

［142］赵蓓文．新发展格局下制度型开放的目标、路径与构想［J］．思想理论战线，2023，2（6）：65-71.

［143］赵蓓文．制度型开放与中国参与全球经济治理的政策实践［J］．世界经济研究，2021（5）：3-8

［144］赵玲，高翔，黄建忠．成本加成与企业出口国内附加值的决定：来自中国企业层面数据的经验研究［J］．国际贸易问题，2018（11）：17-30.

［145］赵旸頔，彭德雷．全球数字经贸规则的最新发展与比较——基于对《数字经济伙伴关系协定》的考察［J］．亚太经济，2020（4）：58-69.

［146］中国人民银行南京分行经常项目管理处课题组，曹清．全球服务贸易发展的趋势、特征与启示［J］．金融纵横，2023（1）：26-35.

［147］周艾琳．上海再推进高标准制度型开放充分给予外资金融机构国民待遇［N］．第一财经日报，2023-09-22（A05）.

后　记

　　根据党的二十届三中全会精神，未来一段时期内，我国进一步全面深化改革，完善市场准入制度，稳步扩大制度型开放，打造透明稳定可预期的制度环境，助力形成高效畅通运行的内外循环机制。本书主题紧扣当下时事热点，在全球百年未有之大变局加速演进之下，加快推动制度型开放，构建新发展格局，有着时代的紧迫性。

　　本书得到了国家自然科学青年基金项目"美国对华高科技企业出口管制：触发机制、创新影响与应对策略"（项目号：72303146）和上海市哲学社会科学规划一般项目"美国实体清单政策对上海半导体行业及关联产业链韧性的影响研究"（项目号：2023BJL006）的支持。

　　本书写作过程中，栾乔、金子怡、张运婷、楚予姝、王明欢、付淇等老师和同学均不同程度地参与其中，为书稿的最终完成提供了很大的帮助。同时，感谢家人对我的无私支持和关爱，让我可以致力于书稿的写作。

　　夜已深，再次翻阅书稿，总觉全书有太多有待完善之处，想提笔修订，却又不知该如何开始。深感自身志大才疏，一股惭愧之情和无力感涌上心头，久久不能散去，是为记。

胡贝贝

2024 年 8 月

于上海对外经贸大学乐群楼